江西理工大学经济管理学院博士科研启动基金项目（JGBS202307）
江西理工大学经济管理学院学术著作出版基金资助

企业韧性的影响因素及作用机制研究

罗 翔 李 政 祝 爽 鲁美娟 胡慧情 等著

中国财经出版传媒集团
经济科学出版社
Economic Science Press
·北京·

图书在版编目（CIP）数据

企业韧性的影响因素及作用机制研究／罗翔等著. 北京：经济科学出版社，2025.8. -- ISBN 978 -7 -5218 -7255 -2

Ⅰ．F279.2

中国国家版本馆 CIP 数据核字第 20259PU556 号

责任编辑：程辛宁
责任校对：靳玉环
责任印制：张佳裕

企业韧性的影响因素及作用机制研究
QIYE RENXING DE YINGXIANG YINSU JI ZUOYONG JIZHI YANJIU
罗　翔　李　政　祝　爽　鲁美娟　胡慧情　等著
经济科学出版社出版、发行　新华书店经销
社址：北京市海淀区阜成路甲 28 号　邮编：100142
总编部电话：010 -88191217　发行部电话：010 -88191522
网址：www.esp.com.cn
电子邮箱：esp@esp.com.cn
天猫网店：经济科学出版社旗舰店
网址：http://jjkxcbs.tmall.com
北京季蜂印刷有限公司印装
710×1000　16 开　17.75 印张　280000 字
2025 年 8 月第 1 版　2025 年 8 月第 1 次印刷
ISBN 978 -7 -5218 -7255 -2　定价：98.00 元
(图书出现印装问题，本社负责调换。电话：010 -88191545)
(版权所有　侵权必究　打击盗版　举报热线：010 -88191661
QQ：2242791300　营销中心电话：010 -88191537
电子邮箱：dbts@esp.com.cn)

前　言

　　本专著的主要选题动机，源于第一作者在主持国家社会科学基金青年项目"我国稀土产业链延伸的路径选择及支持政策研究"（项目编号：20CGL002）过程中，发现企业韧性对产业链延伸具有显著促进作用。基于这一认识，萌生了探究企业韧性的影响因素与作用机制的研究想法，申请了江西理工大学经济管理学院博士科研启动基金"企业韧性的水平测度、影响因素及提升路径研究"（项目编号：JGBS202307），最终形成了本专著的研究成果。

　　当今世界正面临百年未有之大变局，新一轮科技革命以及产业变革深入发展、逆全球化思潮不断涌动、单边主义和保护主义明显上升、地缘政治关系愈加复杂等因素相互交织叠加，导致我国产业链供应链安全面临错综复杂的内外部形势。各种"黑天鹅""灰犀牛"事件层出不穷，供应链中断或暂停风险持续加剧，维护产业链供应链安全稳定刻不容缓。在构建新发展格局的重大战略背景下，维护我国产业链供应链韧性和安全已成为推动经济高质量发展的重要举措。正如党的二十大报告强调："要着力提升产业链供应链韧性和安全水平"。企业韧性作为企业在不确定环境中生存、适应与发展的能力，是产业链供应链的核心微观主体和宏观经济韧性的重要组成部分。当企业韧性羸弱时，在遭受外生冲击后往往难以吸收并承受住压力，更难以迅速复苏并寻找新的发展路径，极可能导致企业供应链传导不畅，出现"堵链""断链"甚至破产的严重后果，最终拖累宏观经济。在此背景下，如何增强企业韧性成为学术界和实务界广泛关注的重要命题。

然而，由于企业韧性这一概念存在较强的抽象性和复杂性，目前学术界对企业韧性的内涵尚未形成较为一致的认识。同时，囿于企业韧性本质上存在潜在性、多重维度和路径依赖等特质，不能被直接地观察和测度，导致学者对于如何测度企业韧性尚未达成普遍共识。为此，本书聚焦于"企业韧性的影响因素及作用机制"这一核心研究议题，以维护与增强我国产业链供应链安全稳定水平为出发点，以企业战略行为和企业特质等微观视角为切入点，通过理论研究与实证研究相结合的研究方法，较为系统地识别微观视角下增强产业链供应链韧性的影响因素及作用机制，即企业韧性的影响因素及作用机制，旨在丰富和拓展企业韧性影响因素及作用机制的相关研究成果，不仅可为后续相关研究提供理论参考和量化依据，也可为商业环境易变性、不确定性、复杂性、模糊性（VUCA）特征日益凸显下的企业韧性管理提供较好的政策启示和实践指引。

本书共分为 9 章。其中第 1 章为绪论，第 2 章为文献综述，第 3 至第 8 章依次分析数字化转型、纵向一体化、供应链金融、供应链网络位置、董事关系网络、高管团队稳定性等因素对企业韧性的影响及作用机制，第 9 章为研究结论及建议。

本书由江西理工大学罗翔副教授负责整体设计、组织协调和最终统稿。各章的主要作者分别为：第 1 章主要由罗翔、祝爽和鲁美娟撰写；第 2 章主要由祝爽和鲁美娟撰写；第 3 章主要由罗翔、李政和祝爽撰写；第 4 章和第 5 章主要由罗翔和李政撰写；第 6 章主要由罗翔和郝新月撰写；第 7 章主要由罗翔和何帆撰写；第 8 章主要由罗翔和胡慧情撰写。

需要说明的是，由于笔者水平有限，书中难免存在不足之处，恳请广大同仁和读者批评指正！

目 录

第1章 绪论 ·································· 1

    1.1 研究背景 ·································· 1

    1.2 研究意义 ·································· 3

    1.3 研究思路 ·································· 7

    1.4 研究方法 ·································· 11

    1.5 创新之处 ·································· 12

第2章 文献综述 ·································· 16

    2.1 有关企业韧性内涵与测度方法的文献综述 ·································· 21

    2.2 有关企业韧性影响因素的文献综述 ·································· 37

    2.3 文献述评 ·································· 45

第3章 数字化转型对企业韧性的影响及作用机制 ·································· 48

    3.1 理论假设 ·································· 50

    3.2 研究设计 ·································· 54

    3.3 实证结果及分析 ·································· 59

    3.4 进一步分析 ·································· 67

    3.5 本章小结 ·································· 73

第4章 纵向一体化对企业韧性的影响及作用机制 ·································· 76

    4.1 理论假设 ·································· 77

i

4.2　研究设计 · 80

　4.3　实证结果及分析 · 83

　4.4　进一步分析 · 96

　4.5　本章小结 · 116

第 5 章　供应链金融对企业韧性的影响及作用机制 · · · · · · · · · · · · · · · · · · · 119

　5.1　理论假设 · 120

　5.2　研究设计 · 125

　5.3　实证结果及分析 · 128

　5.4　进一步分析 · 145

　5.5　本章小结 · 151

第 6 章　供应链网络位置对企业韧性的影响及作用机制 · · · · · · · · · · · · · · · 153

　6.1　理论假设 · 154

　6.2　研究设计 · 157

　6.3　实证结果及分析 · 160

　6.4　进一步分析 · 173

　6.5　本章小结 · 178

第 7 章　董事关系网络对企业韧性的影响及作用机制 · · · · · · · · · · · · · · · · · 180

　7.1　理论假设 · 182

　7.2　研究设计 · 185

　7.3　实证结果及分析 · 188

　7.4　进一步分析 · 200

　7.5　本章小结 · 206

第 8 章　高管团队稳定性对企业韧性的影响及作用机制 · · · · · · · · · · · · · · · 208

　8.1　理论假设 · 209

8.2	研究设计	214
8.3	实证结果及分析	218
8.4	进一步分析	231
8.5	本章小结	237

第9章 结论与建议 ·················· 239

9.1	研究结论	239
9.2	研究建议	241

参考文献 ·················· 249

第1章

绪 论

1.1 研究背景

当今世界正经历百年未有之大变局，国际环境日趋复杂，易变性、不确定性、复杂性、模糊性（VUCA）特征不断凸显，经济全球化遭遇逆流，单边主义、霸权主义和保护主义抬头。各种因素交织叠加下，当今世界已进入动荡变革期，我国发展也已进入机遇与挑战并存、不确定难预料因素显著增加的时期，外部势力的打压和遏制随时可能升级，各种"黑天鹅""灰犀牛"事件层出不穷。在国际局势急剧变化，外部讹诈、遏制、封锁、施压愈演愈烈的背景下，党的二十大报告将"提升产业链供应链韧性和安全水平"与"增强国内大循环内生动力和可靠性"作为推动经济社会高质量发展的关键任务和重要举措，维护产业链供应链安全和国内大循环稳定刻不容缓。对企业而言，全球经济不确定性的加剧已从宏观层面向企业微观运营渗透，在高度不确定的内外部环境之下，企业运营正面临着多维度、系统性的挑战，唯有将风险应对嵌入战略核心，企业方能在动荡周期中实现"逆势进化"。企业韧性作为企业在不确定环境中生存、适应与发展的能力（刘春红等，2023），是宏观经济韧性的重要组成部分，更是稳定产业链供应链和促进大国经济循环畅通的微观基础。当企业韧性羸弱时，在遭受外生冲击后往往难以承受并吸收压力，更难以迅速复苏并寻找新的发展路径，可能导致所在产业链供应链传导不畅，出现"堵链""断链"的严重后果，最终阻碍经济社会发展。由此可见，打通链上供需关系梗阻、补强产业链供应链薄弱环节，以求进一步增强产业链供应链韧性已成为维护产业链供应链安全和国内大循环稳定亟待解决的重要课题。而提高企业风险应对能力，防止外生冲击影响产业链供应链上关键企业经营稳定性，是提升产业链供应链安全水平的微观基础。因此，深入探究企业韧性的形成与增强机制，对优化相关政策扶持和引导企业行为具有重要的实践价值。

然而，当前理论界关于"企业韧性从何而来又如何增强"这一命题存在不同观点。部分学者基于心理学与社会学理论，主张企业韧性主要受到员工个人行为与认知水平的影响。例如，兰尼克－霍尔等（Lengnick-Hall, Beck and Lengnick-Hall, 2011）认为组织韧性起源于员工的知识、技能与个人能力，并基于此指出战略导向下的人力资源管理对企业提升自身韧性水平至关重要。巴伦等（Baron, Franklin and Hmieleski, 2016）发现情绪能力能够从心理层面赋予个体应对不确定性和缓解压力的能力。陈权等（2024）则证实了民营企业家社会心态对民营企业韧性存在积极效应。另一种观点认为企业韧性源自组织层面的共同认知、行为和社会关系与物质融合的能力（Tasic et al., 2020）。例如，塔斯克等（Tasic, Tantr and Amir, 2019）认为，组织内部的信任性关系是集体意义构建的基础，能够有效促进组织内部资源流动，因此搭建有效的内部关系网络对增强组织韧性十分重要。贾勇、傅倩汪琳和李冬姝（2023）提出技术创新投入能够提升企业韧性，不同技术创新模式对企业韧性的影响存在差异性。除上述两种观点外，赫尼曼和哈特菲尔德（Heinimann and Hatfield, 2017）指出，组织的实质是非确定性的系统，因此对其韧性的研究视角应当跨越系统本身的界限，即韧性的影响因素不仅局限于组织内部，还将受到外部环境因素的影响。少量研究成果也证实了技术断供（章立和王述勇，2023）和行业规制（Kant and Tasic, 2018）等环境层面因素能够对企业韧性产生影响。

综上所述，关于企业韧性从何而来又如何增强这一命题，大量学者从个人层面、组织层面、中观层面和宏观层面做出了阐释，但关于内外部因素如何作用于企业经营实践，进而影响企业韧性这一命题仍需进一步探讨。实际上，作为企业预测、应对破坏性事件并及时回复与实现进一步发展的深层次能力，企业韧性的形成与增强是一个长期的、渐进的过程，其潜在的影响因素极为丰富。随着国际形势的持续动荡、VUCA特征的持续凸显与高新技术和经济社会的持续迅猛发展，与企业经营相关的新思想、新技术、新业态、新方法如雨后春笋般不断涌现，因此，识别企业韧性的影响因素、作用效果及相应作用机制仍是较长时间跨度内亟待解决的实际问题。

1.2　研究意义

党的二十届二中全会指出，当前我国面临"世界百年未有之大变局加速演进，世界进入新的动荡变革期，我国发展进入战略机遇和风险挑战并存、不确定难预料因素增多的时期，必须准备经受风高浪急甚至惊涛骇浪的重大考验……各种超预期因素随时可能发生"的动荡外部环境，提出了"切实提升产业链供应链韧性和安全水平"的战略任务。然而，产业链供应链层面的"堵点""断点"和"短板"是长期以来制约中国产业发展效率提升和国民经济循环畅通的关键结构性问题，也是当前中国产业遭遇以美国为首的发达国家"卡脖子"的主要领域。由此可见，通过打通供需梗阻、延链补链强链进而提升产业链供应链韧性，是当前和未来较长时期内推动供给侧结构性改革和建设现代化产业体系的重要任务（陶锋等，2023），企业韧性作为宏观经济韧性的重要组成部分，在当下已成为稳定产业链供应链和促进大国经济循环畅通的微观基础。同时，中央经济工作会议明确提出"坚持稳中求进工作总基调，完整准确全面贯彻新发展理念，加快构建新发展格局，扎实推动高质量发展，进一步全面深化改革，扩大高水平对外开放，建设现代化产业体系，更好统筹发展和安全……防范化解重点领域风险和外部冲击"

等发展目标和战略任务,这充分表明提升企业韧性对于我国实现上述发展目标和战略任务至关重要。为此,本书对企业韧性的影响因素及作用机制进行较为系统而深入的研究,既具有较为突出的理论价值,又具有十分重要的现实意义。

1.2.1 理论意义

1.2.1.1 有利于丰富和拓展企业韧性影响因素的研究框架

企业韧性是产生于多层面的跨层次能力(Lengnick-Hall, Beck and Lengnick-Hall,2011),各层面的不同因素同时影响着企业韧性的形成。已有研究深入分析了企业内外部不同层次、不同主体的特征、行为、资源等因素对企业韧性的影响效果,围绕"企业韧性的影响因素"这一命题进行了大量有益探索。然而,针对企业韧性在微观层面的影响因素及其作用机制,目前缺乏较为全面、成体系的分析框架和研究成果。与此同时,作为企业预测、应对破坏性事件并及时恢复与实现进一步发展的深层次能力,企业韧性的形成与增强是一个长期的、渐进的过程,其潜在的影响因素极为丰富,随着经济社会发展与技术持续进步,与企业经营相关的新思想、新技术、新业态、新方法不断涌现,识别企业韧性的影响因素及作用机制仍是较长时间跨度内亟待解决的实际问题。本书综合运用资源配置理论、交易成本理论、供应链管理理论、高阶梯队理论、社会网络理论、资源依赖理论、企业能力理论等经济学和管理学理论以及多种实证研究方法,以企业韧性的影响因素及作用机制为研究主题,构建有关企业韧性增强的理论机制,深入探究数字化转型、纵向一体化、供应链金融、供应链网络位置、董事关系网络、高管团队稳定性等因素对企业韧性的影响,在此基础上,提出促进我国企业韧性水平提升的对策建议。本书丰富和拓展了企业韧性的影响因素研究,构建了一套较为完善的微观层面企业韧性影响因素研究框架。

1.2.1.2 有利于学术界深化企业韧性的科学内涵和完善企业韧性的衡量方法

"韧性"一词源于物理学领域，指材料变形后恢复原状的能力。随后，韧性研究逐渐在生态学、经济学、心理学和社会学领域兴起，用来描述复杂动态系统的关键特征。然而，直到20世纪90年代末，对企业韧性的研究才逐渐得到学者们的青睐，企业应对突发灾难性事件的能力开始受到关注（Gittell et al.，2006），企业韧性的概念被广泛应用于危机管理、灾难和高可靠性组织文献中。与有机体一样，企业经常面临源自外部的威胁与挑战，需要不断适应经营环境的变化，但与有机体不同的是，企业可以主动预测潜在的外部环境变化并在变化发生之前做出反应。因此尽管企业韧性脱胎于物理学领域，但在与企业经营实践结合后，这一概念呈现出一定程度的抽象性，对于企业韧性的具体定义，学者们尚未得出统一的结论（Sawalha，2015）。学者们对企业韧性的概念化做出了大量有益尝试，大量研究从能力视角、过程视角、功能视角和结果视角等不同分析视角出发，对何为企业韧性给出了不同的诠释，但不同论断之间对企业韧性的显著特征、形成机制乃至作用效果均存在较为明显的分歧。完善的概念内涵是成熟的测量方法的前提，而囿于当前学术界并未形成对企业韧性定义的一致意见，学者们对于如何度量企业韧性这一新兴且热点的概念同样尚未达成普遍共识。本书力求更为全面和准确地界定企业韧性的科学内涵，提出更为准确的企业韧性衡量方法，在深入分析企业韧性内涵的基础上，提出了基于熵权法的企业韧性衡量方法，为后续有关企业韧性的研究提供了更具说服力的理论参考和量化依据。

1.2.2 现实意义

1.2.2.1 紧密契合我国经济社会发展面临的现实环境，有助于深入践行"着力提升产业链供应链韧性和安全水平"的发展目标

党的二十大报告强调"确保产业链供应链可靠安全和防范金融风险还需

解决许多重大问题""要坚持以推动高质量发展为主题……增强国内大循环内生动力和可靠性……着力提升产业链供应链韧性和安全水平",提升产业链供应链韧性和安全水平,是在动荡的内外部环境下构建高水平社会主义市场经济体制、建设现代化产业体系,进而推动经济社会高质量发展的重要举措和必由之路。同时,确保重要产业链供应链安全也是推进国家安全体系和能力现代化,维护国家安全和社会稳定的重要任务。本书的研究成果对实现提升产业链供应链韧性和安全水平的发展目标具有重要的现实意义。

1.2.2.2 为政府部门科学合理制定与完善增强企业韧性的支持政策体系提供决策参考依据

在全球经济不确定性不断加剧、VUCA特征日益凸显、企业运营面临多维度系统性风险的严峻挑战下,我国企业经营面临着复杂多变的内外部环境。在此背景下,如何制定与完善相关支持政策,以提高企业在危机情境下的风险应对能力,从而实现企业韧性增强,是各级政府部门在当前及未来相当长时期的重要战略任务。本书从微观企业角度深入探寻企业韧性的影响因素及作用机制,并有针对性地提出了促进企业韧性增强的对策建议,可为政府部门更加精准地制定相关政策体系,进而提升产业链供应链韧性和安全水平与增强国内大循环内生动力和可靠性提供决策参考依据。

1.2.2.3 为企业客观认识企业韧性形成机制和明晰企业韧性增强的实现路径提供指引

本书从微观视角出发探究企业韧性的影响因素及作用机制,深入分析了数字化转型、纵向一体化、供应链金融、供应链网络位置、董事关系网络、高管团队稳定性等与企业经营管理息息相关的经营管理实践对企业韧性的影响效果。研究结论符合当下新一代数字技术迅速发展催生出新业态、新模式的时代背景,不仅可为当前需求侧和供给侧"双向挤压"问题日益严峻的背景下企业分工模式的选择提供现实参考,也有助于发挥供应链金融"提高产业链供应链运行效率,降低企业成本,服务于产业链供应链完整稳定,支持产业链优化升级和国家战略布局"的重要作用。同时，从网络视角探究供应链位置和董事社会关系在企业风险应对中的积极效果，从稳定性和整体性角度探究高管团队特征在企业韧性管理层面的经济后果，可为商业环境VUCA特征日益凸显下的企业韧性管理提供较好的政策启示和实践价值，为企业增强韧性水平提供可循路径。

1.3　研究思路

本书聚焦于"企业韧性的影响因素及作用机制"这一核心研究议题，按照"提出问题→梳理文献→搭建理论→分析问题→解决问题→总结全书"的基本逻辑思路，试图构建一个具有一定的创新性、针对性、系统性的企业韧性影响因素与作用机制研究框架。具体而言，在剖析现状并提出研究问题的基础上，首先，对国内外相关研究进行全面的梳理与评价，形成本书拓展和创新研究的基础。其次，以企业战略行为和企业特质等微观视角为切入点，综合运用资源配置理论、交易成本理论、供应链管理理论、高阶梯队理论、社会网络理论、资源依赖理论、企业能力理论等经济学和管理学经典理论与多种统计学和计量经济学前沿研究方法，深入探究数字化转型、纵向一体化、供应链金融、供应链网络位置、董事关系网络、高管团队稳定性等影响企业韧性的理论框架、影响效果和作用机制，形成了本书研究的重点内容。最后，总结研究结论，提出促进企业韧性增强的对策建议。

根据上述研究思路，将全书分为9章，各章的主要内容如下：

第1章：绪论。该章主要介绍本书的研究背景和研究意义，确定本书的研究思路和研究方法，并总结本书研究的创新之处。

第2章：文献综述。该章首先归纳了目前学术界关于企业韧性研究的不足之处；其次，从企业韧性的概念内涵、测度方法和影响因素三个角度入手，对国内外相关文献进行梳理与分析；最后，基于分析结果做出简要评述，指出其中的不足和可拓展之处。

第3章：数字化转型对企业韧性的影响及作用机制。该章首先深入分析了既有文献采用的企业数字化转型测度方法，并通过剔除年报文本中对数字化转型的否定表述进一步提升利用文本分析法测度企业数字化转型水平的结果有效性与准确性。其次，结合了学术界对企业韧性定义的"恢复论"与"超越论"两种观点，提出企业韧性的强弱不仅取决于其能否在不断变化的环境下保持较稳定的绩效水平，还应考虑该企业能否抓住机会实现对原有稳定状态的"超越"，采用面对外生冲击时企业的财务波动和长期增长分别衡量企业韧性中的"波动性"和"增长性"，并采用熵值法进行客观赋权以综合衡量企业韧性水平。在此基础上，本章从理论层面分析了数字化转型对企业韧性的影响效果，提出了数字化转型增强企业韧性的理论框架。再其次，构建了数字化转型影响企业韧性的双向固定效应模型，利用我国 A 股上市公司 2013~2021 年的年度数据，实证检验了数字化转型对企业韧性的影响效应。最后，在深入分析数字化转型增强企业韧性的作用机制的基础上，采用 OLS 方法实证检验了产权性质、行业技术特质和 CEO 数字技术经历对数字化转型影响企业韧性的异质性作用，并采用包括工具变量两阶段最小二乘法在内的一系列方法排除潜在的反向因果、遗漏变量、测量偏误等内生性问题，采用更换估计模型、替换解释变量、样本子区间估计、剔除直辖市样本等四种方法进行稳健性检验。

第4章：纵向一体化对企业韧性的影响及作用机制。该章首先结合交易成本理论，通过构建经济学模型分析了纵向一体化对企业韧性的影响效果及外部交易成本与内部管控成本在该作用过程中的变动趋势，提出了纵向一体化增强企业韧性的理论框架。其次，构建了纵向一体化增强企业韧性的非线性回归模型，基于 2016~2022 年沪深 A 股非金融业上市公司数据，实证考察了纵向一体化对企业韧性的影响效应与外部交易成本和内部管控成本在企业纵向一体化水平提升过程中呈现的变动趋势与对企业韧性的作用效果。再其次，采用包括工具变量两阶段最小二乘法、GMM 动态面板分析法在内的一系列方法排除了基准回归中潜在的互为因果、变量自相关、遗漏变量等内生性问题，采用更换解释变量、剔除直辖市样本、样本子区间估计等三种方法进行稳健性检验，采用 OLS 方法实证检验了行业技术特质、行业竞争性、企业国际化程度、企业产权性质等因素对纵向一体化影响企业韧性的异质性作用。最后，从企业供需质量和企业管理出发，进一步探讨了企业纵向一体化如何降低自身外部交易成本，以及如何缓解纵向一体化对提高内部管控成本的不利影响两个深层次问题。

第 5 章：供应链金融对企业韧性的影响及作用机制。该章首先从理论层面分析了供应链金融对企业韧性的影响，提出了供应链金融通过资金融通效应和关系构建效应影响企业韧性的理论框架。其次，基于文本分析法测度了企业供应链金融涉入水平，构建了供应链金融影响企业韧性的双向固定效应模型，利用 2013~2022 年沪深 A 股非金融业上市公司数据，实证考察了供应链金融对企业韧性的影响效应，并从供应链可持续性角度出发，分析了供应链金融通过促进企业开展可持续供应链实践实现韧性增强的作用机制。再其次，采用工具变量两阶段最小二乘法、多时点 DID、核心变量滞后一期、欧斯特边界检验等一系列方法，排除了基准回归模型中潜在的互为因果、测量偏误、变量自相关、遗漏变量等内生性问题，采用更换被解释变量、更换解释变量、样本子区间估计、剔除直辖市样本等四种方法进行稳健性检验，采用 OLS 方法验证了高管金融业背景、企业所在省份金融聚集程度和市场化程度对供应链金融影响企业韧性产生的异质性作用。最后，结合当前我国企业供应链金融实践，从供应链金融风险的视角出发，进一步考察了不同导向的供应链金融实践对企业韧性的影响效应。

第 6 章：供应链网络位置对企业韧性的影响及作用机制。该章首先从理论层面分析了供应链网络位置对企业韧性的影响，提出了供应链网络位置影响企业韧性的理论框架。其次，构建了供应链网络位置影响企业韧性的双向固定效应模型，利用 2013~2022 年中国沪深 A 股非金融业上市公司年度数据，采用 Pajek 软件计算得出样本企业供应链网络中心性指标，并实证检验供应链网络位置对企业韧性的影响效应及其作用机制。再其次，采用工具变量两阶段最小二乘法、非线性关系检验、调整回归模型等方法排除了基准回归中潜在的反向因果、遗漏变量、非线性相关等内生性问题，采用替换解释变量、样本子区间估计、剔除直辖市样本等三种方法进行稳健性检验。最后，采用OLS方法实证检验了企业产权性质、所处行业、所在地区市场化水平和行业竞争性对供应链网络位置影响企业韧性的异质性作用。

第7章：董事关系网络对企业韧性的影响及作用机制。该章首先从理论层面分析了董事关系网络对企业韧性的影响，提出了董事关系网络影响企业韧性的理论框架。其次，构建了董事关系网络影响企业韧性的双向固定效应模型，基于2013~2022年A股非金融业上市公司年度数据实证检验了董事关系网络对企业韧性的影响效果与作用机制。再其次，采用工具变量两阶段最小二乘法、调整回归模型、非线性关系检验等方法排除了基准回归中潜在的反向因果、遗漏变量、非线性关系等内生性问题，采用替换解释变量、剔除直辖市样本、样本子区间估计等三种方法进行稳健性检验。最后，采用OLS方法实证检验行业竞争程度、地理区域分布、股权激励以及外部监督对董事关系网络影响企业韧性的异质性作用。

第8章：高管团队稳定性对企业韧性的影响及作用机制。该章首先结合高层梯队理论、社会同一性理论、社会资本理论等理论基础，分析了高管团队稳定性对企业韧性的影响效果，提出了高管团队稳定性影响企业韧性的理论框架。其次，在既有研究的基础上，结合个体、经济和时间三个维度，创新性地构建了高管团队稳定性指数测度方法，构建了高管团队稳定性影响企业韧性的双向固定效应模型，采用2017~2022年中国A股非金融业上市公司数据，实证检验了高管团队稳定性对企业韧性的影响效果及其作用机制。再其次，采用工具变量两阶段最小二乘法、解释变量滞后一期、Heckman两阶段法等一系列方法，排除了基准回归中潜在的反向因果、遗漏变量、异方差、变量自相关、样本选择性偏差等内生性问题，采用替换被解释变量、替换解释变量、替换回归模型、样本子区间估计等方法进行稳健性检验。最后，进一步采用OLS方法检验了营商环境、行业技术特质、内部控制质量和融资约束对高管团队稳定性影响企业韧性的异质性作用。

第9章：结论与建议。该章首先总结本书的主要研究结论；其次，提出促进企业韧性增强的对策建议。

1.4 研究方法

1.4.1 文献研究法

利用 Web of Science、CNKI 等文献检索工具，全面搜集企业韧性有关文献，并从企业韧性的概念界定、测度方法、影响因素等三个方面入手，对已有研究进行脉络梳理与客观评价。其中，基于危机情境下企业韧性发挥作用的时间不同，将企业韧性的概念划分为事前（$t-1$）、事中（t）、事后（$t+1$）和全过程（$t-1$、t、$t+1$）四个主要类别；基于数据获取的方式不同，将企业韧性的测度方法划分为直接测量与间接测量两大类；基于企业韧性影响因素的来源不同，将其划分为企业内部的影响因素和企业外部的影响因素，并将企业内部的韧性影响因素划分为个体、团队、组织三个层次，将企业外部的韧性影响因素划分为政府行为、社会责任、其他利益相关者三类。通过对已有文献进行系统全面的梳理，为本书研究提供理论支撑和寻找创新突破口。

1.4.2 理论研究法

本书综合运用了资源配置理论、交易成本理论、供应链管理理论、高阶梯队理论、社会网络理论、资源依赖理论、企业能力理论等经济学和管理学经典理论，构建企业韧性影响因素及作用机制的理论分析框架，提出数字化转型、纵向一体化、供应链金融、供应链网络位置、董事关系网络、高管团队稳定性等因素影响企业韧性的理论机制。

1.4.3 实证研究法

本书根据研究主题和数据特征采用了普通最小二乘法、工具变量两阶段最小二乘法、Heckman 两阶段选择模型、系统 GMM 回归、非线性回归模型、熵权法等计量方法对相关理论机制进行实证分析。

1.5 创新之处

本书针对企业韧性的影响因素及作用机制这一重要命题，兼顾理论分析与实证分析，进行了一些兼具特色与创新的有益探索，得到了一些富有启发性的研究结论，并提出了一些具有针对性的对策建议。相较于已有研究而言，本书可能存在的特色与创新之处可归纳为研究视角的特色与创新、研究内容的特色与创新和指标测度方法的特色与创新三个方面。

1.5.1 研究视角的特色与创新

有别于以往大量研究从宏观或中观视角识别企业韧性的影响效果及其作用机制，本书考虑到产业链供应链上的实践主体并不是政府、抽象的"产业"或行业协会，而是处在产业链上的微观企业，产业链供应链能否实现安全稳定最终取决于微观企业的经营决策，因此企业韧性是稳定产业链供应链和促进大国经济循环畅通的微观基础，是宏观经济韧性的重要组成部分。当企业韧性羸弱时，在遭受外生冲击后往往难以吸收并承受住压力，更难以迅速复苏并寻找新的发展路径，极可能导致企业供应链传导不畅，出现"堵链""断链"甚至破产的严重后果，最终拖累宏观经济。有鉴于此，本书着重关注和强调微观层面因素对企业韧性的影响，从数字化转型、纵向一体化、供应链金融、供应链网络位置、董事关系网络、高管团队稳定性等多个维度出发，深入探究企业韧性的提升路径与作用机制，而上述企业韧性的影响因素均在现阶段深刻影响着企业经营管理实践。因此，本书通过微观层面的研究为企业韧性相关政策制定提供了客观且有益的参考，为企业在复杂多变的内外部环境下增强自身韧性水平提供了切合实际的指导，同时丰富和扩展了企业韧性影响因素的相关研究成果。

1.5.2 研究内容的特色与创新

本书在研究数字化转型对企业韧性的影响及作用机制这一主题时，提出了数字化转型通过化解企业韧性形成过程中的障碍因素、提高企业韧性的反应速度和作用效果来增强企业韧性的理论框架，识别了提升创新能力、强化内部控制、降低客户集中度、促进一体化发展等四条传导路径。在研究纵向一体化对企业韧性的影响及作用机制这一主题时，提出了纵向一体化与企业韧性之间呈现倒 U 形关系的观点，即随着企业纵向一体化水平的提升，企业韧性呈现出先上升后下降的变动趋势。同时进一步考察了外部交易成本、内部管控成本的传导作用，以及纵向一体化如何降低外部交易成本、企业如何减轻纵向一体化对内部管控成本的负面影响两个深层次问题。在研究供应链金融对企业韧性的影响及作用机制这一主题时，从供应链可持续性角度发现供应链金融能够通过推动精益管理、增强敏捷响应、促进弹性提升三个层面增强供应链可持续性，并最终增强企业韧性，其本质在于开展可持续供应链实践，并识别了不同导向的供应链金融对企业韧性产生的差异化影响。在研究供应链网络位置对企业韧性的影响及作用机制这一主题时，发现企业越靠近供应链网络的中心位置，其韧性水平越高，且该效应是通过提高吸收能力、商业信贷水平和投资水平来实现的。在研究董事关系网络对企业韧性的影响及作用机制这一主题时，发现董事关系网络越紧密，则企业韧性越强，融资约束在董事关系网络与企业韧性之间发挥着中介作用，在高度竞争环境和东部地区的企业中，董事关系网络对企业韧性的影响更为显著，管理层持股比例和外部监督程度对董事关系网络与企业韧性之间的关系具有正向调节作用。在研究高管团队稳定性对企业韧性的影响及作用机制这一主题时，发现高管团队稳定性与企业韧性之间存在显著的正相关关系，高管团队稳定性能够通过提升 ESG 表现、合理配置冗余资源和维持供需关系三条传导路径增强企业韧性。

1.5.3 指标测度方法的特色与创新

关于企业韧性的测度方法，本书首先分析了企业韧性的"恢复论"和"超越论"两种观点。其中，前者倾向从物理角度解读，认为企业韧性是企业面对外生冲击时实现反弹和复原的能力；后者则倾向从动态角度解读，认为企业韧性不仅强调企业在危机与挑战下得以生存和恢复，更注重外生冲击下的组织"超越"。并提出"恢复论"仅强调企业受压复原的短暂反应，而"超越论"则强调企业作为一个系统并不存在完全静止的均衡状态，因此，对企业韧性的解读理应从动态视角出发的观点。其次，本书认为，企业韧性既能帮助企业在困境中得以生存和恢复，同时也能激发企业新能力的产生。企业韧性的强弱不仅取决于其能否在逆境中实现持续经营并保持较稳定的绩效水平，还应考虑其能否准确识别发展机会并在原有基础上取得进一步突破。最后，基于上述概念辨析将企业韧性划分为"波动性"和"成长性"两个维度，并通过熵值法综合计算得到样本企业各年度的韧性水平。其中，波动性采用样本企业一年内股票月度平均价格的标准差衡量，成长性采用 $t-2$、$t-1$、t 三年内销售额累计增长率衡量。

关于企业数字化转型的测度方法，首先，本书分析了被广泛使用的文本分析法、问卷调查法、代理变量法等测度方法存在的不足之处。其次，在沿用主流的文本分析法的基础上，剔除文本中含有否定词汇的关键词，并采用熵值法对词频统计结果进行客观赋权，从而更加科学准确地测算样本企业的数字化转型程度。具体地，第一步，以数字化转型、数字技术相关政策文件、会议文件和学术论文为基础构建数字化转型关键词词典，并将关键词划分为数字化应用、人工智能、区块链、大数据和云计算等五个维度；第二步，通过 Python 爬虫功能归纳整理样本企业考察期内的年报，采用"pdfplumber"库将年报转换为 txt 格式，并提取其中"公司经营情况分析"部分，组成文本分析数据池；第三步，将关键词词典导入"jieba"中文分词库，在剔除含有"无需""没有""尚未"等否定词汇表述的基础上，分维度统计关键词出现的频数,将各维度关键词词频作为数字化转型程度的不同指标,采用熵值法确定权重,计算得到样本企业各年度的数字化转型程度。

关于高管团队稳定性的测度方法,本书首先分析了目前主流测度方法存在的固有缺陷,认为采用赫芬达尔指数算法构建高管团队稳定性指数的做法具有较高的借鉴意义。其次,在已有文献从个体和时间双重维度综合构建高管团队稳定性指数的基础上,创新地引入经济维度,将个体、经济和时间三个维度有机地融合在一起,构建高管团队稳定性指数。具体地,第一步,计算每位高管在个体、经济和时间三个维度的稳定性因子,并将三者相乘得到每位高管每一年度的稳定性因子;第二步,通过加入稳定性因子变动的调整项,消除不同年份高管团队规模差异对计算结果可靠性的影响,得到调整后的稳定性因子;第三步,将样本公司各年度不同高管稳定性因子的平方和作为高管团队稳定性的代理变量。

第 2 章

文献综述

在学术文献中,韧性是一个相当抽象的概念,大量学者对这一概念做出了多种不同的解释和定义。截至 2024 年底,在 Web of Science 数据库中搜索主题中包含关键词"resilience"的学术论文(发布时间不限),可以找到 19 万余篇文献,其中有 10334 篇发表于商业、经济和管理领域。尽管上述领域已经存在大量与韧性相关的文献,但当前针对企业韧性的研究仍面临以下问题。第一,学者们对该术语的定义仍未形成统一观点。一些研究旨在确定不同研究领域对韧性的理解方式的多样性(Baggio, Brown and Hellebrandt, 2015),但鲜有学者对经济、管理和商业文献中韧性的定义作出系统化的归纳与解释(Conz and Magnani, 2020)。大量研究集中于宏观层面的经济韧性(陈雨恬、杨子晖和温雪莲,2024;宋林和张蕾蕾,2024)和中观层面的供应链韧性(沈国兵和沈彬朝,2024;Aslam et al., 2020),或将韧性细化至企业经营实践的不同活动中,关注企业的出口韧性(杜运苏和陈汉,2024)、创新韧性(侯林岐等,2024)、商业模式韧性(李鸿磊、王红玉和赵阳阳,2025)等,对微观层面上以企业整体为对象的韧性研究仍然不足。第二,学术界目前尚未得出被广泛接受的韧性测度方法。部分学者采用直接测度的方法,通过发放调查问卷和量表的方式收集一手数据(周惠平和姚艳虹,2024;张秀娥和杨柳,2024),但囿于企业韧性的概念界定并不统一,问卷的内容和切入点不尽相同,且受限于数据收集效率,这一方法很难应用于大样本研究当中。大量学者通过二手数据间接测度企业韧性（王娜、张倩肖和胡静寅，2024；Jiang et al.，2023），但这一方法受到企业韧性概念的抽象性和复杂性的限制，学者们对测度方法做出了大量尝试，但同样并未形成一致性意见。此外，目前存在大量研究企业韧性影响因素的文献（Wang, Jiao and Ma, 2024；Xu et al.，2024；焦豪、王林栋和刘斯琪，2024），但尚未有学者对这些研究成果做出系统性的归纳与总结。

综上所述，研究企业韧性的学者们仍在面对一些悬而未决的问题。例如，"应当采用哪种韧性定义？""应当采用何种方法测度企业韧性？""企业韧性的影响因素有哪些、形成了怎样的研究体系、存在哪些切入角度？"等等。本章基于上述关于企业韧性研究的不足之处，通过对 1997～2024 年发表的、研究对象为企业韧性的文献进行内容分析，归纳了现有文献中与企业韧性的定义、测度方式与影响因素相关的研究成果。

本章利用 Web of Science 核心数据库进行外文期刊文献检索，利用中国知网数据库进行中文期刊文献检索。在对外文期刊文献进行搜索时，查找主题中含有"organizational resilience""corporate resilience""firm resilience"等关键词的文献，并将文献类型限定为"Article""Review"，将所属学科限定为"Business""Management""Economics""Business Finance"；在检索中文期刊文献时，查找主题中包含"企业"或"组织"、并含"韧性"的文献，将文献分类限定为"经济与管理科学"，将引用情况限定为"CSSCI"。通过检索初步得到了可能相关的 605 篇外文期刊文献和 735 篇中文期刊文献。随后，通过标题、关键词和摘要检查对上述文章进行初步筛选，排除了 756 篇与企业韧性相关性不强的文献。剩余的 584 篇文章参照下列条件进行深入分析与最终筛选：第一，以中文或英文发表，涉及经济、管理或商业研究，排除涉及其他社会科学领域或医学、工程学、环境科学和物理学领域韧性的研究。第二，在经过同行评审的学术期刊上发表，不包括其他类型的出版物，如会议论文集、书籍、报刊等。第三，以企业韧性为研究对象，排除了研究企业特定经营活动（如出口韧性、创新韧性、数字韧性等）、个人层面（如员工和管理者的心理韧性、企业内部团队韧性、社区韧性等）、中观层面

(如供应链韧性、产业韧性等)和宏观层面(如乡村、城市、地区和国家经济韧性等)韧性的文献。考虑到特殊形式组织在运营和管理方面与营利性公司存在差异,排除了关注非营利组织、非政府组织和公共机构韧性的文献。经过一系列处理,最终得到172篇中文期刊文献和210篇外文期刊文献,具体检索方式如表2-1所示。

表2-1　　　　　　　　　企业韧性文献检索方式

项目	中文文献检索方式	外文文献检索方式
数据库	中国知网	Web of Science
检索式	主题=("企业" OR "组织") AND 主题=("韧性")	TS=("corporate resilience" OR "firm resilience" OR "organizational resilience")
文献类型	学术期刊(CSSCI)	Article、Review
所属学科	经济与管理科学	Business、Management、Economics、Business Finance
检索时间	2025年1月8日	2025年1月8日
文献发表时间	不限	不限
文献数量(篇)	172	210

文献数量是反映学科发展水平的重要指标,通过对企业韧性中外文期刊文献各年发表数量的统计,可以分析该研究主题的整体发展趋势。各年度文献发表数量如图2-1所示。

由图2-1可知,企业韧性相关文献的发表量呈现出明显的阶段性特征。2000年以前与企业韧性直接相关的文献极少,仅有的一篇文献发表于1997年。2001~2010年共有4篇相关文献被发表,表明学术界对企业韧性的关注度出现了小幅度上升。但总体上看,在2010年以前关于企业韧性的相关文献较少,说明在"韧性"这一概念被引入经济学与管理学领域的初期并未受到学术界的广泛关注。自2011年以来,企业韧性的相关研究数量逐渐增多,表明学者对这一主题的兴趣日益浓厚。2021年以后,相关文献的数量出现显著攀升，由此可见，企业韧性目前已成为受到学者广泛关注的研究热点。在全部所选文献中，有93%的文献发布于2019年以后，这一分布情况与近年来VUCA（不稳定、不确定、复杂、模糊）特征不断凸显、企业经营环境持续动荡的时代背景相匹配（张公一、张畅和刘晚晴，2020）。

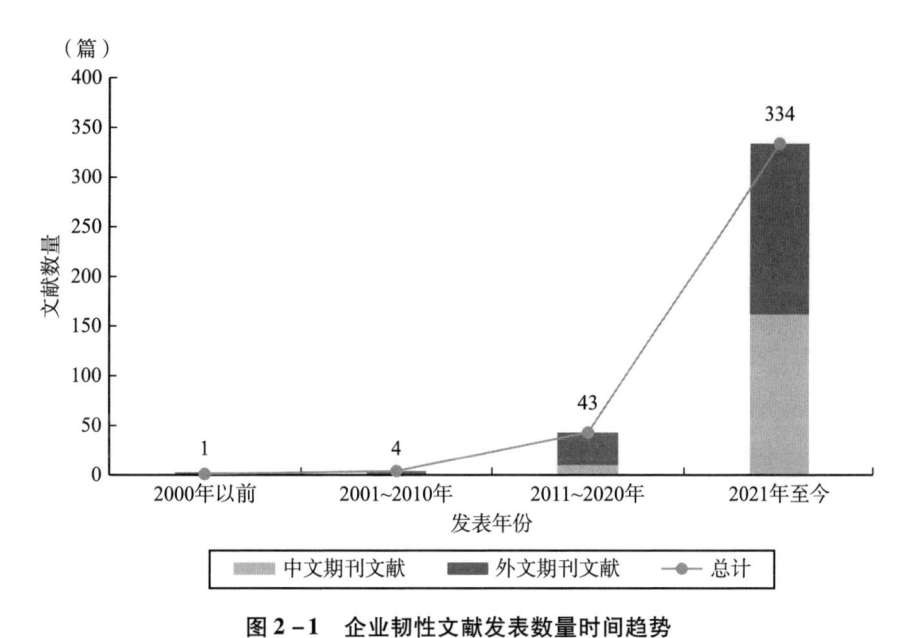

图 2-1　企业韧性文献发表数量时间趋势

注：文献数量统计截至2025年1月9日。

在企业韧性文献发表的期刊分布方面，共有65种中文期刊和104种外文期刊发表过企业韧性相关文章，其中34种中文期刊和36种外文期刊曾发表过两篇或两篇以上企业韧性相关文章，重复总发文量分别为141篇和142篇，占文献总量的81.98%和67.62%。企业韧性相关文献发表数量前十名的中英文期刊发文情况如表2-2所示，可以看出，虽然目前企业韧性研究具有一定的异质性且呈现碎片化的特点，但仍然有一定数量的期刊在持续关注该研究领域，且与外文期刊相比，企业韧性相关文献在中文期刊中的分布更加集中。表2-2列示了企业韧性相关文献的主要来源。

表2-2　　　　　　　　企业韧性相关文献的主要来源

文献类型	文献来源	文献数量（发表年份）
中文期刊文献	《经济管理》	11篇（2020a, 2020b, 2021, 2022, 2023a, 2023b, 2023c, 2023d, 2024a, 2024b, 2024c）
	《科技进步与对策》	11篇（2021, 2023a, 2023b, 2023c, 2023d, 2024a, 2024b, 2024c, 2024d, 2024e, 2024f）
	《外国经济与管理》	8篇（2021a, 2021b, 2021c, 2021d, 2021e, 2023a, 2023b, 2024）
	《管理案例研究与评论》	7篇（2020, 2021, 2023a, 2023b, 2024a, 2024b, 2024c）
	《科学学与科学技术管理》	7篇（2022a, 2022b, 2022c, 2023, 2024a, 2024b, 2024c）
	《技术经济》	6篇（2019, 2021, 2022a, 2022b, 2022c, 2024）
	《科技管理研究》	6篇（2022a, 2022b, 2022c, 2024a, 2024b, 2024c）
	《南开管理评论》	6篇（2022a, 2022b, 2024a, 2024b, 2024c, 2024d）
	《软科学》	6篇（2024a, 2024b, 2024c, 2024d, 2024e, 2024f）
	《华东经济管理》	5篇（2022a, 2022b, 2024a, 2024b, 2024c）
外文期刊文献	JOURNAL OF BUSINESS RESEARCH	9篇（2021, 2022a, 2022b, 2023, 2024a, 2024b, 2024c, 2024d, 2024e）
	MANAGEMENT DECISION	8篇（2023a, 2023b, 2024a, 2024b, 2024c, 2024d, 2024e, 2024f）
	BUSINESS STRATEGY AND THE ENVIRONMENT	7篇（2012, 2018, 2023a, 2023b, 2024a, 2024b, 2024c）
	IEEE TRANSACTIONS ON ENGINEERING MANAGEMENT	7篇（2018, 2023, 2024a, 2024b, 2024c, 2024d, 2024e）
	FINANCE RESEARCH LETTERS	6篇（2024a, 2024b, 2024c, 2024d, 2024e, 2025）
	JOURNAL OF CONTINGENCIES AND CRISIS MANAGEMENT	6篇（2017, 2019, 2023a, 2023b, 2024a, 2024b）
	JOURNAL OF MANAGEMENT & ORGANIZATION	5篇（2012, 2020, 2021a, 2021b, 2021c）

续表

文献类型	文献来源	文献数量（发表年份）
外文期刊文献	TECHNOLOGICAL FORECASTING AND SOCIAL CHANGE	5篇（2022，2023a，2023b，2023c，2024）
	TECHNOLOGY ANALYSIS & STRATEGIC MANAGEMENT	5篇（2024a，2024b，2024c，2024d，2024e）
	BUSINESS PROCESS MANAGEMENT JOURNAL	4篇（2021，2022，2023a，2023b）

2.1 有关企业韧性内涵与测度方法的文献综述

2.1.1 企业韧性的内涵

"韧性"一词源于物理学领域，指材料变形后恢复原状的能力。它也被用来描述一个系统吸收变化并保持其基本功能的能力（Walker et al., 2004）。1973年，"韧性"这一概念首次被引入社会生态学（Holling, 1973），随后，韧性研究逐渐在生态学、经济学、心理学和社会学领域兴起，用来描述复杂动态系统的关键特征。然而，直到20世纪90年代末，对企业韧性的研究才逐渐得到学者们的青睐，企业应对突发灾难性事件的能力开始受到关注（Gittell et al., 2006），企业韧性的概念被广泛应用于危机管理、灾难和高可靠性组织文献中。与有机体一样，企业经常面临源自外部的威胁与挑战，需要不断适应经营环境的变化，但与有机体不同的是，企业可以主动预测潜在的外部环境变化并在变化发生之前做出反应。因此尽管企业韧性脱胎于物理学领域，但在与企业经营实践结合后，这一概念呈现出一定程度的抽象性，对于企业韧性的具体定义，学者们尚未得出统一的结论（Sawalha, 2015）。

学者们对企业韧性的概念化做出了大量有益尝试，但基于不同分析视角的研究往往会给出不同的解释。现有研究大多从能力视角、过程视角、功能视角和结果视角来诠释企业韧性：持动态观点的学者主张从能力和过程的角度探讨企业韧性，而持静态观点的学者主张从结果和功能的角度来分析这一概念。采用过程视角的学者认为，企业韧性是企业在应对危机或不利情况时表现出的一个动态和渐进的过程。企业可能会做出身份管理、重新整合、随机应变和情感劳动等行为（McCarthy, Collard and Johnson, 2017）。采用能力视角的学者认为，企业韧性是一种动态、灵活的组织能力，由企业在应对危机时表现出的预测能力、生存能力、适应能力、应对能力和学习能力综合而成（Lengnick-Hall, Beck and Lengnick-Hall, 2011）。从结果视角出发的学者提出，企业韧性是企业在面对危机时保持积极适应状态的能力（Sahebjamnia, Torabi and Mansouri, 2018）。从功能角度出发的学者则认为，企业韧性是企业适应动态复杂环境能力的函数（Wicker, Filo and Cuskelly, 2013）。

为合理地归纳已有研究对企业韧性这一概念的界定，参考康斯和马格纳尼（Conz and Magnani, 2020）的做法，将企业韧性的不同定义归纳为事前（$t-1$）、事中（t）、事后（$t+1$）和全过程（$t-1$、t、$t+1$）四类。例如，帕尔等（Pal, Torstensson and Mattila, 2014）将企业韧性定义为在危机时刻做好准备并保持卓越组织绩效的能力，杜等（Do et al., 2022）则将其定义为组织利用新知识推动创新、不断预测意外的能力。在这一类定义中，企业韧性被解释为企业在外部事件发生之前的某一时刻形成的一种能力。由于这一定义认为企业韧性是危机发生前企业具备的能力，更关注企业对环境变化的警觉与提前规划，主要与组织的准备、预测、主动、提前等概念相关，因此我们将其归入"事前"类别当中。艾克哈等（Acquaah, Amoako-Gyampah and Jayaram, 2011）指出，企业韧性是指企业在商业和经济环境发生重大变化时实现持续经营的能力，和企业抵御干扰和灾难性事件的能力；王勇（2019）将企业韧性界定为企业吸收环境变化和危机而又不严重丧失组织效力的双重能力，同时也能够在危急情况下保持适应能力。此类文献将韧性概念化为危机发生时组织具备的能力，更关注组织对意外事件的迅速响应与调整，并吸收负面影响，主要与组织的反应、抵御、敏捷、吸收、创新等概念相关。企业韧性被定义为企业在面临混乱或灾难性事件时所具备的一种属性，以帮助企业抵御这种不可预测的外部现象。因此，我们将此类文献归入"事中"类别。迈克菲（McPhee，2014）将企业韧性称为企业在混乱中生存的能力，将韧性视为企业在关键事件发生后所拥有的属性；刘和尹（Liu and Yin，2020）认为企业韧性是企业创造新的经营方式，并在逆境中反弹的能力。上述文献将韧性概念化为危机发生后组织具备的能力，更关注组织承受风险，存活下来并逐渐恢复的过程，主要与组织的生存、持久、恢复、稳定等概念相关。因此，我们将此类文献归入"事后"类别。阿穆布尔喀等（Ambulkar, Blackhurst and Grawe，2015）认为，韧性是企业对供应链中断带来的变化保持警惕、适应和快速反应的能力。在这一表述中存在三个时间单位：对变化保持警惕（$t-1$）、在意外变化发生时进行适应（t）和快速应对变化（$t+1$）。刘春红、郄可心和陈李红（2023）提出企业韧性是一种包含事前准备、事中响应、事后恢复并最终适应动态环境的多元组织能力，涵盖了为危机事件做出的准备与预测、积极快速地响应环境变化、吸取经验教训从而恢复原始状态或达到新平衡的动态能力，通过事前、事中和事后的不断循环来适应环境变化以实现可持续发展。这些文献将韧性概念化为危机发生前、中、后循环过程中组织具备的能力，强调韧性的动态属性，更关注组织与环境不断互动并培育多重能力，逐渐适应变化并提升企业竞争优势等方面，主要与组织的适应、多元、动态、优势、互动等概念相关。因此，我们将其归入"全过程"类别。

综上所述，我们根据上述标准对不同学者提出的企业韧性定义进行归纳，并将其划分为事前（$t-1$）、事中（t）、事后（$t+1$）和全过程（$t-1$、t、$t+1$）四个主要类别。

2.1.1.1 作用于事前阶段的企业韧性

这一类论文将韧性概念化为企业在事件发生前所具备的一种属性，更关注企业对环境变化的警觉与提前规划，主要与组织的准备、预测、主动、提前等概念相关，研究了企业为应对突发事件而需要拥有或发展的一系列资源和能力。例如，布鲁顿等（Brewton et al.，2010）将家族企业的韧性定义为个人和家族的资源储备，这些资源可以帮助家族企业抵御外部突发事件的干扰，并利用个人和集体的创造力来解决问题和完成工作。此外，该研究还特别分析了人力资源、社会关系、财务状况、资本积累、家族结构中可预见和不可预见的变化以及自然灾害对家族企业韧性的影响效果。戴恩斯等（Danes et al.，2009）分析了自然灾害对企业可持续性的影响，并将家族企业的韧性定义为企业在破坏性事件发生时可依赖的存储能力。这两项研究都将企业韧性视为以支撑家族企业在困境中实现长期生存为目标的积累资源。类似地，帕尔等（Pal, Torstensson and Mattila, 2014）将企业韧性定义为在危机时期做好准备并保持卓越组织绩效的能力，通过调查中小型企业的韧性促进因素，确定了增强和发展企业韧性所需的三大关键资源，即应变能力、动态竞争力和企业文化。

总之，这一类论文将韧性的关键要素界定为以下三类：第一，积极主动。企业韧性是企业对危机情况的一种积极应对，包括采取积极主动的措施，以便在危机期间迅速恢复稳定并在危机之后实现进一步发展；第二，冗余资源。企业要想具有较高的韧性，就需要储备一些资源，通过充分利用物质、社会、财务、人力、技术等层面的资源，在危机期间维持自身绩效；第三，集体性。在企业内外部形成快速协调与充分互动的能力和氛围，在企业内部，建立未雨绸缪的企业文化，促进员工之间形成共同的积极愿景，在企业外部，积极构建与政府、同行业企业、互补企业的沟通渠道。事前阶段的企业韧性定义中主要涉及预测环境、预防意外、保留资源、提前规划、积极响应、主动管理、认识环境、沟通交流等核心概念，强调在破坏性事件发生之前，企业以负责任和积极的态度，主动预防、参与、调整与面对充满复杂性和不确定性的环境变化（Nyaupane et al.，2020），更关注企业对外部风险因素的识别、警告、防御和预测等前瞻性行为，以最大限度地减少破坏性事件发生的概率，降低潜在威胁对企业经营造成的负面影响，主要涉及组织稳健性、警觉性、冗余性、准备度、集成度、市场实力和财务实力等研究内容（Dovbischuk，2022）。作用于事前阶段的企业韧性定义如表2-3所示。

表 2-3　　　　　　　　　　作用于事前阶段的企业韧性

作者	发表年份	企业韧性的定义
杨伟和汪文杰	2024	组织韧性是在一系列"耐久性能力"基础上发展形成的,在逆境事件发生前就存在,并且能推动组织针对逆境事件进行积极调整,具体包括财务、行为、认知、道德规范和关系五个维度的能力禀赋
Buyl,Boone and Wade	2019	企业韧性是企业恢复原有状态的能力,这种能力是企业应对冲击之前已有的特性,能够保证各个子系统的正常运行,使组织可以在逆境中实现稳定绩效
孟韬和张天错	2024	组织韧性是韧性理论在管理学领域的拓展,能够帮助企业更好地感知和应对未预料到的事件和风险,甚至成为组织在市场竞争中脱颖而出的关键之一
王娟茹、任轩华和刘欣妍	2024	组织韧性是企业预测潜在危机,有效应对突发事件并适应环境变化的能力,分为前瞻性韧性和响应性韧性。前者是指在突发事件发生前,企业识别、预测和防御冲击的能力;后者是指突发事件发生后,企业迅速作出反应以减轻冲击的能力
陶颜等	2024	组织韧性是组织在预测、避免和应对环境冲击方面的潜在能力,其最显著特征是"临危不溃",即组织在危机冲击下仍能保持竞争优势,呈现出稳健性和可靠性
Sajko,Boone and Buyl	2021	组织韧性是组织在应对外部冲击时具有的预测、调整应对能力
张强等	2024	企业韧性定义为企业识别出环境中的潜在风险,微观个体利用其资源禀赋能力及与其他利益相关者的互动合作生成中观组织韧性,组织采取一系列学习机制及发展策略与外部环境相互影响、协同演化,形成宏观社会层面韧性,最后由微观韧性、中观韧性凝聚形成宏观韧性,上升为企业韧性,以更好地应对未来风险和不确定性
吴晓波和冯潇雅	2022	组织韧性是一种有效的企业战略,侧重于创造和储存资源以应对不确定性并从中学习的能力
李恩极、张晨和万相昱	2022	企业韧性是指企业在预测、避免、调整应对外部冲击方面的潜在能力,是企业应对危机或渡过难关不可或缺的特性
路江涌和相佩蓉	2021	组织韧性是组织成员刻意地、集体性地运用能力和资源,通过预测不利事件来制定组织应对逆境的规划,继而通过承受和适应不利事件的压力来响应危机并在危机事后恢复的过程,包括使组织从危机中反弹恢复和从危机中实现反超改进
王勇和蔡娟	2019	为应对各种危机和挑战,消除干预因素并适应新环境,以及为危机后重振的企业提供一个潜在框架,只有具有韧性的组织才能够在富有挑战性的环境下保持积极适应状态

续表

作者	发表年份	企业韧性的定义
Dimitriadis	2021	企业韧性是企业针对具体危机情况制定应对措施，通过调整组织构架和运营手段，最终形成的可调节的组织结构和丰富的财务、关系等资源储备，使企业能够克服潜在破坏性冲击

2.1.1.2 作用于事中阶段的企业韧性

事中阶段企业韧性定义主要涉及快速响应、抵抗风险、吸收压力、面对干扰、克服危机、创新改变等核心概念，强调在不利情况发生时，组织以快速、及时、经济高效的方式做出响应，使其在最短的时间内以最小的代价缓解不利影响，更关注组织对事故和不可预见性危机的有效管理，包括对破坏事件的快速响应、承受影响、吸收压力等方面研究内容（刘春红、郄可心和陈李红，2023）。

部分学者从吸收冲击的角度来描述韧性，其目的是保持企业持续稳定经营和保全资产。关注韧性的吸收方面的学者强调企业在危急事件中的稳健性及其组织结构的稳定性。对韧性的吸收性的解释植根于"工程韧性"的概念（Conz and Magnani，2020），强调控制和不变性，与企业抵御干扰的能力以及在受到冲击后迅速恢复平衡的能力有关。与工程学观点一致，潘为华和罗永恒（2024）将企业韧性定义为企业面对外部不确定性时保持持续经营的风险抵御能力和快速恢复能力，指出具备高度韧性的企业能够更有效地应对外部挑战，通过灵活调整策略、优化供应链管理、加强技术创新等，保持运营的连续性，还能在危机中发现新的成长机会。类似地，范德费赫特等（Van Der Vegt et al.，2015）则将企业韧性视为衡量企业在危机期间表现的关键指标，反映了企业应对外部冲击时的抵抗能力、恢复能力和反弹能力。

还有部分学者强调了企业韧性在适应冲击方面的特殊作用，通过韧性的这种积极作用，企业能够重新组合现有或新的资源，并促使企业内部发生变化。这些研究受到生态科学韧性框架的影响，与回到预先存在的平衡点的工程学观点不同，生态科学韧性框架意味着多重平衡点的存在以及从一个平衡点转向新平衡点的可能性。根据生态学的观点，企业遵循"点状均衡"的过程，即稳定形式的连续，将干扰的机会作为创新和促进内部变革的机会，从而保持企业的长期性和连续性（Conz and Magnani，2020）。与这一观点相对应，张秀娥和杨柳（2024）将组织韧性视为一种可以在组织中不断发展和增强的动态能力，并将其定义为企业在面对突发事件时作出反应、适应和改变的重要能力，以实现危机后的自我修复并超越原来的状态。马鸿佳、唐思思和熊立（2023）也提出了类似的观点，认为韧性是危机来临时，帮助企业承载冲击、保持或改进运营的重要能力，拥有韧性的企业能在危机发生后快速认识危机，有效回应危机并利用危机优化自身。作用于事中阶段的企业韧性定义如表2–4所示。

表 2–4　　　　　　　　　　作用于事中阶段的企业韧性

作者	发表年份	企业韧性的定义
王娜、张倩肖和胡静寅	2024	企业在面临内外部压力和冲击时维持运营、适应变化、从逆境中恢复甚至发展的关键能力
潘为华和罗永恒	2024	企业面对外部不确定性时保持持续经营的风险抵御能力和快速恢复能力，具备高度韧性的企业能够更有效地应对外部挑战，通过灵活调整策略、优化供应链管理、加强技术创新等，保持运营的连续性，还能在危机中发现新的成长机会
张秀娥和杨柳	2024	组织韧性被视为一种可以在组织中不断发展和增强的动态能力，并将其定义为企业在面对突发事件时作出反应、适应和改变的重要能力，以实现危机后的自我修复并超越原来的状态
Van Der Vegt et al.	2015	企业韧性是衡量企业在危机期间表现的关键指标，反映了企业应对外部冲击时的抵抗能力、恢复能力和反弹能力
Des Jardine, Bansal and Yang	2019	韧性是指在重大突发事件下企业持续生存和再生的能力，有助于企业在突发事件冲击下保持核心业务的稳定和避免严重损失，并以较快的反应速度从逆境中恢复
刘建秋和徐雨露	2024	韧性是指组织面临非常态环境冲击时表现出来的恢复和适应能力，是企业应对多元逆境、在危机情境下重构竞争优势的关键特质

续表

作者	发表年份	企业韧性的定义
Liang and Cao	2021	企业韧性是指企业在逆境中提高风险认识并降低自身脆弱性、不断适应环境变化、主动作出反应甚至创造新机会和开发新功能的能力
魏玖长、刘源和周磊	2023	企业韧性是当遭遇重大危机和不确定时,企业依然能够保持良好的经营状况甚至转危为机的能力
马鸿佳、唐思思和熊立	2023	组织韧性是危机来临时,帮助企业承载冲击、保持或改进运营的重要能力,拥有韧性的组织能在危机发生后快速认识危机,有效回应危机并利用危机优化组织
梁林和段世玉	2023	组织韧性是组织在应对危机过程中逐渐形成的恢复、反弹甚至反超危机前水平的理想特质
邹永广等	2023	韧性是企业应对不确定性因素的重要属性,是在危机情境下企业经历感知—抓住—转换、积极响应并适应环境的动态能力过程,被视为企业于动荡中生存、适应、恢复乃至发展的能力
李雪灵等	2022	组织韧性作为一种能有效帮助组织适应动荡、恢复稳态,激发组织主动调整、超越原状的组织动态能力,越来越成为帮助组织抵抗干扰和中断,应对变化和不确定性的必备素养
Lengnick-Hall and Beck	2005	企业韧性是企业避免、吸收、应对以及从可能威胁自身生存的意外和重大事件中恢复的能力

2.1.1.3 作用于事后阶段的企业韧性

事后阶段的企业韧性定义中主要涉及生存维持、反弹反超、恢复平衡、组织稳定等核心概念,强调在危机发生之后,组织能够减轻不利后果带来的影响,并最大限度地提高恢复速度,不仅能够维持自身的核心功能,而且有助于企业恢复到之前甚至更好的状态,包括生存恢复、组织学习、持续适应等方面研究内容(刘春红、郯可心和陈李红,2023)。

张梦桃和张生太(2022)将韧性作为当今企业在易变、不确定、复杂和模糊(VUCA)的市场环境下应对危机的核心能力,能够帮助企业在不利事件的挑战冲击中快速恢复和反弹,并在反思改进的过程中逆势成长,从而实现组织的可持续发展。彭新敏、慈建栋和刘电光(2022)则认为组织韧性伴生于危机事件，因此危机是组织韧性变得必要的关键原因，韧性更倾向于契合物理概念"弹性"，应对外界干扰的变化而改变，内在的核心特征主要表现为"恢复"和"反弹"，因此，组织韧性是组织有效应对危机事件，并从危机中反弹使组织不断持续发展的特殊能力。张杰和范雨婷（2024）提出企业韧性是企业面对外部环境变化的生存和适应能力，反映了企业在破坏性事件后恢复正常水平的能力和速度，也反映了企业的长期增长能力。作用于事后阶段的企业韧性定义如表2-5所示。

表2-5　　　　　　　　　作用于事后阶段的企业韧性

作者	发表年份	企业韧性的定义
Ma, Xiao and Yin	2018	企业韧性是一种强大的动态能力，它关注的是组织在原有水平上的自我修复和超越原有状态的能力
张杰和范雨婷	2024	企业韧性是企业面对外部环境变化的生存和适应能力，反映了企业在破坏性事件后恢复正常水平的能力和速度，也反映了企业的长期增长能力
郜志雄	2024	韧性是指经济主体抵抗外部冲击、环境冲击、极端事件和危机等不可预见事件的冲击，进而恢复、自我更新、重新定位的动态调整能力
冯挺和祝志勇	2024	企业韧性是指企业抵御外部冲击并由此逆转实现再发展的能力
Lengnick-Hall, Beck and Lengnick-Hall	2011	组织韧性是组织针对具体情况制定应对措施，对威胁组织生存的事件加以利用的能力
朱丹阳和李绪红	2023	组织韧性是指组织在遭遇危机或逆境事件之后的复原能力，体现了一个组织能够应对危机事件并从中学习的一种独特的组织能力
张梦桃和张生太	2022	组织韧性作为当今企业在易变、不确定、复杂和模糊（VUCA）的市场环境下应对危机的核心能力，能够帮助企业在不利事件的挑战冲击中快速恢复和反弹，并在反思改进的过程中逆势成长，从而实现组织的可持续发展
彭新敏、慈建栋和刘电光	2022	组织韧性伴生于危机事件，因此危机是组织韧性变得必要的关键原因，韧性更倾向于契合物理概念"弹性"，应对外界干扰的变化而改变，内在的核心特征主要表现为"恢复"和"反弹"，因此，组织韧性是组织有效应对危机事件，并从危机中反弹使组织不断持续发展的特殊能力

续表

作者	发表年份	企业韧性的定义
张吉昌、龙静和王泽民	2022	组织韧性作为韧性理论在组织管理领域的延伸，是指组织在遭受危机事件冲击后能迅速恢复到最初状态的结果
李兰等	2022	组织韧性是能够让组织消除压力、维持凝聚力、从挫折中复原进而有效应对管理危机的结构性、程序性动力
宋耘、王婕和陈浩泽	2021	组织韧性通常被认为是组织在逆境时表现出的耐受度和恢复力，被用来描述那些在遭受突如其来的打击时，能够比其他组织更快做出反应、更快恢复或在胁迫下以更不寻常方式来发展业务的组织固有特征
Linnenluecke	2017	组织韧性的本质是当组织遭遇干扰或破坏时帮助组织保持灵活性的能力，这些能力不仅能够帮助组织恢复到受到扰动前的水平，同时可能催生优化组织原始状态的新能力

2.1.1.4 作用于全过程的企业韧性

动态全过程阶段的企业韧性定义中主要涉及适应变化、多元能力、持续优势、稳定灵活、环境互动、动态处理等核心概念。学者们认为韧性可以随着时间的推移而发展并不断更新以满足变化的环境需求，更强调组织的环境适应性，即在破坏性环境中持续存在与发展壮大的能力。主要涵盖承受压力与适应变化、持续获取竞争优势、灵敏的反应与灵活应对、协调资源与能力、持续与环境互动等方面研究内容（刘春红、郏可心和陈李红，2023）。

这类论文认为企业韧性意味着企业对外生冲击的动态适应，即通过重新组合现有资源，使自身具备预测、抵御、应对和调整冲击的能力，并在此基础上转危为机、实现进一步发展。例如，蔡显军、夏雨欣和薛丽达（2024）将企业韧性视为企业拥有的化解外来冲击、在危机中仍能维持其主要功能运转，进而转危为机实现持续发展的能力。不仅反映企业在损害发生前对潜在危险的预测和预防，还体现企业识别潜在风险并采取积极措施确保企业在逆境中不断成长的能力，此外，韧性也可以使企业能够随着环境动态地进行商业模式创新和战略变革。梁林和李妍（2024）归纳了韧性的三大特征：面临危机时通过激活自有资源积累进行及时反应的抵御风险能力、在危机中快速调整并通过创造性和前瞻性的解决方案响应变化环境的适应调整能力，以及在遭遇危机后自我恢复、变得更加坚韧的恢复反超能力。类似地，张蔼容和胡珑瑛（2023）也提出韧性是组织具备的一种连续属性，在危机事件发生之前，组织积极主动调动资源，努力避免受到冲击而产生不良反应；在危机事件发生之时，组织承载、吸收冲击并维持状态与结构稳定；在危机事件发生之后，组织重组资源、转变平衡状态以维持长期生存并保持竞争优势。作用于全过程的企业韧性定义如表 2 – 6 所示。

表 2 – 6　　　　　　　　　作用于全过程的企业韧性

作者	发表年份	企业韧性的定义
Williams et al.	2017	在充满挑战的环境中，企业或团体为了避免不良反应，构建并利用其全部能力与环境互动，在逆境前、中和后进行正面调整并保持有效运营动态、渐进式进化过程
侯曼、弓嘉悦和冯海利	2024	组织韧性是使组织在穿越危机事件前后及时识别危机，迅速恢复平衡状态，灵活应对环境变化，实现企业发展与成长的动态能力，其作用效果集中体现在情景压力下实现企业的短期恢复反弹和长期可持续发展
郭彤梅等	2024	组织韧性是在不确定情境下，组织有效识别机会威胁，积极配置资源并适时调整战略，与环境不断交互形成的一种维持系统运行并从逆境中恢复的动态能力
蔡显军、夏雨欣和薛丽达	2024	企业韧性指的是企业拥有的化解外来冲击、在危机中仍能维持其主要功能运转，进而转危为机实现持续发展的能力。不仅反映企业在损害发生前对潜在危险的预测和预防，还体现企业识别潜在风险并采取积极措施确保企业在逆境中不断成长的能力，此外，韧性也可以使企业能够随着环境动态地去进行商业模式创新和战略变革
梁林和李妍	2024	组织韧性的内涵主要有三点：一是组织在面临危机时通过激活自有资源积累进行及时反应的抵御风险能力；二是组织在危机中快速调整，并通过创造性和前瞻性的解决方案响应变化环境的适应调整能力；三是组织在遭遇危机后自我恢复、变得更加坚韧的恢复反超能力
钱悦、温雅和孙亚程	2024	组织韧性指的是组织利用其能力和资源预测危机事件，制定危机应对策略，响应危机并在危机后恢复和反超的过程，包括恢复到危机发生之前的状态，以及在对危机的反思和改进中实现逆势成长

续表

作者	发表年份	企业韧性的定义
张蔼容和胡珑瑛	2023	韧性是组织具备的一种连续属性，在危机事件发生之前，组织积极主动调动资源，努力避免受到冲击而产生不良反应；在危机事件发生之时，组织承载、吸收冲击并维持状态与结构稳定；在危机事件发生之后，组织重组资源、转变平衡状态以维持长期生存并保持竞争优势
陈俊华、郝书雅和易成	2023	企业韧性是指企业承载冲击并从中复原的主动反应，并在长期压力、变化和不确定性中保持正面调整和有效运营的能力
刘春红、郄可心和陈李红	2023	组织韧性是一种包含事前准备、事中响应、事后恢复并最终适应动态环境的多元组织能力，涵盖了为危机事件的准备与预测，积极快速地响应环境变化，吸取经验教训从而恢复原始状态或达到新平衡的动态能力，通过事前、事中和事后的不断循环适应环境变化以实现可持续发展
迟冬梅、段升森和张玉明	2023	组织韧性是一种系统性多维范畴，涉及多重属性的复合，只有预期——反应能力、防御——反弹能力及成长——反超能力有机结合起来，才能保障组织有效应对不利事件的冲击
郝素利和张丽欣	2022	组织韧性是组织的抗冲击能力（稳定性）、受到冲击后快速整合治理的积极应对能力（适应性），以及受到冲击后的恢复程度和后续的可持续发展能力（恢复性）
蒋峦等	2022	企业韧性是指企业通过识别、扫描企业内外部环境的变化，做好整合企业内外部资源的先期准备和预防措施，并在意外事件发生后，能够及时止损实现恢复，并兼具长远蓬勃发展的能力
McCarthy, Collard and Johnson	2017	韧性定义为企业通过动态部署资源以响应环境变化的演进过程，包括逆境前的预期性反应、逆境中的防御性反应和逆境后的适应性成长三个阶段
Carvalho and Areal	2016	组织韧性是一种使组织不仅能够应对威胁和压力并从中恢复，而且能够在逆境中茁壮成长和发展的能力

2.1.2 企业韧性的测度方法

由于企业韧性内涵的抽象性与复杂性，学者们从不同视角出发对企业韧性形成了不同的理解。由于完善的概念内涵是成熟的测量方法的前提，而如前文所示当前学术界并未形成对企业韧性定义的一致意见，因此学者们对于如何度量企业韧性这一新兴且热点的概念同样尚未达成普遍共识。

根据研究需要，学者们采取了差异化的测量方法，大致可以划分为直接测量与间接测量两大类。直接测量是目前企业韧性实证研究中较为主流的测量方法，该方法参考李克特量表构建指标体系，通过发放调查问卷对企业韧性进行主观测度，优点在于既可考察企业韧性的成长性，又可考察企业韧性的潜力性，缺点则在于不同视角下企业韧性的量表内容各异，导致后续研究成果难以积累（张公一、张畅和刘晚晴，2020）。间接测量是近年来刚刚兴起的一种全新的测量方法，该方法的优点是可以基于上市公司股价波动、年报中的财务数据或专业数据库对破坏性事件窗口期内，甚至更长时间跨度内的企业韧性进行追踪与分析，数据可获取性较强且更加适合开展大样本分析，缺点则在于获取数据的质量可能受到企业财务信息披露质量的影响。综合来看，前者能更精确地刻画与反映企业韧性所具备的特征属性，后者则更加注重企业在自身韧性作用下的绩效表现，两者各具利弊、各有侧重。

2.1.2.1 对企业韧性的直接测量

尽管韧性日益成为企业管理者和研究者们关注的焦点之一，但是在组织韧性结构维度与测量方面，管理学领域尚未达成共识，缺乏令人满意的组织韧性量表（王勇和蔡娟，2019）。在企业韧性研究的初期，少量学者对"如何通过量表测度企业韧性"这一研究命题作出了尝试，但均存在较为明显的缺陷。例如，马拉克（Mallak，1998）在个体韧性基础上构建的六维度量表并未建立在大量组织韧性研究文献基础上，桑墨斯（Somers，2009）的四维度量表忽略了韧性可以有效地帮助组织规避危机的积极效应，同时，二者发展量表的样本均不是随机抽样的样本。因此，此类量表或许并不能视为可靠的企业韧性测量工具。

直至 2015 年，坎特和萨伊（Kantur and Say，2015）通过半结构式的深入访谈和焦点讨论建立了企业韧性研究的概念模型，将企业韧性划分为灵敏性、稳定性和协同性三个维度，并在此基础上构建了包含九个问题的企业韧性量表，采用李克特 5 点量表进行衡量，从最低分 1 分至最高分 5 分，依次为"非常不同意""比较不同意""没意见""比较同意""非常同意"。其中，灵敏性包含"我所在的企业能够对突发破坏性事件做出迅速反应""我所在的企业能够开发出与外部环境相符的替代方案""我所在的企业能够采取灵活敏捷的行动"三个条目；稳定性包含"我所在的企业能够在各种环境下屹立不倒""我所在的企业能够成功找出解决问题的方案""我所在的企业能够为避免失败而坚持到最后""我所在的企业能够坚定地实施战略方案"四个条目；协同性包含"我所在的企业能够使员工团结一心""我所在的企业能够使所有员工听从指令"两个条目（陆蓉等，2021）。王勇和蔡娟（2019）最先将这一量表引入国内，并证明了其在中国情景下的有效性，后续大量相关研究也直接通过这一量表度量企业韧性（王勇，2019；段升森、迟冬梅和张玉明，2021；王馨博和高良谋，2021；陈红川等，2021）。张秀娥和滕欣宇（2021）在坎特和萨伊（Kantur and Say，2015）量表的基础上构建了根植于中国情境，且不受限于某个特定行业的企业韧性量表，将中国情境下组织韧性的测量模型扩展为包括适应能力、预期能力和情景意识3个维度的15个测量题项，为后续研究提供了方法支撑（迟冬梅、段升森和张玉明，2023；李宇和王竣鹤，2022；王玉和张占斌，2022）。此外，随着学术界对企业韧性概念的理解逐渐深入，贾等（Jia et al.，2020）、杜歇克（Duchek，2020）等构建的企业韧性量表也在相关领域内受到了较高的认可。

2.1.2.2 对企业韧性的间接测量

企业韧性具有潜在性、多重维度和路径依赖的特质，这些特征使得企业韧性不能被直接地观察和测度（胡海峰、宋肖肖和郭兴方，2020），现有的研究主要采用间接测量的方法来解决这些难题。

第一种方法是考察特定的外部环境冲击对企业表现的影响，以便从企业对外部冲击的反应中推断企业的韧性。例如，德雅尔丹等（Des Jardine, Bansal and Yang，2019）通过美国963家企业在2008年金融危机期间的损失程度和恢复程度来衡量企业韧性。国内学者方面，胡海峰、宋肖肖和郭兴方（2020）沿用了这一思路，将企业韧性划分为抵抗力和恢复力两个维度，采用企业在金融危机期间的股价下跌幅度和下跌期持续时间来衡量企业抵抗力，采用企业危机后的股价恢复程度来衡量企业恢复力。其中，下跌幅度是衡量企业抵抗力的空间维度，企业抵抗力最直观的表现是一次外部冲击后股价下跌的幅度，在其他条件相同的情况下，如果一次外部冲击造成的股价下跌幅度较大，则意味着资产价格可能严重偏离了资产的核心价值，企业的抵抗力越弱；相反，如果股价下跌幅度越小，则说明企业的抵抗力越强。下跌期持续时间从时间维度衡量了企业抵抗力，下跌期持续时间越长意味着企业处于下行趋势的时间越长，企业一直在持续亏损。在下跌幅度相同的情况下，下跌期持续时间越短，则意味着该企业的损失程度越小，企业抵抗力越强。企业的恢复能力大小则根据企业股价是否能恢复到危机前的水平来衡量。此后，大量国内学者采用类似的思路测度企业韧性，例如，胡冬梅、赵璐和陈维政（2021）采用2019年、2020年年末净利润差值来测量组织韧性；杨宜等（2021）采用新冠疫情期间民营上市企业的股票收益率动态数据刻画样本企业的韧性水平；胡媛媛、陈守明和仇方君（2021）则收集了2020年1月~2021年1月企业股票价格指数（日收益）的日终变化，将股票日收益标准差作为企业韧性的代理变量。

第二种方法则脱离了特定事件窗口期的限制，观察企业在长时间内的综合表现。例如，奥尔蒂斯-德-曼多哈纳和班赛尔（Ortiz-de-Mandojana and Bansal，2016）使用包括财务波动性、销售增长率和存活率在内的多个指标来衡量企业韧性。吴晓波和冯潇雅（2022）将企业韧性划分为增长性和波动性两个维度，采用三年内累计销售收入增长额测度业绩增长性，采用一年内各月股票收益的标准差测度波动性。张少峰等（2023）通过长期增长和财务波动两个维度测量企业韧性，采用三年净销售额增长积累衡量长期增长，利用股票回报率衡量财务波动，最后利用熵值法综合计算企业韧性。陈胜利和王东（2023）将测度城市经济韧性的核心变量法引入企业韧性测度研究之中，采用企业销售收入总额的相对变动幅度来刻画企业韧性。该方法的核心思路是将单个企业的发展与所有企业的发展进行比较，当企业发展水平优于所有企业的平均发展水平时，说明其韧性较高；反之，当企业发展水平劣于所有企业的平均发展水平时，则说明其韧性较低。陈俊华、郝书雅和易成（2023）采用企业股票价格波动率来衡量企业韧性，其原因在于股价能够反映出企业基本面及其预期变化，且具有实时性，如果投资者预期企业受危机事件的影响较大，投资者会提前卖出该企业的股票，进而造成股价大幅下降；而如果企业具备较高的韧性，企业将会在危机事件后表现出更高的收益率。赵炎和齐念念（2023）认为，每股净资产增长率是刻画企业成长能力或发展能力、反映企业财务状况的重要财务指标，能表征企业抵抗外部冲击与恢复原状的能力，因此将每股净资产增长率作为企业韧性的代理变量。章立和王述勇（2023）则指出面临长期不确定性冲击时，营业收入不仅可以反映企业短期绩效表现，且是企业能否实现长期发展的重要表征，采用上市企业营业收入作为企业韧性的衡量指标，若企业营业收入能够在破坏性事件下仍保持稳中有升，则意味着企业具有较好的韧性。在上述方法中，将企业韧性划分为增长和波动两个维度，并分别通过销售收入增长幅度和个股价格波动幅度来衡量的做法被大量学者广泛采纳（陈银娥等，2024）。

随着企业韧性内涵的不断扩充，少量学者尝试通过构建更加复杂的指标体系来度量企业韧性。梁林和李妍（2024）从抵御风险能力、适应调整能力和恢复反超能力三个维度测量组织韧性：抵御风险能力是指组织抵御外部风险并维持自身稳定的基本能力，其反映组织既往资源积累和自身具备的风险防范能力，是组织抵御外部冲击的基础保障，通过有形资源（固定资产、市场占有率）、无形资源（员工学历水平、无形资产）和风险防范（资产负债率、固定资产周转率、无形资产周转率）衡量；适应调整能力是组织持续应对外部环境变化的进阶能力，反映组织在资源、人员及产品等方面所做的调整，是组织适应环境变化的关键，通过资源灵活分配（样本企业年度研发、资本以及广告三种主要支出的变异系数）、外部资源获取（政府补助金额）、人员薪酬激励（员工薪酬激励、高管薪酬激励）、产品或服务优化升级（探索式创新、利用式创新）衡量；恢复反超能力是组织在受到冲击后，通过自我学习等方式，恢复甚至反超冲击前状态，实现持续生存和长期成长的高阶能力，通过恢复反弹（销售毛利率）和潜在发展（净利润增长率、总资产增长率、资本保值增值率）衡量。蔡显军、夏雨欣和薛丽达（2024）将企业韧性划分为抵御能力、恢复能力、再组织能力与发展能力四个维度：运用财务活力、潜在资源与风险承担能力等方面的指标测度抵御能力；通过盈利性和恢复速度两方面的指标反映恢复能力；从管理层结构、员工结构、供应链关系结构及公司治理结构等方面考量再组织能力；以环境适应能力、自我成长能力与创新能力衡量企业的发展能力。该研究构建了涵盖4个二级指标、12个细分属性、44个三级指标的企业韧性指标体系。杨伟和汪文杰（2024）从组织韧性能够使组织长期承受环境变化、实现持续发展的角度出发，认为韧性组织更加兼具稳定性和应变性，并采用固定资产周转率、流动资产周转率和资产负债率刻画稳定性，采用销售期间费用率、研发费用、Beta值刻画应变性。

2.2 有关企业韧性影响因素的文献综述

企业韧性是产生于多层面的跨层次能力（Lengnick-Hall，Beck and Lengnick-Hall，2011），鉴于企业韧性的复杂性和多层次属性，越来越多的研究开始回应关于跨层次研究的呼唤。大量研究表明，各层面的不同因素同时影响着企业韧性的形成。故本节从企业内部、企业外部分别归纳企业韧性的影响因素，其中企业内部的韧性影响因素包含个体、团队、组织三个层次，企业外部的韧性影响因素则可大致划分为政府行为、社会责任、其他利益相关者三类。

2.2.1 企业韧性的内部影响因素

2.2.1.1 个体层次的影响因素

企业都是由人组成的，企业韧性的培育和发展自然离不开企业中的个体（Lengnick-Hall，Beck and Lengnick-Hall，2011；Van Der Vegt et al.，2015）。

研究表明，员工的性格特质和价值观念均会对企业韧性的形成和增强产生影响。从员工性格特质角度，逆商是指个体在不利情境中克服困境并解决问题的能力，高逆商员工在困境中能积极应对并提出解决方案，而低逆商员工则无法处理不利因素，在危机情境下不具有韧性，也即员工逆商越高，越容易选择合理方式应对不利情境，从而使企业具备更强的韧性（张强等，2024）。利嫩吕克（Linnenluecke，2017）基于积极心理学，提出员工优势（自我效能、乐观、希望）有助于增强企业韧性。价值观念角度，段升森、迟冬梅和张玉明（2021）将工匠精神中爱岗敬业、团结协作和精益求精的内核与员工的认知型工作价值观、人际型工作价值观和权力型工作价值观相对应，并提出工匠精神能够通过激发员工积极的工作情绪和交互动机、帮助组织强化立场感知甚至修复已损坏的组织系统、提升组织对现存以员工为导向的人力资源和以组织环境为导向的环境资源进行整合和综合利用的能力、提升组织的战略制定和执行效率等机制促进企业韧性的增强。

相比普通员工，管理者在企业中往往能产生更大的影响，因而他们对企业韧性的影响受到了学术界更广泛的关注，学者们全面分析了高管拥有的不同个人特质对企业韧性的影响效果。例如，开放性是CEO典型的个人特质之一，反映了CEO追求新的管理模式、乐于接受新知识及提出非常规解决方案的人格特征，刘莉等（2025）指出，CEO开放性程度越高，越有助于企业在复杂多变的经营环境中进行有效预测和积极调整。CEO注意力配置是在有限理性的前提下，CEO将时间和精力进行分配以解决问题和得到结果的过程，焦豪、王林栋和刘斯琪（2024）认为，CEO过去时间焦点有助于企业损失严重性的降低，而未来时间焦点有助于企业恢复效率的提升。胡冬梅、赵璐和陈维政（2021）认为高管团队人力资本的年龄异质性、学历异质性和高管团队社会资本的社会兼职异质性均会对企业韧性产生显著的正向影响。此外，还有学者考察了CEO自恋人格（Buyl, Boone and Wade, 2019）、贪婪（Sajko, Boone and Buyl, 2021）、军队经历（Wang, Zhang and Jia, 2024）、自我导向完美主义（Wang et al., 2023）等特质对企业韧性的影响效果。总体上看，此类研究大多以高阶梯队理论为基础，认为高管个人特质塑造了其独特的认知与价值观，影响他们对事物的理解和判断，从而形成差异化的管理偏好和领导风格，进一步影响企业战略行为和组织绩效。而本质上，企业韧性的积累与培育是一种战略选择，最终体现在企业的业绩表现和长期发展上，因此将不可避免地受到管理层个人特质的影响（Wang, Zhang and Jia, 2024）。

2.2.1.2 团队层次的影响因素

个体在企业中总会处于正式或非正式的群体之中（如工作群体、职能领域、部门、层级、人口或身份群体等），而群体介于个人与组织之间，成为承上启下的桥梁，群体的特征同样可以影响企业韧性（赵熠婷等，2024）。

一方面，企业内部的氛围与沟通模式在韧性形成过程中发挥着关键作用。研究发现，积极有效的工作氛围和沟通模式能够促进企业韧性的形成。和谐劳动关系氛围是指员工在参与管理的过程中对组织劳动关系和谐性的心理感知，有助于形成组织内部劳资双赢的局面，深刻影响员工行为和组织绩效。和谐劳动关系氛围所带来的合作共享理念和融洽人际关系，能够从战略理解、战略认同和战略承诺三个方面帮助组织在逆境下更快更好地达成战略共识，从而使组织具备更强的应对环境冲击的韧性（迟冬梅、段升森和张玉明，2023）。在有效的内部危机沟通中，内部战略沟通能够通过战略性内部沟通和与员工建立关系来实现企业在危机中的韧性，而与员工的关系管理在企业韧性及其前因之间起着重要的中介作用（Kim, 2021）。然而，功能失调的内部沟通将对企业应对和克服逆境的能力产生负面影响。集体反刍是指对负面和不可控制的不利事件进行重复和长时间的讨论，将在企业内部形成共同的负面形势评估和高度负面情绪相互传染的恶性循环，从而对企业韧性产生负面影响（Knipfer and Kump, 2022）。

另一方面，董事会特征对企业韧性的影响也受到了学者的重点关注。克罗奇等（Croci et al., 2024）发现董事会的独立性会加剧破坏性事件对股价的负面影响，而董事的忙碌程度和董事会规模则相反。这些反应意味着，在危机时期以建议为导向的董事会比以监督为导向的董事会表现更好。乌尔塔多和埃雷罗（Hurtado and Herrero，2024）则指出，在家族企业中，董事会对企业韧性的影响取决于家族社会资本。当家族社会资本较高时，家族成员会专注于内部治理，并经常将董事会降为象征性角色，此时，董事会代表的是成本而非收益；相反，当企业的家族社会资本较低，家族企业与非家族企业最相似时，董事会能够对企业韧性增强发挥积极作用。

2.2.1.3　组织层次的影响因素

组织层次的影响因素是企业韧性的最重要来源，学者们围绕这一命题得出了大量研究成果。

首先，充足且丰富的资源储备是企业韧性形成的基础。郜志雄（2024）认为，在企业受到外部冲击和重组时期，无形资产能减轻外部冲击对经营业绩的影响，拥有高水平无形资产的公司有较强的韧性，但无形资产是一项长期投资，需要一定时间才能显现收益，因此无形资产与企业韧性之间呈现非线性的 U 形关系。田博文、李灿和吕晓月（2022）基于 2006~2016 年的 A 股上市公司数据，发现非沉淀性冗余资源会对企业韧性产生由促进到抑制的作用（倒 U 形），而沉淀性冗余资源会对企业韧性产生一个由抑制到促进的作用（U 形）。郭彤梅等（2024）以 2015~2021 年沪深 A 股制造业上市公司为样本的研究则发现非沉淀性冗余资源与组织韧性之间存在正相关关系。

其次，学习与创新是企业韧性的重要来源。一方面，企业积极开展研发与学习活动能够显著增强自身韧性水平。张杰和范雨婷（2024）认为，创新投入越高，企业用于人力资本积累和技术创新的资本就越雄厚，越能够提升行业竞争力。即便是在外部冲击下，也有核心技术支撑和维持公司发展状态，从而表现出更强的企业韧性，但过高的创新投入会减少经营现金流，强化企业面临的融资约束，因此创新投入与企业韧性之间存在倒 U 形关系。齐昕、刘洪和李忻悦（2024）发现，组织双元学习对"专精特新"企业韧性存在适配效应，即当"专精特新"企业的探索式学习与利用式学习相平衡时，企业表现为更高的韧性；同时，探索式学习与利用式学习的平衡水平越高，企业韧性水平也越高。贾勇、傅倩汪琳和李冬姝（2023）指出新冠疫情暴发前的技术创新投入能够显著提升企业韧性，使企业在遭遇冲击后能够有效反弹、快速恢复。另一方面，企业对新技术的深度应用也被证实将对企业韧性产生积极作用。罗妮和田悦（2024）以 2010~2022 年中国 A 股上市公司中"专精特新"企业为样本的研究发现，人工智能显著提升了"专精特新"企业韧性。张树山、夏铭璐和谷城（2025）以 2010~2022 年制造业 A 股上市公司为研究对象，通过以智能制造产业政策为外部冲击的准自然实验发现智能制造显著提高了企业韧性，侯德帅、熊健和杜松桦（2024）、肖兴志和解维敏（2024）等的研究也得到了类似的结果。

此外，少量学者的研究为"企业韧性的影响因素"这一命题提供了更加新颖的视角。例如，马丁－罗哈斯等（Martín-Rojas, Garrido-Moreno and Garcia-Morales, 2023）发现战略性地使用社交媒体工具有助于提高企业的创业能力，使其更具创新性、更加积极主动，并有助于企业内部的自我更新，最终对企业韧性产生积极作用。贾布尔等（Jabbour et al., 2023）使用协方差结构分析法分析了采用循环经济商业模式与企业韧性之间的关系，发现采用循环经济模式可以增强企业韧性，工业 4.0 技术和客户整合计划是企业动态能力的来源，使企业能够识别和适应市场机遇与威胁，并相应地准备资源，通过业务循环实现韧性增强。葛等（Ge et al., 2023）发现企业及其供应商或客户实施居家办公政策会显著增加其营业收入的波动性，减缓其恢复速度，并对其供应链产生影响，全时工作制降低了新冠疫情对企业营业收入波动性的影响，减少了对供应链合作伙伴的干扰，从而增强了企业的抵御能力，然而，全时工作制也延长了企业恢复正常所需的时间，从而降低了企业的恢复能力。

2.2.2 企业韧性的外部影响因素

2.2.2.1 外部社会环境对企业韧性的影响

企业韧性是组织与外界环境匹配的动态行为过程（Williams et al., 2017），因此企业韧性的形成与营商环境间存在紧密的联系。现有研究主要关注外部环境动荡对企业韧性的影响效果：杜斯特等（Durst，Hinteregger and Zieba，2024）利用150家欧洲公司的数据集，发现环境动荡对企业社会责任认知和企业社会责任成熟度都有显著的积极影响，进而增强企业的韧性水平；章立和王述勇（2023）指出国外实施的技术断供短期内可能导致国内企业在该环节的运营上出现缺口，但长期来看可能通过增加研发投入和促进专利产出增强企业韧性；孙元等（2025）以洛可可科技有限公司应对两次异质性逆境事件为研究情境探究组织韧性的形成过程，发现组织韧性形成是一个动态过程，遵循韧性激活、韧性建构、韧性响应以及韧性提升的阶段性，短期局部性逆境事件触发组织形成内部资源韧性，长期系统性逆境事件推动组织形成外部关系韧性。除此之外，良好的社会风气也可能有助于企业增强韧性水平。阳立高、王智志和李玉双（2024）以城市社会信用体系改革试点作为一项准自然实验，检验了社会信用对企业韧性的影响，发现社会信用水平提升能够显著增强企业韧性，该影响主要通过提高城市人力资本水平、降低企业交易成本和提升企业劳动生产率三个机制实现。

2.2.2.2 政策支持对企业韧性的影响

政策支持能够改变企业可支配资源在危机情形下的存在状态，通过影响企业在危机情形下可支配资源以及资源配置效率的因素来改变企业韧性的强弱（冯挺和祝志勇，2024）。围绕支持政策对企业韧性的影响效果，部分学者进行了深入探索。王韶华等（2023）检验了异质性环境规制与碳中和企业经济韧性之间的关系，发现目前非正式环境规制对碳中和企业经济韧性存在"鞭打快牛"现象，会通过信号效应和融资约束来削弱碳中和企业经济韧性，另外，环境规制对碳中和企业经济韧性的影响，会随着投资者信心的提高由负转正。胡海峰、宋肖肖和郭兴方（2020）基于2008年全球金融危机期间38个国家上市企业的数据，研究了投资者保护制度对企业韧性的影响，发现投资者保护制度与企业韧性呈现显著的正相关，良好的投资者保护制度通过融资渠道缓解了企业的融资约束，增加了企业的内部和外部融资来源，进而提高了企业韧性和企业应对危机的能力，这表现为危机期间更强的抵抗力和危机后更高的恢复力。冯挺和祝志勇（2024）估计了危机前与危机期间发放的政府补助对企业韧性的影响，发现政府补助能够通过缓解企业资源约束、提振企业信心两个渠道增强企业韧性，且危机期间发放的政府补助的增强效果更加明显。王建秀、李星辰和韩博（2022）考察了"后疫情"时代政府补贴对企业生存的影响，发现新冠疫情防控期间政府补贴降低了企业生存风险，但只有精准的政府补贴才能有效促进企业生存，高额度的政府补贴对企业生存的促进效果反而不佳。此外，还有学者证实了其他政府行为如产融合作试点政策（陈邑早、解纯慧和王圣媛，2024）、政府审计（郝素利和张丽欣，2022）、政府采购（潘越、柯进军和宁博，2024）等对企业韧性的积极效果。

2.2.2.3 外部利益相关者对企业韧性的影响

企业在发展过程中面临诸多社会因素影响，需要与外部利益相关者协同合作构建多元化社会资源网络，在维持和恢复组织功能的同时，增加应对未来挑战的把握，实现恢复之后的反超。外部利益相关者对企业韧性的影响主要体现在以下方面：

（1）产业链供应链协作。熊永莲和张誉夫（2025）评估了产业链链主对企业韧性的影响，发现本地企业与产业链链主之间的生产交易关联使企业韧性从不同方面得到提升。链主企业的引领作用有助于企业降低经营成本并在面临外部冲击时具备更强的生产弹性；链主企业的技术外溢增强了企业的自主创新能力，使之在关键领域提高技术突破的可能性；与链主企业的贸易网络关联提高了企业的供应链协同能力，有助于企业的供应链多元化。蒋等（Jiang et al.，2023）推测在新冠疫情的不同阶段，需求和供应的变化会通过改变企业与其客户和供应商之间的权力动态，影响客户和供应商集中对企业韧性的影响。该研究通过对 23440 家中国上市公司 2019～2020 年的季度观测数据进行的分析表明，客户集中度在中断阶段与企业韧性负相关，但在恢复阶段没有影响，供应商集中度在中断阶段与企业韧性正相关，但在恢复阶段会削弱企业韧性。任等（Ren et al.，2024）揭示了供应商集中度与企业韧性之间的倒 U 形关系，即在达到临界点之前，供应商集中度会通过紧密的买方－供应商关系和强化的资源基础来加强企业韧性，然而一旦超过这个临界点，就会出现僵化陷阱，侵蚀企业的韧性结构。

（2）外部关系网络。罗栋梁和翟悦如（2023）从社会网络视角考察了股东关系网络对企业韧性的影响及其机制路径，发现股东关系网络能够增强企业韧性，且该增强效应是通过抑制企业盈余管理、强化企业投资效率实现的。张梦桃和张生太（2022）基于关系网络理论，探讨了关系网络与组织韧性的关系，实证研究结果表明组织间关系网络与组织韧性呈正向关系，探索性创新在组织间关系网络和组织韧性之间起部分中介作用。贾等（Jia et al.，2020）将企业社会资本视为建设韧性的外部因素，并指出并非社会资本的所有方面都能促进企业韧性的发展，更强大的结构资本能提高企业的主动韧性，而关系资本只能提高企业的被动韧性。谢等（Xie et al.，2022）以组织信息处理理论为基础，探讨了商业网络如何以及何时对企业的韧性能力产生积极影响。该研究发现网络广度和网络深度与企业的韧性能力正相关，企业双向学习在其中发挥中介作用，企业数字技术水平正向调节网络广度和网络深度对韧性能力的积极影响。

（3）社会责任承担。企业社会责任（CSR）指企业在发展经济的同时，承担对社会、环境的责任，最终在更大范围上促进社会进步。张思佳、贾明和张喆（2024）从 CSR 动机出发，探讨企业 CSR 的利他程度与构建企业韧性间的关系，结果表明企业履行利他程度高的 CSR 会被感知到真诚，吸引更广泛没有直接往来的社会群体网络的支持和稀缺资源，进而有利于形成高水平的组织韧性。顾建平和房颖莉（2022）探讨了战略性 CSR 对组织韧性的内在影响机制，发现战略性 CSR 对企业韧性有显著的正向影响，积极履行社会责任的企业能够在遭遇危机后较快恢复至原有水平；网络嵌入和创新能力对战略性 CSR 和企业韧性分别具有显著的中介作用，网络嵌入和创新能力对战略性 CSR 和企业韧性具有显著的链式中介作用。朱丹阳和李绪红（2023）通过追踪中国 A 股制造业上市公司在疫情后的业绩复苏表现，利用事件史分析方法探索了 CSR 投入对事件后企业业绩恢复概率的影响，研究结果表明 CSR

投入对公司会计绩效和市场绩效都具有积极作用,即企业的净利润和股价会恢复得更快,其中,对政府的责任投入和对社会的责任投入对净利润的恢复作用大于对股价的恢复作用。该研究结果还揭示出,企业前期的社会责任投入会改善或加强利益相关者关系,且在关键时刻能够帮助企业度过危机,最终提升企业韧性。杨等(Yang, Wang and David, 2024)基于最优独特性理论,提出企业可以在其CSR实践中同时实现范围一致和重点差异,以满足CSR的制度和战略需求,从而建立企业韧性,同时,利用新冠疫情期间574家中国上市企业数据,证明了CSR范围的一致性增强了组织的稳定性,而CSR重点的差异化则增强了组织的灵活性。

2.3 文献述评

现阶段学者们围绕着企业韧性的定义、测度方法和影响因素等问题做出了大量有益的探索,得到了丰富的研究成果,为本书的研究奠定了坚实的理论基础、提供了扎实的方法借鉴,但仍存在一些不足和可拓展之处。

(1)企业韧性的定义方面,已有研究对企业韧性的内涵界定普遍较为模糊且存在一定分歧。当前学术界对企业韧性的定义主要有四种论断:第一,将韧性概念化为企业在事件发生前所具备的一种属性,更关注企业对环境变化的警觉与提前规划,主要与组织的准备、预测、主动、提前等概念相关,研究了企业为应对突发事件而需要拥有或发展的一系列资源和能力;第二,强调在不利情况发生时,企业以快速、及时、经济高效的方式做出响应,使其在最短的时间内以最小的代价缓解不利影响的能力,更关注组织对事故和不可预见性危机的有效管理,包括对破坏事件的快速响应、承受影响、吸收压力等方面研究内容;第三,强调在危机发生之后,企业减轻不利后果带来的影响,并最大限度地提高恢复速度,不仅能够维持自身的核心功能,而且有助于恢复到之前甚至更好的状态的能力,包括生存恢复、组织学习、持续适应等方面的研究内容;第四,将企业韧性概念化为企业对外生冲击的动态适应能力，即通过重新组合现有资源，使自身具备预测、抵御、应对和调整冲击的能力，并在此基础上转危为机、实现进一步发展，强调韧性可以随着时间的推移而发展并不断更新以满足变化的环境需求。由此可见，企业韧性是企业的深层次能力，具有一定的复杂性和抽象性，当前学者对企业韧性的关注点和切入点各有不同，得出的解释和概念化结果也存在较为明显的分歧。考虑到企业韧性的概念化是该领域相关研究的出发点和落脚点，将直接影响后续分析、测度、计量、机制检验等一系列步骤的结果准确性，因此亟待对企业韧性的内涵进行更为科学、准确、全面的界定。

（2）企业韧性的测度方法方面，由于当前学术界并未形成对企业韧性定义的一致意见，因此学者们对于如何度量企业韧性这一新兴且热点的概念同样尚未达成普遍共识。现阶段相关研究采用的测度方法主要可以分为直接测度和间接测度两大类。直接测度方面，坎特和萨伊（Kantur and Say，2015）、张秀娥和滕欣宇（2021）、贾等（Jia et al.，2020）、杜歇克（Duchek，2020）开发的企业韧性测量问卷被学者们广泛采用。企业韧性的间接测度方法按指标类别可进一步细分为财务指标、市场指标、财务与市场指标和多维指标体系四类，按时间跨度可分为破坏性事件窗口期内和不考虑事件窗口期两类。综上所述，现有的企业韧性测度方法较为丰富，且各方法存在不同的优势与不足之处：一方面，对企业韧性的直接测度结果主要通过调查问卷获取，这一获取方式克服了代理变量无法完全反映企业韧性特征的缺陷，但同时存在信息获取难度较大、难以实现大样本研究等问题；另一方面，采用财务指标或市场指标作为企业韧性代理变量的优势在于数据获取难度较低，但缺陷在于难以完全体现韧性的特征及其在企业应对破坏性事件过程中的作用效果，将财务指标与市场指标相结合部分解决了这一问题，但仍存在一定改进空间。此外，将样本期间限定在破坏性事件窗口期内的做法可以更精确地估计企业韧性在特定事件中的作用效果，但难以反映企业韧性的长期变动趋势，不考虑破坏性事件窗口期的做法突破了样本期间较短的问题，可以更好地衡量企业韧性的变动趋势，但分析结果也将受到更多潜在因素的影响。总之，现有企业韧性的测度方法各有千秋，但也存在不同的问题。因此，未来企业韧性的研究在实现对企业韧性的精确概念化的基础上，可尝试更全面、科学、规范地测度企业韧性，以期形成更加完备、成熟的测量方法，促进企业韧性实证研究成果进一步丰富。

（3）企业韧性的影响因素方面，已有研究深入分析了企业内外部不同层次、不同主体的特征、行为、资源等因素对企业韧性的影响效果。其中，来源于企业内部的影响因素可分为个体、团队和组织三个层次。个体层次关注员工和高管在心理、性格和经历等方面的特质；团队层次聚焦正式或非正式沟通、工作氛围等内容；组织层次的影响因素受到学者的广泛关注，得出了极为丰富的、涉及多方面的研究成果。来自企业外部的影响因素则可大致分为社会环境、政策支持和外部利益相关者三类，分别关注营商环境、政府行为和产业链供应链协作、外部关系网络和社会责任承担等因素对企业韧性的影响效果。由此可见，学者们围绕"企业韧性的影响因素"这一命题得出了大量研究成果。实际上，作为企业预测、应对破坏性事件并及时恢复与实现进一步发展的深层次能力，企业韧性的形成与增强是一个长期的、渐进的过程，其潜在的影响因素极为丰富。随着国际形势的持续动荡、VUCA 特征的持续凸显与高新技术和经济社会的持续迅猛发展，与企业经营相关的新思想、新技术、新业态、新方法如雨后春笋般不断涌现，因此识别企业韧性的影响因素及影响效果仍是较长时间跨度内亟待解决的实际问题。

综上所述，当前企业韧性相关研究在定义、测度方法和影响因素等方面还存在较为明显的可改进、可补充之处，为本书的研究提供了方向指引。

第3章

数字化转型对企业韧性的影响及作用机制

为增强产业链供应链安全水平，我国政府和企业都积极采取各种措施努力提高企业韧性，其中，在新一代数字技术的迅速发展催生出新业态、新模式的数字经济时代，数字化转型成为企业应对危机和挑战的重要举措之一（单宇等，2021）。

我国"十四五"规划将"加快数字化发展，建设数字中国"作为独立篇章，在顶层设计中明确了数字化转型的战略定位。《"十四五"数字经济发展规划》则进一步强调要引导企业强化数字化思维，全面系统推动企业研发设计、生产加工、经营管理、销售服务等业务数字化转型。2022年，中国数字经济规模高达50.2万亿元，总量稳居世界第二，占国内生产总值比重提升至41.5%（中国信息通信研究院，2022）。部分企业在数字化转型的领跑中也获取了数字化红利，其通过打造一体化数字平台，全面整合内部信息系统，强化全流程数据贯通，加快全价值链业务协同，形成数据驱动的智能决策能力，从而加强与产业链上下游的信息共享和行动协同，提升产业链上下游之间的协同效率（巫强和姚雨秀，2023），进而在降低或规避外部冲击的同时，发掘危机与挑战下蕴含的发展机遇。这也进一步凸显了企业如何通过数字化转型来增强韧性这一科学命题的重要研究价值。

企业数字化转型作为一场具有颠覆性创新特质的技术与组织变革，重塑了企业稳健成长与价值创造的底层逻辑（巫强和姚雨秀，2023）。近年来，

第 3 章 | 数字化转型对企业韧性的影响及作用机制

学术界围绕企业数字化转型的经济后果展开了深入研究，主要聚焦企业内部特征，考察数字化转型对股利政策（李滟、李金嶽和刘向强，2023）、企业分工（袁淳等，2021）、绩效（陈旭、江瑶和熊焰，2023）或全要素生产率（赵宸宇、王文春和李雪松，2021；刘飞，2020）、ESG表现（王应欢和郭永祯，2023）、企业创新（罗瑾琏、王象路和耿新，2023）等方面的影响效果。然而，上述研究更多是探究数字化转型的短期经济后果，忽视了企业在不同内外部情境下数字化转型的战略能动性。少量研究进一步从产业链供应链安全视角探讨了数字化转型的微观经济后果，发现企业数字化转型在产业链供应链纵向关系中存在后向溢出效应（陶锋等，2023），可以显著降低供应链上下游以及整体的集中度，推动供应链配置多元化（巫强和姚雨秀，2023），提升供应链效率（张任之，2022）和全要素生产率（陶锋等，2023），这些研究间接说明企业数字化转型能够提升企业应对危机和挑战的灵活性和敏感性，从而对企业韧性水平产生重要影响。

虽然少量研究初步证实了数字化转型会对企业韧性产生重要影响（单宇等，2021；胡海峰、宋肖肖和窦斌，2022；张卿和邓石军，2023），但对企业韧性的内涵界定还比较模糊且存在一定分歧，直接影响企业韧性水平及其影响机制研究结果的可靠性。主要有"恢复论"和"超越论"两种观点。前者倾向从物理角度解读，认为企业韧性是企业面对外生冲击时实现反弹和复原的能力；后者则倾向从动态角度解读，认为企业韧性不仅强调企业在危机与挑战下得以生存和恢复，更注重外生冲击下的组织"超越"（Sawalha，2015）。实际上，企业面临的危机与挑战不仅包括突发性的外部环境动荡，还包括在日常经营中微小积聚、长期潜在和易于忽略的意外事件，需要通过持续的自我更新来实现韧性发展（Duchek，2020）。"恢复论"仅强调企业受压复原的短暂反应，而"超越论"则强调企业作为一个系统并不存在完全静止的均衡状态，因此，对企业韧性的解读理应从动态视角出发。然而，已有研究既存在对"恢复论"的全盘接受，仅用企业股价在外生冲击后的涨跌幅度来衡量企业韧性（Des Jardine，Bansal and Yang，2019）；也存在对"超越论"中"超越"一词的片面理解，将企业在危机与挑战前后的营业收入变化状况作为衡量企业韧性的代理变量（冯挺和祝志勇，2023；史丹和李少林，2022），忽略了企业追求股东财富最大化的经营目标。此外，囿于微观企业层面数字化转型和企业韧性指标的度量困难，相关研究主要多停留在理论探讨和案例分析层面，少量实证研究普遍局限于新冠疫情背景，缺少普适性较强的研究结论，有待通过大样本进行实证检验，且对数字化转型影响企业韧性的作用机制这一"黑箱"尚未有效揭开。

鉴于此，本章以2013~2021年中国A股上市公司为样本，在对企业数字化转型和企业韧性两个核心变量的衡量方法进行适当改进的基础上，深入探究数字化转型对企业韧性的影响及作用机制。

3.1 理论假设

3.1.1 数字化转型与企业韧性

数字化转型是企业深度应用数字技术，实现技术与企业经营管理相融合的过程，通过引入大数据、云计算、区块链等对生产经营活动具有颠覆性作用的数字技术，对自身进行软硬件升级，从而适应不断变化的市场环境。基于现有研究成果，结合上文对企业韧性"恢复论"和"超越论"的辨析，本书将企业韧性界定为企业受到外生冲击后迅速达到稳定状态甚至超越原始状态的能力，既关注企业如何从破坏中快速恢复，也考察企业能否通过不断自我更新实现持续增长。

针对企业韧性形成机制的研究发现，企业韧性包含了资本韧性、关系韧性、战略韧性、文化韧性和学习韧性五个维度，形成过程分别受到资本稳健、关系互惠、战略聚焦、文化塑造和组织学习五类因素的影响（刘颖琦、陈睿君和周菲，2023）。数字技术的应用在企业韧性的形成过程中发挥重要作用：第一，数字技术的应用能够帮助企业形成稳健的资本结构，进而塑造企业的资本韧性。企业内外部信息不对称是阻碍企业资本结构调整的重要因素，数字技术的应用能够显著增强企业信息透明度，克服企业与投资者之间信息传递的障碍，进而提高资本配置效率（沈剑飞等，2022；李沁洋、支佳和刘向强，2023）。第二，应用数字技术在一定程度上弥补了企业内部各部门之间、企业与外部合作者之间协同性缺失的问题。基于数字技术实现的正式与非正式沟通能够提升企业内外部沟通效率，强化企业经营参与者之间的连通性（李雪松、党琳和赵宸宇，2022），从而促进企业关系韧性的形成。第三，企业经营与数字技术的融合，将推动企业实现从"以技术为中心"向"以数据为中心"转变，实现全要素、全产业链的衔接。一方面，行业内企业形成价值网络体系，将为企业产品研发和市场销售提供科学的决策依据，有助于企业在保持战略目标一致性的同时，在竞争策略上保持灵活性，做出有价值且竞争对手难以模仿的战略行动，构建企业战略韧性。另一方面，通过搭建数据平台，企业与外部互补方能够实现交互协同，分享创新成果，促进企业对知识的吸收（洪银兴和任保平，2023）。而企业的学习行为将提升自身认知能力和学习能力，塑造企业的学习韧性。综上所述，数字化转型化解了企业韧性形成过程中的障碍因素。

对企业韧性响应机制的研究指出，在外生冲击情境下企业韧性的响应可分为暴露期（激活韧性，识别外生冲击影响路径）、发展期（调动韧性，明确企业韧性作用机制）、恢复期（发挥韧性，实施应对策略）三个阶段（张公一、张畅和刘思雯，2023）。数字技术的应用在企业韧性的响应过程中作用显著：首先，在响应的暴露期，外生冲击通过影响企业信息认知路径和资源依赖路径，使企业面临较强的不确定性。应用数字技术通过助力企业识别关键信息、增强信息时效性和准确性，保证企业管理者有效获取信息；通过合理预测环境要素变化，增强企业对外部资源的掌控，从而减轻外生冲击对企业的影响程度。其次，在响应的发展期，企业通过及时响应信号和合理配置资源使自身恢复稳定状态（Ortiz-de-Mandojana and Bansal，2016）。数字化转型通过增强企业信息识别和处理能力，使企业快速掌握环境动态、缓解企业资源获取困境，进而加快企业恢复至相对稳定状态的速度。最后，在外部环境开始呈现一定规律性后，企业进入恢复期。与发展期相比，该阶段更注重企业的转型更新和创新突破（Quendler，2017），选择合适的发展策略是企业在恢复期的关键任务。数字化转型通过搭建信息平台和深度应用大数据技术，能够显著增强企业对内外部环境的了解程度，帮助企业统筹考虑原核心业务平稳经营与新价值增长点布局之间的关系，实现自身长期发展与短期利益的动态平衡。综上所述，数字化转型增强了企业韧性的反应速度和作用效果。

随着数字化转型程度的提升，数字化环境无边界性和互联性的优势将得到充分释放，企业在形成韧性的过程中面临的一系列障碍因素在数字化转型持续深化的过程中将得到有效化解，企业韧性在应对外生风险和改进经营管理模式等层面的积极作用也将加倍释放。可以说，在数字化转型的影响下，企业韧性的形成机制和作用效果将发生深刻的变化。据此，提出假设：

H1：数字化转型能够增强企业韧性。

3.1.2 数字化转型影响企业韧性的作用机制

（1）创新能力驱动路径：数字化转型—提升创新能力—企业韧性增强。现有研究表明，数字化转型程度的提升将提高企业对双元创新的投入水平（姜英兵、徐传鑫和班旭，2022）、增强企业双元创新持续性（毛荐其等，2023），并最终对企业创新能力产生正向影响。而企业创新一方面能够助力企业跨边界获取知识和资源，开发新的解决方案，帮助增强企业韧性，例如，现有研究发现对IT技术的探索式创新在企业摆脱危机、实现经营正常化和危机实践制度化方面发挥显著正向作用，能够打破企业路径依赖并挖掘新实践，进而促进战略更新和韧性形成；另一方面可以整合企业现有资源和能力，开展深度适应性学习，持续获得创新经验和知识，在严重逆境环境下激发自身内在潜力，有助于企业形成风险感知能力，增强动态能力。例如，对IT技术的利用式创新能够在结合新技术的同时维持企业原有业务流程，能够使企业在克服危机的过程中保持业务连续性（Carugati et al.，2020）。据此，提出假设：

H2a：数字化转型通过提升创新能力增强企业韧性。

（2）管理模式变革路径：数字化转型—强化内部控制—企业韧性增强。数字技术与产业的深度融合，将系统性重塑企业经营管理模式，这势必会对企业内部控制产生极大冲击，促使企业进行内控系统变革、管理流程变革，从而对内部控制质量产生积极作用。具体地，数字技术与企业经营管理活动深度融合，将使企业组织架构呈现扁平化、无边界化倾向，有助于营造协同控制的内部环境，增强企业获取和处理内外部信息的能力。风险评估准确是控制活动有效的前提，有效识别风险因素是企业准确评估风险的基础，数字技术使企业获取信息和数据的范围更加广泛，能够提高风险评估的效果；人工智能、云计算等技术可以使企业内部控制活动智能化，有效提高企业控制活动的安全性和规范性；数字技术与业务流程的融合使实时跟踪、动态调节和全面监控成为可能，能够丰富内部监督途径，实现内部监督智能化（张钦成和杨明增，2022）。企业内部控制质量的提升将有效降低企业经营风险，提高企业经营效率，维护企业财产安全和资源安全，从而实现自身韧性的增强。据此，提出假设：

H2b：数字化转型通过强化内部控制增强企业韧性。

（3）缓解客户集中路径：数字化转型—降低客户集中度—企业韧性增强。在中国社会背景影响下，企业商业活动网络中普遍存在关系性交易现象，该现象往往以较高的客户集中度为表征（李增泉，2017）。高客户集中度可能会给企业带来经营层面和财务层面的双重风险：在经营层面，企业对于特定大客户群体的狭隘信任往往会导致对同市场其他客户的不信任，妨碍企业商业信誉的提升（林钟高和韦文滔，2023）；在财务层面，对大客户的过度依赖将大幅度降低企业的议价谈判能力，大客户为维护自身利益可能会蚕食企业利润。倘若合作关系破裂或大客户经营困难，企业将面临投资价值减损、专用型投资被套牢乃至资金链断裂的风险（Dhaliwal et al., 2020）。而数字化转型一方面能够增强企业信息透明度，减轻与中小客户之间的信息不对称，提高中小客户的合作意愿；另一方面能够提高企业对市场信息的收集整合能力，为企业提高竞争优势创造有利条件。因此，企业进行数字化转型能够有效降低因客户集中度过高导致的经营风险和财务风险，进而增强企业韧性。

据此，提出假设：

H2c：数字化转型通过降低客户集中度增强企业韧性。

（4）纵向一体化路径：数字化转型—促进一体化发展—企业韧性增强。数字化转型能够有效降低企业内部管控成本，该作用主要通过以下方式实现：一是数字化的管理系统和财务系统等技术能够赋能组织管理，有利于企业内部优化协作联动，降低协调成本，进而提高自身管理决策效率。二是数字技术的深度应用有利于企业实现内部重要活动的实时化和透明化，有利于压缩分部投机空间，从而降低监督成本和效率损失。与外购中间品相比，企业自制中间品的生产成本更低，而内部管控成本和效率损失的下降将使得企业增加自制中间品的边际收益进一步增加，企业选择自制中间品的意愿也将随之增加，进而提高纵向一体化水平（袁淳等，2021）。而纵向一体化水平的提升将降低企业的负外部性程度，缓解信息不对称，同时构筑行业进入壁垒、获得竞争优势（王斌和王乐锦，2016），由此实现企业韧性的增强。据此，提出假设：

H2d：数字化转型通过提高纵向一体化水平增强企业韧性。

3.2　研究设计

3.2.1　样本选取与数据来源

鉴于中国数字技术的迅速发展及其向企业推广与应用的渗透趋势大约体现在2013年之后，本章选取2013~2021年沪深A股上市公司为初始样本，并按以下原则对样本进行筛选：剔除考察期内经过ST、*ST等特殊处理以及退市的样本；剔除2013年以后上市的样本；剔除金融行业样本；剔除相关数据缺失的样本。最终得到2103家上市公司共18927个观测值。公司财务数据取自国泰安（CSMAR）数据库，工具变量数据取自中国统计年鉴，内部控制指数取自迪博数据库，企业专利申请数取自中国研究数据服务平台（CNRDS）。为消除极端值的影响，本章对全部连续变量进行上下1%的winsorize缩尾处理。

3.2.2 变量定义与说明

3.2.2.1 被解释变量：企业韧性（Res）

企业韧性是企业在面临逆境时表现出的快速恢复并取得进一步发展的能力，研究者通过企业韧性解释企业如何降低障碍和困境带来的不利影响，并最终取得积极成果，包括合理应对环境不确定性并保持企业正常运转和准确识别可能存在的机遇并推动企业进一步发展。由于企业韧性涉及领域十分广泛，因此相关领域存在诸如企业应对外部威胁、适应新商业模式、提升组织可靠性和韧性供应链设计等多种研究视角（Linnenluecke, 2017），而这也导致学术界对企业韧性的定义尚未统一。由于企业韧性是企业的深层次能力，因此度量难度较大，大量研究采用量表法测度企业韧性。对企业韧性的间接测度大多将企业在危机事件窗口期内的股价波动（张卿和邓石军，2023）、股权收益率的波动情况（胡海峰、宋肖肖和窦斌，2022）或企业财务指标（冯挺和祝志勇，2023；史丹和李少林，2022）作为企业韧性的代理指标，然而窗口期内股价波动多基于截面数据进行分析，难以准确反映企业韧性的动态变化；股权收益率波动能够反映出企业受危机事件的影响及其稳定性，但无法反映企业韧性对企业新能力产生的促进作用；企业财务指标难以及时反映企业经营受到外生冲击后的波动程度。综上所述，企业韧性的度量方法仍存在较大的改进空间。

本章认为，企业韧性既能帮助企业在困境中得以生存和恢复，同时也能激发企业新能力的产生。企业韧性的强弱不仅取决于其能否在逆境中实现持续经营并保持较稳定的绩效水平，还应考虑其能否准确识别发展机会并在原有基础上取得进一步突破。基于此，将企业韧性划分为"波动性"和"成长性"两个维度，并通过熵值法综合计算得到样本企业各年度的韧性水平。其中，波动性采用样本企业一年内股票月度平均价格的标准差衡量，成长性采用 $t-2$、$t-1$、t 三年内销售额累计增长率衡量。

3.2.2.2　解释变量：数字化转型程度（Digital）

企业数字化转型是一个系统性过程，如何准确测度微观企业的数字化转型程度具有较大挑战。已有研究主要有以下三种衡量方法。

第一，当前的主流方法即文本分析法。本节认为，已有研究在使用该方法时可能欠缺以下考虑：首先，部分研究在统计企业年报中与数字化转型相关的关键词词频时，将不同关键词的出现次数总和作为衡量企业数字化转型的代理指标（李万利、潘文东和袁凯彬，2022），忽视了不同关键词之间因出现概率不同而导致的信息量差异。其次，部分研究将数字化转型相关词汇占企业年报或年报中"管理层讨论和分析"部分篇幅的比例作为衡量企业数字化转型程度的代理指标（罗宏等，2023；吴晓晖、秦利宾和薄文，2023）。然而，实际上年报编写不仅不存在严格的内容规范和篇幅限制，而且部分内容具有较强的主观性，导致以该方式衡量企业数字化转型程度不够客观。最后，企业年报中对数字化转型的讨论内容中可能含有"无需""没有""尚未"等否定词汇，将含有此类词汇的关键词纳入计算范围显然会高估测度结果。

第二，从信息资产、信息化员工、信息系统应用等角度，选取 IT 投资、电信支出、与数字化相关的无形资产占比等代理指标进行衡量。虽然此类指标较为直观，但可能受到企业炫耀性投资的影响，且企业信息化投资水平不一定能代表实际应用水平。

第三，用问卷调查的方式采用企业信息技术人员（如使用计算机的员工）占比衡量企业数字化应用程度，然而，使用计算机可能只是简单的网络应用行为，与数字化存在较大距离，且问卷调查数据存在样本量有限、代表性较弱等固有缺陷。

为解决已有研究测度数字化转型的诸多缺陷，本章在沿用主流的文本分析法的基础上，剔除文本中含有否定词汇的关键词，并采用熵值法对词频统计结果进行客观赋权，从而更加科学准确地测算样本企业的数字化转型程度。

具体计算步骤如下：

第一步：构建数字化转型关键词词典。首先，以《2020年数字化转型趋势报告》《中小企业数字化赋能专项行动方案》和近年《政府工作报告》为政策蓝本，构建基于国家政策语义体系的数字化转型关键词词典。其次，借鉴以数字化转型为主题的经典文献（吴非等，2021；赵宸宇，2021），进一步扩充关键词词典，并将关键词划分为数字化应用、人工智能、区块链、大数据和云计算等五个维度。

第二步：获取文本分析数据池。首先，通过Python爬虫功能归纳整理样本企业考察期内的年报数据。其次，采用"pdfplumber"库将年报转换为".txt"格式，并提取其中"公司经营情况分析"部分。需要说明的是，不同年份、不同企业的年报格式存在差异，"公司经营情况分析"来源于样本企业年报中"董事会报告""管理层讨论与分析"或"经营情况讨论与分析"。

第三步：计算企业数字化转型程度。首先，将关键词词典导入"jieba"中文分词库。其次，对"公司经营情况分析"进行文本分析，在剔除含有"无需""没有""尚未"等否定词汇表述的基础上，分维度统计关键词出现的频数。最后，将各维度关键词词频作为数字化转型程度的不同指标，采用熵值法确定权重，计算得到样本企业各年度的数字化转型程度。

对上述统计的数字化转型关键词进行分年度统计分析可以发现，平均每家样本企业年报披露的数字化转型关键词频数呈现逐年增长的变化趋势，从2013年的11.73次增长到2021年的34.72次，增长1.96倍。与此同时，中国信息通信研究院发布的《中国数字经济发展报告（2022）》显示，中国数字经济规模由2014年的16.2万亿元增长到2021年的45.5万亿元，增长约1.81倍，这表明本章提取的微观企业数字化转型关键词词频与宏观层面的数字经济变化趋势基本一致，在较大程度上支持了本章测算企业数字化转型程度的合理性。

3.2.2.3 控制变量

为减轻遗漏变量对回归结果的影响，本章在借鉴已有研究的基础上，从企业经营与财务状况、公司治理、政府支持力度等三个层面选取控制变量。具体包括：企业规模（Size），以总资产的自然对数刻画；现金持有量（Cash），以现金及现金等价物的自然对数表征；企业成立时间（Age），以考察年份与成立年份之差衡量；资产负债率（Lev），以总负债占总资产的比重度量；资产回报率（ROA），用净利润与总资产的比值刻画；股权集中度（S-H），用第一大股东持股比例表征；高管持股比例（eS-H），用高管持股数量占总股数的比例衡量；政府补助（Sub），用政府补助的自然对数度量。此外，本章还控制了年度和企业固定效应。

主要变量的描述性统计结果如表3-1所示。

表3-1　　　　　　　　　主要变量的描述性统计

变量	观测值	均值	标准差	最大值	最小值
Res	18927	0.169	0.133	1.000	0.000
Digital	18927	0.007	0.019	1.000	0.000
Size	18927	8.676	1.306	12.616	6.162
Cash	18927	6.450	1.430	10.467	3.075
Age	18927	20.100	5.662	66.000	2.000
Lev	18927	0.445	0.205	0.920	0.060
ROA	18927	0.033	0.065	0.210	-0.261
S-H	18927	0.334	0.150	0.901	0.003
eS-H	18927	6.677	12.747	79.072	0.000
Sub	18927	7.038	2.010	13.665	-5.250

3.2.3　基准回归模型设计

为探讨数字化转型对企业韧性的影响，构建以企业韧性（Res）为被解释变量、数字化转型程度（Digital）为解释变量的固定效应回归模型，如下所示：

$$Res_{i,t} = \alpha_0 + \alpha_1 Digital_{i,t} + \alpha_2 Controls_{i,t} + Year_t + Company_i + \varepsilon_{i,t}$$

其中，下标 i 表示各个研究样本，下标 t 表示年份，$Controls_{i,t}$ 代表所有的控制变量，$Year_t$ 和 $Company_i$ 分别表示时间和个体固定效应，$\varepsilon_{i,t}$ 为随机误差项。

3.3 实证结果及分析

3.3.1 基准回归

表 3-2 报告了基准回归结果，其中第（1）列只加入了核心解释变量，第（2）列~第（4）列在第（1）列的基础上加入了企业经营与财务状况、公司治理、政府支持力度等三个层面的控制变量。结果显示，$Digital$ 的系数均在 1% 的水平上显著为正，表明数字化转型可以显著增强企业韧性，假设 H1 得以验证。

表 3-2　数字化转型影响企业韧性的基准回归结果

变量	(1) Res	(2) Res	(3) Res	(4) Res
Digital	0.2671 *** (3.6036)	0.2475 *** (3.3058)	0.2362 *** (3.1576)	0.2361 *** (3.1528)
Size		-0.0062 ** (-2.0998)	-0.0064 ** (-2.1899)	-0.0062 ** (-2.0347)
Cash		0.0016 (0.9406)	0.0015 (0.9116)	0.0015 (0.9074)
Age		0.0107 *** (25.9802)	0.0110 *** (25.1409)	0.0110 *** (25.0777)

续表

变量	(1) Res	(2) Res	(3) Res	(4) Res
Lev		0.0967*** (9.7754)	0.0953*** (9.6144)	0.0954*** (9.6210)
ROA		0.1620*** (9.0691)	0.1590*** (8.8913)	0.1590*** (8.8900)
S-H			0.0487*** (3.1024)	0.0488*** (3.1094)
eS-H			−0.0002 (−1.1378)	−0.0002 (−1.1269)
Sub				−0.0003 (−0.3913)
常数项	0.167*** (169.1553)	0.0507*** (3.0071)	0.0668*** (3.5873)	0.0673*** (3.6061)
时间固定效应	控制	控制	控制	控制
个体固定效应	控制	控制	控制	控制
观测值	18927	18927	18927	18927
Adj R²	0.004	0.162	0.167	0.167

注：***、**、*分别表示在1%、5%、10%的水平下显著，括号内为t值。

3.3.2 内生性处理

在基准回归中，本章对年度和企业固定效应进行控制，以降低因遗漏变量导致的内生性问题对结果的影响。然而，研究过程中可能仍然存在其他内生性问题，主要体现在以下三个方面：

（1）反向因果引发的内生性问题。数字化程度的提高会通过一系列渠道增强企业韧性，与此同时，韧性更强的企业也可能具备更高的信息认知能力推动高水平的数字化转型，以辅助自身更好地融入复杂多变的经营环境。

(2) 遗漏变量导致的内生性问题。尽管本章已经从企业经营与财务状况、公司治理、政府支持力度等层面选取变量，尽可能地对企业韧性的影响因素加以控制，但全球产业变革加速演进促使企业韧性受到诸多因素的影响和作用，难以穷举所有的影响因素，很可能因遗漏变量导致回归结果偏误。

(3) 测量误差引致的内生性问题。一方面，虽然本章尽可能地对数字化转型的测度方法进行改进和优化，但基于文本分析法的测度结果与企业年报信息披露的主观性密切相关，而企业的策略性投机行为可能导致其在信息披露中夸大自身数字化转型的动机与效果。年报中可能存在的与现实情况不符的信息披露会导致数字化转型程度的测度结果存在偏误，从而产生内生性问题。另一方面，除数字化转型外的其他变量数据主要来自国泰安（CSMAR）数据库，数据的权威性和可信度相对较高，但也可能存在财务报表差错，甚至出于避税与融资等目的"粉饰"财务报表的可能。为了尽可能缓解上述可能存在的内生性问题，本章分别采用工具变量两阶段最小二乘法（2SLS）与一系列解释变量测量偏误修正方法对回归模型进行重新估计。

3.3.2.1 工具变量两阶段最小二乘法

针对反向因果和遗漏变量可能引发的内生性问题，本章选取1984年各省每万人邮局数量与第 $t-1$ 年各省互联网投资额的交乘项作为工具变量（袁淳等，2021），并进行2SLS估计。一方面，受到信息通信技术快速发展的影响，邮局数量对企业韧性的影响逐渐消失，且邮局的主要功能是为社会提供通信服务，并不直接影响企业的韧性水平，因此作为工具变量基本满足排他性要求。另一方面，企业数字化转型所依赖的数字技术的发展以传统通信技术为基础，邮局作为电信基础设施会从技术水平和习惯养成等方面对未来数字技术的发展和应用产生深远影响，因此选取该工具变量满足相关性要求。另外，由于本章采用面板数据进行分析，而每万人邮局数量属于截面数据，二者数据结构不匹配。因此通过引入随时间变化的数据，即第 $t-1$ 年各省互联网投资额，并构建交乘项，将工具变量数据转变为面板数据格式（Nunn and Qian，2014）。表3-3第（1）列、第（2）列报告了工具变量法第二阶段的回归结果。其中，第（1）列仅加入核心解释变量，第（2）列加入所有控制变量。结果显示，*Digital* 的系数依然在1%的水平上显著为正，与基准回归结果保持一致。此外，两列回归结果对应的 Anderson LM 统计量分别在1%和5%水平上显著为正，拒绝工具变量识别不足的原假设，一阶段 F 统计量和 Cragg-Donald Wald F 统计量均大于10，拒绝弱工具变量的原假设，这充分表明本章选取的工具变量是合理可靠的。

表 3–3　　数字化转型影响企业韧性的内生性处理结果

变量	(1) Res	(2) Res	(3) Res	(4) Res	(5) Res
Digital	0.2321*** (5.7552)	0.1952*** (4.9597)	0.2856*** (3.5608)	0.2575*** (2.7993)	0.2551*** (3.3807)
Size		0.0382*** (3.6168)	−0.0066** (−1.9648)	−0.0103** (−2.5497)	−0.0047 (−1.5476)
Cash		0.0001 (0.0287)	0.0012 (0.6816)	0.0029 (1.4145)	0.0021 (1.2329)
Age		0.0149*** (9.8311)	0.0170*** (34.5852)	0.0194*** (32.8720)	0.0107*** (24.3580)
Lev		0.0777*** (5.5156)	0.0785*** (7.2459)	0.0783*** (6.1069)	0.0952*** (9.4958)
ROA		0.0284 (0.7772)	0.1780*** (9.5955)	0.1870*** (9.2315)	0.1780*** (9.6229)
S-H		−0.0640 (−1.5156)	0.0727*** (4.0856)	0.1180*** (5.3824)	0.0457*** (2.9123)
eS-H		−0.0009*** (−2.7400)	0.0003 (1.4007)	0.0006** (2.3774)	−0.0002 (−1.2802)
Sub		0.0009 (0.6927)	0.0004 (0.4399)	0.0004 (0.0960)	0.0004 (0.5195)
常数项			0.1501*** (6.6123)	0.1757*** (6.1911)	0.0519*** (2.6091)

续表

变量	(1) Res	(2) Res	(3) Res	(4) Res	(5) Res
识别不足检验	9.136***	5.641**			
一阶段F值	53.07	50.04			
弱工具变量检验	495.147	56.894			
时间固定效应	控制	控制	控制	控制	控制
个体固定效应	控制	控制	控制	控制	控制
观测值	18927	18927	15141	15141	17523
Adj R²	0.015	0.061	0.097	0.128	0.164

注：***、**、*分别表示在1%、5%、10%的水平下显著，括号内为t值。

3.3.2.2 解释变量测量偏误

针对测量误差可能引发的内生性问题，本章在参考相关文献的基础上（袁淳等，2021；戴翔和马皓巍，2023），进行如下检验：

（1）鉴于对企业信息披露水平的评价是判断企业信息披露质量的直接依据，本章以迪博数据库中企业信息披露指数为基础，计算得到样本企业在考察期内的平均得分并排序，剔除位于后20%的样本企业并进行重新检验，回归结果如表3-3第（3）列所示。

（2）倘若企业内部控制存在明显缺陷，不合理的组织架构和权力分配往往会影响信息披露质量。为此，本章以迪博数据库中内部控制指数为基础，计算得到样本企业在考察期内的平均得分并排序，剔除位于后20%的样本企业并进行重新检验，回归结果如表3-3第（4）列所示。

（3）根据外部审计意见，剔除样本期间内被审计师出具保留意见、无法表示意见或存在内部控制重大缺陷审计报告的样本企业并进行重新检验，回归结果如表3-3第（5）列所示。

上述检验结果均与基准回归结果基本一致，表明数字化转型对企业韧性的正向影响并没有因解释变量测量偏误问题而发生实质性改变。

3.3.3 稳健性检验

为了增强基准回归结果的可信度，本章进一步采用以下四种方法进行稳健性检验。

(1) 更换估计模型。首先，将固定效应控制在年度、城市和二位码行业等三个维度，并将稳健标准误聚类到个体企业层面后重新估计，结果如表3-4第(1)列所示。其次，进一步控制"行业-年度"高阶联合固定效应以缓解不同行业、不同年度所遭受的外部因素冲击，结果如表3-4第(2)列所示。

(2) 替换解释变量。考虑到行业差异，改用经行业均值调整的 $Digital$ 衡量企业数字化转型程度，以反映企业数字化转型程度在行业内的相对水平，结果如表3-4第(3)列所示。

(3) 样本子区间估计。2015年中国股市异常波动可能对样本企业韧性水平造成较大影响，因此，剔除2013~2015年的数据，考察样本子区间的模型估计效果，结果如表3-4（4）列所示。

(4) 剔除直辖市样本。相对于其他省份，直辖市企业在经济、政治、文化等层面具有明显的外部优势，而企业年报中经营情况分析部分的内容往往受到宏观环境的影响，因此，此类样本表现出的数字化转型程度变化是受到上述优势作用的结果的可能性较高。基于此，剔除所有位于北京、天津、上海和重庆四个直辖市的样本企业，结果如表3-4第(5)列所示。

表3-4 数字化转型影响企业韧性的稳健性检验结果

变量	(1)	(2)	(3)	(4)	(5)
	Res	Res	Res	Res	Res
Digital	0.2149 ***	0.1375 **	0.1383 **	0.2604 ***	0.1945 *
	(4.0325)	(2.5595)	(2.5411)	(2.6982)	(1.9276)

续表

变量	(1) Res	(2) Res	(3) Res	(4) Res	(5) Res
Size	0.0190*** (12.0739)	0.0194*** (12.4207)	0.0190*** (12.0683)	-0.0047 (-0.9986)	-0.0052 (-1.5704)
Cash	-0.0080*** (-6.4372)	-0.0082*** (-6.6127)	-0.0081*** (-6.5018)	-0.0005 (-0.2057)	0.0002 (0.1071)
Age	-0.0004** (-2.1726)	-0.0004** (-2.3111)	-0.0004** (-2.1412)	0.0147*** (21.4249)	0.0108*** (22.2563)
Lev	0.0381*** (6.4302)	0.0377*** (6.4251)	0.0381*** (6.4288)	0.0876*** (5.9301)	0.0918*** (8.4402)
ROA	0.0101 (0.6416)	0.0083 (0.5300)	0.0114 (0.7203)	0.1480*** (6.9660)	0.1310*** (6.6872)
S-H	-0.0321*** (-4.8827)	-0.0341*** (-5.2495)	-0.0312*** (-4.7577)	0.1520*** (5.9855)	0.0645*** (3.7538)
eS-H	-0.0001 (-0.7207)	-0.0001 (-1.4427)	-0.0001 (-0.7931)	-0.0001 (-0.4014)	-0.0003 (-1.4894)
Sub	-0.0049*** (-8.4109)	-0.0051*** (-8.7842)	-0.0049*** (-8.4293)	0.0009 (0.7800)	-0.0003 (-0.3063)
常数项	0.0932*** (11.0158)	0.0935*** (11.1748)	0.0921*** (10.8805)	0.1278*** (3.7101)	0.0390* (1.7924)
时间固定效应	控制	控制	控制	控制	控制
个体固定效应		控制	控制	控制	控制
地区固定效应	控制				
行业固定效应	控制				
行业-时间固定效应		控制			
观测值	18927	18927	18927	12618	15147
Adj R²	0.127	0.148	0.126	0.140	0.130

注：***、**、*分别表示在1%、5%、10%的水平下显著，括号内为t值。

以上检验结果显示，Digital 的系数仍然显著为正，表明数字化转型能够增强企业韧性的基本结论是稳健的。

3.3.4 作用机制分析

本章认为数字化转型对企业韧性的影响可能通过提升创新能力、强化内部控制、降低客户集中度和促进一体化发展等四个途径进行传导。其中，创新能力（Inn）采用企业各年度专利申请数表征；内部控制质量（Inc）采用迪博数据库企业内部控制指数/100 表征；客户集中度（Cc）采用企业前五大客户销售额占比衡量；纵向一体化水平（Vi）采用修正的价值增值法进行度量。回归结果如表 3-5 所示。

表 3-5　　　数字化转型影响企业韧性的作用机制检验结果

变量	企业创新能力 (1) Inn	内部控制质量 (2) Inc	企业客户集中度 (3) Cc	纵向一体化水平 (4) Vi
$Digital$	1.0186*** (5.4018)	0.9961*** (4.2391)	-0.7088*** (-3.8101)	0.3877** (2.0651)
$Size$	5.778** (2.1728)	0.4130*** (12.7295)	0.1760*** (40.7370)	-0.0045 (-1.3514)
$Cash$	-2.5070* (-1.6814)	0.0552*** (3.0367)	-0.0396*** (-16.4029)	0.0115*** (6.1943)
Age	-0.1070 (-0.2774)	-0.0922*** (-19.6249)	-0.0133*** (-21.2682)	0.0019*** (3.8449)
Lev	-14.3700* (-1.6459)	-0.8070*** (-7.5779)	-0.7010*** (-49.5521)	-0.0576*** (-5.2835)
ROA	0.7610 (0.0484)	4.7900*** (24.9506)	9.9560*** (390.2713)	-0.3210*** (-16.3169)
S-H	11.8500 (0.8573)	0.7100*** (4.2122)	0.1910*** (8.5263)	0.0338* (1.9541)

续表

变量	企业创新能力 (1) *Inn*	内部控制质量 (2) *Inc*	企业客户集中度 (3) *Cc*	纵向一体化水平 (4) *Vi*
eS-H	0.0752 (0.5289)	0.0026 (1.4997)	0.0026 *** (11.4104)	0.0011 (0.5191)
Sub	0.9740 (1.3479)	-0.0194 ** (-2.2023)	0.0084 *** (7.1328)	-0.0032 *** (-3.4978)
常数项	1.1954 ** (2.6990)	4.1163 *** (19.3427)	0.4646 *** (16.3586)	0.9025 *** (41.3921)
时间固定效应	控制	控制	控制	控制
个体固定效应	控制	控制	控制	控制
观测值	18927	18927	18927	18927
Adj R²	0.273	0.496	0.323	0.319

注：***、**、*分别表示在1%、5%、10%的水平下显著，括号内为t值。

表3-5第（1）列报告了企业创新能力的检验结果，*Digital* 在1%水平上显著为正，数字化转型可以显著提升企业创新能力，假设 H2a 得以验证；第（2）列报告了内部控制质量的检验结果，*Digital* 在1%水平上显著为正，数字化转型能够显著提升企业内部控制质量，假设 H2b 得以验证；第（3）列报告了客户集中度的检验结果，*Digital* 在1%水平上显著为负，数字化转型可以降低企业客户集中度，假设 H2c 得以验证；第（4）列报告了纵向一体化的检验结果，*Digital* 在1%水平上显著为正，数字化转型有利于企业纵向一体化发展，假设 H2d 得以验证。

3.4 进一步分析

不同类型企业的经营战略各异，对数字化转型的意愿、投入和效果不同，对企业韧性的影响亦可能存在差异,因此有必要从企业异质性视角对数字化转型如何影响企业韧性做进一步讨论。本章将从企业股权性质、所属行业技术特质和 CEO 数字技术背景等三个角度出发,深入探究数字化转型对企业韧性的影响效应。

3.4.1 基于产权性质的异质性分析

不同股权性质的企业进行数字化转型的优劣差异明显。为此,本章根据企业产权性质,将样本分为国有企业和非国有企业,以检验数字化转型对不同股权性质企业韧性水平的差异化影响,结果如表 3-6 所示。从表中可知,国有企业和非国有企业实施数字化转型均能有效增强自身韧性,但该增强效果在国有企业中更加明显。可能的原因是,与非国有企业相比,国有企业一般规模较大、组织架构更加复杂、管理流程更加烦琐,进行数字化转型对自身管理流程的优化效果更加明显。此外,由于国有企业与政府存在更加紧密的政治联系,因此地方政府更倾向于引导政府资源流向国有企业。具体而言,在数字化转型政策的实施过程中,地方政府倾向于将更多的资源配置到国有企业,这一偏好可能会削弱相关政策对非国有企业数字化转型的影响,使非国有企业难以享受实质性的政策优惠,进而产生数字化转型对国有企业韧性增强效应更加显著的现象。

表 3-6　数字化转型影响企业韧性的异质性检验结果:根据产权性质分组

变量	国有企业		非国有企业	
	(1)	(2)	(3)	(4)
	Res	Res	Res	Res
Digital	0.2139 *** (4.3959)	0.2770 *** (5.3942)	0.1996 *** (3.9675)	0.2114 ** (2.4381)
Size		-0.0081 * (-1.6649)		-0.0047 (-1.2055)

续表

变量	国有企业		非国有企业	
	(1)	(2)	(3)	(4)
	Res	Res	Res	Res
Cash		0.0089*** (3.2149)		-0.0035* (-1.6487)
Age		0.0120*** (19.1396)		0.0094*** (15.0045)
Lev		0.1001*** (6.1752)		0.0958*** (7.6228)
ROA		0.1420*** (4.4879)		0.1670*** (7.6843)
S-H		0.0531** (2.2956)		0.0250 (1.1466)
eS-H		-0.0005 (-1.3205)		-0.0003 (-1.6255)
Sub		-0.0009 (-0.7538)		0.0004 (0.3412)
常数项	0.0099*** (22.2414)	0.0117*** (18.2031)	0.0236*** (17.9755)	0.0093*** (15.1432)
时间固定效应	控制	控制	控制	控制
个体固定效应	控制	控制	控制	控制
观测值	8700	8700	10227	10227
Adj R²	0.055	0.079	0.107	0.155

注：***、**、*分别表示在1%、5%、10%的水平下显著，括号内为t值。

3.4.2 基于所属行业技术特质的异质性分析

高技术产业属于国家战略性产业，也是知识和技术密集型产业，具有研发投入高、科研人员比重大等特点，在推动我国数字经济发展中发挥着不可替代的作用。为此，本章按照国家统计局2018年印发的《高技术产业（制造业）分类（2017）》和《高技术产业（服务业）分类（2018）》，将电信、广播电视和卫星传输服务业，互联网和相关服务业，软件和信息技术服务业，专业技术服务业，生态保护和环境治理业，医药制造业，铁路、船舶、航空航天和其他运输设备制造业，计算机、通信和其他电子设备制造业，仪器仪表制造业等9类样本企业划分为高技术行业，其他样本企业划分为非高技术行业，分组探讨数字化转型与企业韧性之间的关系，结果如表3-7所示。从表中可知，相较于非高技术企业，高技术企业数字化转型对自身韧性水平的增强效应更大且更为显著。可能的原因在于，企业进行自主创新将面临资金短缺、市场失灵等难以避免的不确定性，而高新技术企业是通过持续的研究开发和成果转化，形成自主知识产权并以此为基础开展经营活动的企业，具有高技术、高成长性、高投入、高收益和高风险的特征，企业创新建立在先进的前沿技术和复杂的科学理论之上，需要大量的人力资本和物质资本投入，新技术和新市场在为企业带来高收益的同时，高风险也随之而来，因此，其韧性水平受外部不确定性的影响较为突出。而数字化转型能够助力高新技术企业充分发挥创新活动的正外部性，在缓解信息不对称的同时，降低自主创新带来的不确定性，进而增强自身韧性水平。

表3-7 数字化转型影响企业韧性的异质性检验结果：根据所属行业技术特质分组

变量	高技术行业		非高技术行业	
	(1)	(2)	(3)	(4)
	Res	Res	Res	Res
$Digital$	0.1732*** (4.9978)	0.2615*** (7.4825)	0.1366*** (5.4891)	0.1792** (2.0570)
$Size$		-0.0047 (-0.8986)		-0.0062* (-1.6551)
$Cash$		-0.0007 (-0.2657)		0.0021 (0.9602)

续表

变量	高技术行业 (1) Res	高技术行业 (2) Res	非高技术行业 (3) Res	非高技术行业 (4) Res
Age		0.0087*** (11.4158)		0.0120*** (22.1712)
Lev		0.0829*** (5.0258)		0.1060*** (8.5449)
ROA		0.1110*** (3.9573)		0.1830*** (7.9777)
S-H		0.0573** (2.0570)		0.0364* (1.8851)
eS-H		−0.0004** (−2.0574)		−0.0001 (−0.5465)
Sub		−0.0004 (−0.2307)		−0.0004 (−0.4357)
常数项	0.0118*** (9.5530)	0.0063*** (4.0223)	0.0081*** (4.8332)	0.0109*** (23.8976)
时间固定效应	控制	控制	控制	控制
个体固定效应	控制	控制	控制	控制
观测值	10629	10629	8298	8298
Adj R^2	0.031	0.033	0.053	0.068

注：***、**、*分别表示在1%、5%、10%的水平下显著，括号内为t值。

3.4.3 基于CEO技术经历的异质性分析

从战略决策视角而言，企业数字化转型战略包括数字技术引入、研发、运用及推广等一系列战略制定与实施过程，在较大程度上取决于CEO的战略决策逻辑、决策风格与风险偏好。立足高阶梯队理论，CEO的个人特质会对企业战略决策产生深远影响，对企业数字化转型战略决策也不例外。为此，本章按照 CEO 是否具有数字技术经历，分组检验数字化转型对企业韧性的影响，结果如表 3-8 所示。从表中可知，数字化转型对 CEO 具有数字技术经历的企业发挥的韧性增强效应更大且更为显著。首先，根据烙印理论，早期职业生涯经历会给个体打上特殊的认知和能力烙印。从认知烙印看，数字技术经历往往会持续激发 CEO 对技术的偏好，使其更有意愿去推动企业数字化。从能力烙印看，具有数字技术经历的 CEO 对新产品、新技术、新工艺及复杂多变的市场环境富有更加敏锐的洞见力，不仅可以更准确地把握行业技术现状及未来发展方向，而且可以提升企业应对外部冲击的韧性水平。其次，根据资源依赖理论，具有不同经历的 CEO 会给企业带来不同的资金、人力、知识、社会资本等资源。具有数字技术经历的 CEO 不仅拥有更多技术社会关系，而且在面临数字化转型及外部冲击的不确定性和风险时表现得更加自信。最后，根据信号传递理论，CEO 拥有数字技术经历的企业通常可以向内外部传递出更加积极的信号。对内而言，具有技术经历的 CEO 可以激发员工参与企业数字化转型的意愿，营造良好的数字化氛围；对外而言，具有技术经历的 CEO 能够更加吸引外界对企业数字化转型的关注度，可以有效缓解企业数字化转型过程中的融资约束与信息不对称等问题，进而扩大数字化转型对企业韧性水平的增强效应。

表 3-8　数字化转型影响企业韧性的异质性检验结果：根据 CEO 技术经历分组

变量	CEO 有技术经历		CEO 无技术经历	
	(1)	(2)	(3)	(4)
	Res	Res	Res	Res
$Digital$	0.1737 *** (4.3330)	0.2697 *** (4.7481)	0.1551 *** (3.9717)	0.1924 ** (2.3995)
$Size$		-0.0090 (-0.8922)		-0.0056 * (-1.7751)
$Cash$		-0.0022 (-0.3917)		0.0020 (1.1253)

续表

变量	CEO 有技术经历		CEO 无技术经历	
	(1)	(2)	(3)	(4)
	Res	Res	Res	Res
Age		0.0069 *** (4.3633)		0.0112 *** (24.5966)
Lev		0.0956 *** (2.9582)		0.0968 *** (9.2907)
ROA		0.1850 *** (3.2686)		0.1560 *** (8.2973)
S-H		-0.0826 (-1.5281)		0.0556 *** (3.3803)
eS-H		0.0006 (1.2793)		-0.0003 (-1.6055)
Sub		-0.0039 (-1.2365)		-0.0002 (-0.2314)
常数项	0.0198 *** (6.4862)	0.0088 *** (11.9428)	0.0226 *** (5.9991)	0.0116 *** (20.9289)
时间固定效应	控制	控制	控制	控制
个体固定效应	控制	控制	控制	控制
观测值	6714	6714	12213	12213
Adj R²	0.009	0.053	0.013	0.070

注：***、**、*分别表示在1%、5%、10%的水平下显著，括号内为t值。

3.5 本章小结

本章首先深入分析了既有文献采用的企业数字化转型测度方法，并通过剔除年报文本中对数字化转型的否定表述来进一步提升利用文本分析法测度企业数字化转型水平的结果有效性与准确性。其次结合了学术界对企业韧性定义的"恢复论"与"超越论"两种观点，提出企业韧性的强弱不仅取决于其能否在不断变化的环境下保持较稳定的绩效水平，还应考虑该企业能否抓住机会实现对原有稳定状态的"超越"，采用面对外生冲击时企业的财务波动和长期增长分别衡量企业韧性中的"波动性"和"增长性"，并采用熵值法进行客观赋权以综合衡量企业韧性水平。在此基础上，本章从理论层面分析了数字化转型对企业韧性的影响效果，提出了数字化转型增强企业韧性的理论框架。随后，构建了数字化转型影响企业韧性的双向固定效应模型，利用我国A股上市公司2013~2021年的年度数据，实证检验了数字化转型对企业韧性的影响效应。最后，在深入分析数字化转型增强企业韧性的作用机制的基础上，采用OLS方法实证检验了产权性质、行业技术特质和CEO数字技术经历对数字化转型影响企业韧性的异质性作用，并采用包括工具变量两阶段最小二乘法在内的一系列方法排除潜在的反向因果、遗漏变量、测量偏误等内生性问题，采用更换估计模型、替换解释变量、样本子区间估计、剔除直辖市样本等四种方法进行稳健性检验。

研究结果表明，数字化转型能够显著增强企业韧性，即企业数字化转型程度越高，自身韧性越强。本章进一步分析数字化转型增强企业韧性的作用机制，分析结果表明，企业创新能力、内部控制质量、客户集中度、纵向一体化水平在数字化转型增强企业韧性的过程中均发挥了显著的中介作用，企业数字化转型程度越高，则自身创新能力、内部控制质量、纵向一体化水平越高，客户集中度越低，进而显著增强企业韧性。此外，异质性分析发现，数字化转型对企业韧性的增强效果在国有企业、高技术行业企业、CEO有数字技术经历的企业中更加显著。

本章可能的边际贡献主要在于：理论层面，丰富和拓展了数字化转型的微观经济后果的研究框架，系统考察了微观企业数字化转型对企业韧性的影响及作用机制。企业是数字化转型的微观主体，也是维护产业链供应链韧性的微观承载者。因此，本章立足微观企业层面，全方位、多维度地回答"数字化转型能否增强企业韧性"和"数字化转型如何增强企业韧性"两个基本命题，不仅为深入理解企业数字化转型和增强企业韧性提供了新的视角与思路，而且为提升产业链供应链韧性和安全水平背景下支持企业进行数字化转型提供了更加充分的理论依据。方法层面，一是通过剔除文本中含有否定词汇的数字化转型关键词，以及采用熵值法对词频统计结果进行客观赋权的方式，对主流的文本分析法进行了应用改进；二是遵循企业韧性"超越论"的观点，综合波动性和增长性两个维度，采用熵值法构建了能够更加全面反映企业韧性的指标。上述改进方法是对衡量微观层面数字化转型和企业韧性的有益完善，为后续开展数字化转型与企业韧性相关研究提供了更具说服力的量化基础。实践层面，基于微观视角考察数字化转型对企业韧性的影响，是对全面系统推动企业业务数字化转型相关政策效果的有力揭示。数字化转型是企业高质量发展的重要引擎，本章厘清了数字化转型对企业韧性的影响及作用机制，可为商业环境易变性、不确定性、复杂性、模糊性（VUCA）特征日益凸显下企业数字化转型与韧性管理的深度融合提供政策启示。

第4章

纵向一体化对企业韧性的影响及作用机制

如何增强企业韧性已成为我国政府和企业共同关注的重大问题，其中，在外部交易成本和交易对手行为不确定性显著上升的经营环境下，纵向一体化已成为企业应对危机与挑战的重要举措。纵向一体化的概念脱胎于对企业边界的研究（Coase，1937），作为经济社会发展中的重要产业经济现象，纵向一体化将产业链前后端环节整合至同一个企业，具有多生产环节、跨经营领域和结构复杂的特征，企业实行纵向一体化战略将对自身经营管理模式产生深刻影响。随着经济发展，理论研究对企业纵向一体化的动因给出了多种解释：贝恩（Bain，1968）认为纵向一体化有助于企业排斥竞争对手并获取垄断利润；威廉姆森（Williamson，1985）提出纵向一体化的根本目的是节约交易成本、降低不确定性；格罗斯曼和哈特（Grossman and Hart，1986）则认为，纵向一体化的动因是获取契约无法事先界定的剩余控制权。围绕企业纵向一体化的短期经济后果，国内学者们考察了纵向一体化对企业经营绩效（万兴和杨晶，2017）、内部控制（鲍晓静和李亚超，2020）、企业创新（张伟和于良春，2018）、财务管理（孙玮和王满，2019）等方面的影响。少量研究证实了危机期间纵向一体化对企业稳定持续经营能力的潜在影响，例如：价格不确定性越高、契约实施强度越弱，企业纵向一体化水平越高（李青原和唐建新，2010）；不确定性冲击下纵向一体化能够显著提升企业价值（袁淳等，2022）；生产链上的商品供应是纵向一体化的重要依据（Shresth，

Pulak and Brandon，2023）；纵向一体化会加剧企业内部控制缺陷（鲍晓静和李亚超，2020）；等等。间接表明纵向一体化能够影响企业应对危机的灵活性与敏感性，进而对企业韧性水平产生重要影响。

综上所述，现有研究对于"企业为何进行纵向一体化"以及"企业纵向一体化带来的短期经济后果"两个关键问题给出了清晰、完善的解答，但仍存在较为明显的可改进之处。首先，上述研究更多关注纵向一体化的短期经济后果，忽视了该行为对企业深层次能力的影响，特别是对危机情境下企业韧性提升的战略能动性。其次，不同研究视角下纵向一体化对企业持续稳定经营存在截然相反的影响，尚未出现概括性和普适性较强的研究结论。再其次，部分纵向一体化研究仅停留在理论层面，有待进行大样本实证检验。最后，当前不确定情境下纵向一体化与企业韧性作用机制的"黑箱"尚未打开。基于此，本章以2016~2022年中国A股上市公司为样本，深入探究纵向一体化对企业韧性的影响效果与作用机制。

4.1 理论假设

交易成本理论认为，市场和企业是两种互相替代的资源配置方式，前者通过价格机制驱动要素流动进行资源配置，后者则通过内部协调关系来实现资源配置。当来自市场的交易成本过高时，企业倾向于将交易置于企业内部进行，通过实施纵向一体化来规避交易成本。但一体化也同时面临不容小觑的管控成本，当管控成本高于交易成本时，企业倾向于将交易置于市场中，即发展专业化（袁淳等，2021）。由此可见，企业边界最终取决于交易成本与管控成本的权衡（Williamson，1985；Coase，1937）。因此，本章针对纵向一体化、交易成本、管控成本与企业韧性之间的关系建立数理模型进行简要分析，并提出待检验的命题。

假设一家企业生产 Y 单位最终产品需要投入产业链上的 N 种中间品，各中间品 I 的需求量为 XI，且该企业的生产函数满足常数替代弹性函数形式：

$$Y = \left(\int_0^N X_I^\rho \mathrm{d}i\right)^{\frac{1}{\rho}}$$

其中，ρ 为弹性参数，且替代弹性大于1，即企业自制中间品与外购中间品间呈现替代关系。假设中间品的单位生产成本为 P。当企业选择外购中间品时，中间品 i 的单位成本为 C_i，$C_i = P_i + Tc(VI)/X$，其中，Tc 为交易成本，VI 为企业纵向一体化水平。

企业负担的交易成本主要源于以下五个方面：第一，寻找有利交易对手的搜寻成本；第二，起草合同、咨询和与交易对手谈判的成本；第三，确保合同成功执行所需的监督成本；第四，治理成本，如讨价还价和转移成本等；第五，与生产相关的成本，如交易对手违约导致的闲置成本和库存管理成本等。不确定性是导致企业交易成本上升的决定因素（Williamson，1985）。在经营环境不确定性增加、经济政策随之波动的时代背景下，诸如道德风险、机会主义行为等因素引发决策不当的可能性显著增加（Li, Arditi and Wang, 2015），由此导致企业负担额外的缔约、监督和执行成本（You et al., 2020）。

已有研究表明，企业可以通过深化自身与供应商和客户的合作关系来降低交易成本（Haaskjold et al., 2020），而纵向一体化因其独有的交易内部化、增进供应链各方信任程度的特点，在企业降低交易成本的过程中发挥了独特而显著的作用（Dyer and Chu, 2003）。一方面，交易内部化将供应链各方的合同关系转化为治理关系，极大地抑制了机会主义行为。与此同时，置于同一主体下的伙伴关系使供应链合作伙伴间产生了共担风险的动机，为企业提供了缓冲、吸收外部冲击的能力（Moura and Tomei, 2021）。另一方面，企业通过纵向一体化构建的以知识为基础的信任关系促进了信息共享，增强了合同关系的完备性和可靠性（Hendrikse, Hippmann and Windsperger, 2015），从而降低了与合同失灵有关的交易成本。在此基础上，可靠的合同关系有助于企业在危机中维持盈利能力和稳定的现金流，由此实现了企业韧性的提升（Yuan et al., 2022）。综上所述，纵向一体化水平的提升将降低交易成本，即 $\frac{\partial Tc(VI)}{\partial VI} < 0$，而交易成本的降低有助于增强企业韧性。

当企业选择自制中间品，即进行纵向一体化时，中间 i 的单位成本 $C_i = P_i + Gc(VI)/X$，其中，Gc 为管控成本。纵向一体化给企业带来的内部管理成本大致包括以下内容：第一，纵向一体化通常涉及多个业务领域，每个领域都有各自的流程和操作规范。管理这种多样性需要建立更有效的监控系统，增加了管控的复杂性。第二，供应链环节增加后需要企业投入更多的人力和技术资源进行供应链管理，监督原材料采购、生产和产品分销等活动。第三，纵向一体化需要对不同业务单元信息系统进行整合，可能需要大量投资和技术支持，以确保数据在企业中的流通和共享，此外，整合后的信息系统规模更大、结构更加复杂，增加了管控的复杂度。第四，业务单元的增加在扩大了员工规模的同时，提高了企业对员工技能的多样化需求，需要企业开展更全面的人力资源管理活动，造成招聘、培训和绩效管理等方面投入的增加。

总体而言，实施纵向一体化战略会引入更多的业务复杂性，要有效管理这些复杂性，企业需要加强管控体系建设，这往往涉及人力、技术和流程方面的投资，从而增加企业的管控成本。由此可见，纵向一体化将提高企业管控成本，即 $\frac{\partial Gc(VI)}{\partial VI} > 0$。倘若纵向一体化水平超过企业管理能力，过于复杂的内部结构将导致各业务单元难以实现协同效应，企业一方面需要同时应对多个行业的经营风险，另一方面还将为繁杂的内部体系付出额外的精力和成本，最终阻碍企业韧性水平的提升。

此外，新古典学派发现规模经济存在先升后降的规律，其平均成本曲线呈现出 U 形分布的特征。具体地，由于企业内部权威的要素协调难以无限制地代替市场协调（Matthias and Jannika，2023），企业盲目扩张不仅无法降低平均成本，反而将导致"规模不经济"问题。对此问题交易成本理论同样给出了解释：企业将交易环节内部化存在管理成本递增和管理收益递减的特征（王颖，2018），企业理想的边界应设在"企业管控成本等于通过市场进行相同交易的成本的那一点"上（Coase，1937），倘若企业边界超过内外部成本平衡点，则将显现出规模不经济问题。因此，进一步假定，$\frac{\partial^2 Gc(VI)}{\partial VI^2} > 0$，且

$\dfrac{\partial^2 Tc(VI)}{\partial VI^2}<0$。

由于边际管控成本增加额递增、边际交易成本减少额递减,因此存在一个临界点 VI^*,临界点处企业交易成本的减少额与管控成本的增加额相同,即 $\dfrac{\partial Tc(VI)}{\partial VI}=\dfrac{\partial Gc(VI)}{\partial VI}$。当企业纵向一体化水平小于 VI^* 时,$\dfrac{\partial Gc(VI)}{\partial VI}-\dfrac{\partial Tc(VI)}{\partial VI}<0$,纵向一体化对降低企业交易成本的积极作用大于其增加管控成本的消极作用,当企业纵向一体化水平大于 VI^* 时,$\dfrac{\partial Gc(VI)}{\partial VI}-\dfrac{\partial Tc(VI)}{\partial VI}>0$,纵向一体化的消极作用大于积极作用,而企业交易成本减少与管控成本增加将分别对企业韧性产生正向和负向影响。由此,本章认为,在企业纵向一体化水平较低时,纵向一体化的正向作用大于其负面影响,此时纵向一体化对企业韧性的总效应为正;当企业纵向一体化水平超过某个均衡点时,纵向一体化的正向作用无法完全抵消其负面影响,此时纵向一体化对企业韧性的总效应为负。

综上所述,提出假设:

H1:纵向一体化对企业韧性存在倒 U 形影响,该影响通过改变企业内外部成本结构来实现。当企业纵向一体化水平较低时,降低交易成本的正向效应占主导,纵向一体化总体增强了企业韧性;企业纵向一体化水平较高时,提高管控成本的负向效应占主导,纵向一体化总体削弱了企业韧性。

4.2　研究设计

4.2.1　样本选取与数据来源

本章选取 2016~2022 年沪深 A 股上市公司作为初始样本,实证检验纵向一体化水平对企业韧性的影响效果与作用机制。为提高研究有效性，按如下原则筛选样本企业：剔除金融行业样本；剔除考察期内出现 ST、*ST 和退市的样本；剔除上市时间晚于 2015 年 12 月 31 日的样本。此外，为确保估计结果的可靠性，剔除相关数据缺失的观测值。最终得到 2170 家上市公司共计 14537 个观测值。企业层面数据取自 Choice 数据库、迪博数据库和 CSMAR 数据库，地区层面数据整理自不同省份各年度统计年鉴和国民经济和社会发展统计公报。为降低异常值的潜在影响，对连续变量进行 1% 和 99% 水平上的缩尾处理。

4.2.2　变量定义与说明

4.2.2.1　被解释变量：企业韧性（Res）

企业韧性的强弱不仅取决于其能否在不断变化的环境下保持较稳定的绩效水平，还应考虑该企业能否抓住机会实现对原有稳定状态的"超越"，通常采用面对外部冲击时企业的财务波动和长期增长来衡量其韧性水平（Najarian and Lim, 2019）。其中，财务波动反映企业韧性的恢复机制，长期增长反映企业韧性的能力激发机制。鉴于此，本章将企业韧性分解为波动性和增长性两个维度，并采用熵值法计算得到样本企业在各年度的韧性水平。其中，波动性通过一年内月度平均股价的标准差表征，增长性通过 $t-2$、$t-1$、t 三年内销售收入的累计增长率表征。

4.2.2.2　解释变量：纵向一体化水平（VI）

学术界广泛使用价值增值法（VAS）来测度企业纵向一体化水平，但该方法不仅混淆了企业纵向一体化程度水平与盈利能力差异，而且对企业在产业链中所处位置的敏感性考虑不足。为此，本章采用修正的价值增值法（ADJVAS）来测度企业纵向一体化水平，具体计算公式如下：

$$VI = \frac{增加值 - 税后净利润 + 正常利润}{主营业务收入 - 税后净利润 + 正常利润}$$

$$正常利润 = 净资产 \times 平均净资产收益率$$

$$增加值 = 主营业务收入 - 采购额$$

$$采购额 = \frac{购买商品、接受劳务支付的现金 + 期初预付款 - 期末预付款 + 期末应付款 - 期初应付款}{1 + 采购商品的增值税率} + 期初存货 - 期末存货$$

其中,平均净资产收益率为各行业观测期内净资产收益率的平均值。为保证指标度量结果的有效性,剔除 VI 偏离合理范围 [0, 1] 的观测值。

4.2.2.3 控制变量

参考现有研究,本章从企业经营与财务状况、资本市场表现、内部治理水平、宏观经济发展等方面选取指标作为控制变量,具体包括:企业规模 (Size)、现金持有水平 (Cash)、资产报酬率 (ROA)、股权集中度 (SH)、客户集中度 (Cc)、董事会独立性 (Ind)、市值账面比 (MB)、个股 β 值 (Beta)、国内生产总值 (GDP)、工业生产者出厂价格指数 (PPI)、对外开放水平 (Open)。此外,本章还控制了时间固定效应和企业固定效应。各变量含义与描述性统计结果如表 4-1 所示。

表 4-1　　变量含义与描述性统计

变量	含义	均值	标准差	最小值	最大值
Res	企业韧性	0.850	0.746	-0.316	6.774
VI	纵向一体化水平	0.905	0.108	0.402	0.998
Size	企业规模	13.473	1.313	10.684	17.304
Cash	现金持有水平	0.139	0.102	0.010	0.521
ROA	资产报酬率	0.045	0.074	-0.269	0.261
SH	股权集中度	0.318	0.146	0.018	0.891
Cc	客户集中度	0.291	0.221	0.000	1.579
Ind	董事会独立性	0.377	0.064	0.000	1.000

续表

变量	含义	均值	标准差	最小值	最大值
MB	市值账面比	3.195	3.721	0.487	28.187
Beta	个股 β 值	1.130	0.482	-0.075	2.405
GDP	企业所在省份 GDP	10.678	0.742	7.067	11.769
PPI	企业所在省份 PPI	102.280	4.432	91.600	130.200
Open	各省对外开放程度	0.4324	0.3071	0.0076	1.7278

4.2.3 基准回归模型设计

为检验纵向一体化对企业韧性的非线性影响，构建如下基准模型：

$$Res_{i,t} = \alpha_0 + \alpha_1 VI_{i,t} + \alpha_2 VI_{i,t}^2 + \alpha_3 Controls_{i,t} + Year_t + Company_i + \varepsilon_{i,t}$$

其中，被解释变量 $Res_{i,t}$ 为企业韧性，解释变量 $VI_{i,t}$ 为纵向一体化水平，$Controls_{i,t}$ 代表控制变量集，$Year_t$ 代表时间固定效应，$Company_i$ 代表个体固定效应，$\varepsilon_{i,t}$ 为随机误差项。

4.3 实证结果及分析

4.3.1 基准回归

纵向一体化影响企业韧性的主效应检验结果如表4-2所示，其中第（1）列仅加入核心解释变量，第（2）~第（5）列在此基础上分组逐步将控制变量纳入回归模型。结果显示，纵向一体化一次项的系数均在1%水平上显著为正，二次项的系数均在1%水平上显著为负，同时U形测试结果显著，表明纵向一体化与企业韧性间存在倒U形关系，纵向一体化水平的提升将使企业韧性呈现先上升后下降的变化趋势，当纵向一体化水平为0.5696时，企业韧性将达到最大值。假设 H1 得到初步验证。

表4-2　　　　　纵向一体化影响企业韧性的基准回归结果

变量	(1) Res	(2) Res	(3) Res	(4) Res	(5) Res
VI	3.9880*** (6.4892)	4.0026*** (6.6101)	3.9848*** (6.6027)	3.8388*** (6.4879)	3.8085*** (6.4368)
VI^2	-3.2173*** (-7.7439)	-3.3353*** (-8.1367)	-3.3231*** (-8.1342)	-3.3678*** (-8.4118)	-3.3434*** (-8.3505)
$Size$		0.1827*** (10.2398)	0.1678*** (9.3139)	0.1329*** (7.3238)	0.1326*** (7.3121)
$Cash$		-0.1450 (-1.6416)	-0.1684* (-1.9105)	-0.1555* (-1.8001)	-0.1617* (-1.8710)
ROA		1.5457*** (16.3947)	1.4999*** (15.9400)	1.4940*** (16.1919)	1.5038*** (16.2811)
SH			0.9678*** (8.1090)	0.9399*** (8.0351)	0.9375*** (8.0150)
Cc			0.1728*** (2.9263)	0.1855*** (3.2043)	0.1845*** (3.1868)
Ind			-0.5089*** (-3.5136)	-0.4601*** (-3.2404)	-0.4572*** (-3.2208)
MB				-0.0309*** (-12.8668)	-0.0309*** (-12.8466)
$Beta$				-0.2291*** (-18.1803)	-0.2270*** (-17.9817)
GDP					-0.3086* (-1.6491)
PPI					-0.0026 (-1.2159)

续表

变量	(1) Res	(2) Res	(3) Res	(4) Res	(5) Res
Open					0.1131 (1.6419)
常数项	-0.0869 (-0.3936)	-2.5135*** (-7.9133)	-2.4671*** (-7.6060)	-1.4840*** (-4.5392)	2.0323 (1.0116)
时间固定效应	控制	控制	控制	控制	控制
个体固定效应	控制	控制	控制	控制	控制
Utest	0.6198***	0.6001***	0.5996***	0.5699***	0.5696***
观测值	14537	14537	14537	14537	14537
Adj R²	0.314	0.337	0.341	0.367	0.368

注：***、**、*分别表示在1%、5%、10%的水平下显著，括号内为t值。

4.3.2 内生性处理

为降低因遗漏变量而产生的内生性问题，本章在基准回归中控制了时间和个体固定效应。然而，研究中仍存在以下三个内生性问题来源：

第一，互为因果引发的内生性问题。具体地，企业纵向一体化能够改变自身内外部成本结构，从而影响企业韧性水平；同时，韧性水平更高的企业往往内部管控成本相对较低，因此更有动力进行纵向一体化。

第二，变量自相关引发的内生性问题。企业韧性是企业应对外部环境冲击的深层次能力，其产生与增强是一个长期、渐进的过程，韧性较强的企业往往在各年度均保持较高的韧性水平，可能存在变量自相关问题。

第三，遗漏变量引发的内生性问题。尽管本章已经从企业财务状况、内部治理、资本市场表现、宏观经济发展等层面选取变量，尽可能控制企业韧性的影响因素，但全球产业变革加速演进促使企业韧性受到诸多因素的影响和作用，其影响因素难以穷举，因此很可能存在遗漏变量问题。为尽可能缓解上述内生性问题，分别通过工具变量法、GMM 动态面板分析、调整模型等方法重新估计基准回归结果。

4.3.2.1 工具变量法

纵向一体化与企业韧性互为因果是本章内生性问题的潜在重要来源。基于此，本章选取样本企业所在省份各年度邮电业务总量的对数作为工具变量，并进行 2SLS 估计。一方面，邮电业务的主要功能是为社会提供通信服务，难以直接影响微观层面的企业韧性水平，因此基本满足工具变量选取的排他性要求。另一方面，企业是否进行纵向一体化会受到自身外部交易成本的影响，而各省邮电业务的发展水平将影响省内企业的信息获取能力和沟通效率，进而影响企业外部交易成本，并最终作用于纵向一体化战略的选择，因此基本满足工具变量选取的相关性要求。表 4-3 第（1）列和第（2）列报告了工具变量法第一阶段的回归结果，工具变量与解释变量间存在显著相关性，证明了工具变量选择的有效性。第（3）列报告了工具变量法第二阶段的回归结果，与基准回归结果基本保持一致，表明在考虑了自变量与因变量互为因果问题后，前文结论依然稳健。此外，第二阶段回归结果中识别不足检验结果均在 1% 水平上显著为正，一阶段 F 统计量和弱工具变量检验结果均大于 10，这同样表明本章选取的工具变量是合理可靠的。

表 4-3　纵向一体化影响企业韧性的内生性处理结果：工具变量法

变量	(1) VI	(2) VI^2	(3) Res
VI			2.7623 *** (3.0383)
VI^2			-2.5819 *** (-2.9508)
IV	0.2746 *** (11.7493)	0.4496 *** (12.4638)	

续表

变量	(1) VI	(2) VI^2	(3) Res
Size	-0.0158 *** (-16.4047)	-0.0266 *** (-18.4045)	0.0844 *** (7.7559)
Cash	0.0293 *** (2.6388)	0.0511 *** (3.0271)	-0.5664 *** (-8.0346)
ROA	0.0723 (1.5503)	0.1084 (1.5147)	0.1864 * (1.9474)
SH	-0.0154 ** (-2.1671)	-0.0314 *** (-2.9531)	0.0654 (1.2594)
Cc	0.0010 (0.2275)	-0.0023 (-0.3379)	0.2587 *** (7.7487)
Ind	-0.0024 (-0.1628)	0.0020 (0.0901)	-0.1848 * (-1.7361)
MB	-0.0003 *** (-2.7502)	-0.0004 ** (-2.5307)	-0.0206 *** (-7.7877)
Beta	0.0105 *** (5.5495)	0.0168 *** (5.9618)	-0.2727 *** (-18.7130)
GDP	-0.0075 *** (-5.3083)	-0.0129 *** (-6.2055)	0.0011 (0.0035)
PPI	-0.0012 *** (-5.5669)	-0.0018 *** (-5.5473)	-0.0001 (-0.0631)
Open	0.0076 ** (2.0827)	0.0150 *** (2.8122)	-0.1130 *** (-5.0540)
常数项	1.1124 *** (31.4304)	1.1869 *** (21.9896)	-2.3950 *** (-3.0671)
时间固定效应	控制	控制	控制
个体固定效应	控制	控制	控制

续表

变量	(1)	(2)	(3)
	VI	VI^2	Res
识别不足检验	51.063***		
一阶段 F 统计量	86.38		
弱工具变量检验	51.197		
观测值	14537	14537	14537
Adj R^2	0.291	0.207	0.125

注：***、**、* 分别表示在1%、5%、10%的水平下显著，括号内为 t 值。

4.3.2.2 GMM 动态面板分析

企业韧性水平的变量自相关同样可能导致内生性问题。基于此，本章通过系统 GMM 回归进一步检验前文结论的稳健性。系统 GMM 回归结果如表4-4第（1）列所示。结果显示，在控制了企业韧性的滞后项的前提下，纵向一体化的一次项系数均在1%水平上显著为正，二次项系数分别在1%和5%水平上显著为负，表明在考虑了企业韧性变量自相关的特性后，前文结论依然稳健。此外，模型的 Sargan 检验 p 值和 AR（2）p 值均大于0.1，证明不存在弱工具变量和误差项二阶自相关问题。

表4-4　纵向一体化影响企业韧性的内生性处理结果：GMM 与遗漏变量问题

变量	(1)	(2)	(3)
	Res	Res	Res
VI	3.3871*** (3.6444)	3.4026*** (5.3279)	0.9587** (1.9792)
VI^2	-2.1091** (-2.0208)	-3.2829*** (-7.7475)	-1.1402*** (-3.6189)
L.Res	0.3964*** (20.9508)		

续表

变量	(1) Res	(2) Res	(3) Res
Size	-0.3399*** (-5.0669)	0.1187*** (6.5433)	0.0269*** (4.6331)
Cash	-5.5390*** (-6.4970)	-0.1405 (-1.6352)	-0.3989*** (-6.3493)
ROA	4.8313*** (5.2483)	1.4538*** (15.7130)	0.4886*** (5.6767)
SH	1.4503 (1.4406)	0.9296*** (7.9741)	-0.1101** (-2.4184)
Cc	3.3998*** (6.5458)	0.1901*** (3.3039)	0.1865*** (6.2128)
Ind	-0.9210 (-0.4891)	-0.4834*** (-3.4339)	-0.0877 (-0.9198)
MB	0.0180 (1.3725)	-0.0319*** (-13.0975)	-0.0175*** (-9.4435)
Beta	-0.2234*** (-5.1890)	-0.2217*** (-17.5106)	-0.2448*** (-18.6553)
GDP	0.3761*** (2.8648)	-0.3339* (-1.7963)	-0.2426 (-1.1194)
PPI	-0.0147*** (-5.6912)	-0.0025 (-1.1880)	-0.0020 (-0.8067)
Open	1.3597*** (4.4990)	0.1264* (1.8364)	0.1256 (1.5858)
常数项	0.3750 (0.1934)	2.8058 (1.3999)	3.6845 (1.5978)
时间固定效应	控制	控制	控制
个体固定效应	控制	控制	
地区固定效应			控制

续表

变量	(1) Res	(2) Res	(3) Res
行业固定效应			控制
时间×行业固定效应		控制	
AR (1)	0.0000		
AR (2)	0.2741		
Sargan 检验	0.1642		
观测值	12193	14537	14537
Adj R^2		0.382	0.143

注：***、**、*分别表示在1%、5%、10%的水平下显著，括号内为t值。

4.3.2.3 遗漏变量问题处理

虽然本章在基准回归中控制了时间和个体层面的固定效应，但仍可能遗漏不同年份存在于不同省份、不同行业的不可观测因素。为解决该问题，对回归模型进行相应调整。首先，将固定效应控制在年度、省份和门类行业等三个维度，并将稳健标准误聚类到个体企业层面后重新估计，结果如表4-4第（2）列所示。其次，进一步控制"行业—年度"高阶联合固定效应以缓解不同行业、不同年度所遭受的外部因素冲击，结果如表4-4第（3）列所示。结果显示，纵向一体化一次项和二次项的系数符号与显著水平未发生明显改变，表明在控制可能被遗漏的不可观测固定特征后，仍能够得出纵向一体化倒U形影响企业韧性的基本结论。

4.3.3 稳健性检验

为增强基准回归结果的可靠性，本章进一步采用以下三种方法进行稳健性检验。第一，更换变量度量方法。采用未经调整的传统价值增值法度量企业纵向一体化水平，结果如表4-5第（1）列所示。第二，剔除直辖市样本。相对于其他省份，直辖市企业在经济发展水平、政策倾斜、基础设施建设等方面拥有明显的外部优势，而企业纵向一体化战略的选择和自身韧性水平往往受到宏观环境的影响，因此，此类样本表现出的二者间关系变化是上述区位优势作用的结果的可能性较高。基于此，剔除所有位于北京、天津、上海和重庆四个直辖市的样本企业，结果如表4-5第（2）列所示。第三，样本子区间估计。2019年至今，宏观环境VUCA特征日趋明显，经营环境的变化将影响企业外部交易成本，可能改变纵向一体化对企业韧性的影响效果。因此，剔除2016~2018年的数据，考察样本子区间的模型估计效果，结果如表4-5第（3）列所示。以上检验结果显示，纵向一体化的一次项系数仍然显著为正，二次项系数仍然显著为负，表明纵向一体化倒U形影响企业韧性的基本结论是稳健的。

表4-5　　　　　　纵向一体化影响企业韧性的稳健性检验结果

变量	(1) Res	(2) Res	(3) Res
VI	3.5400 *** (6.5317)	3.0741 *** (4.6152)	4.2623 *** (5.3667)
VI^2	-3.1778 *** (-8.5443)	-2.8874 *** (-6.4079)	-3.4727 *** (-6.3086)
$Size$	0.1321 *** (7.2807)	0.1043 *** (5.2205)	0.2939 *** (8.2627)
$Cash$	-0.1606 * (-1.8580)	-0.1126 (-1.1525)	-0.1053 (-0.7399)
ROA	1.5026 *** (16.2727)	1.4466 *** (14.2484)	0.9148 *** (7.2103)
SH	0.9374 *** (8.0147)	1.0924 *** (8.4978)	1.0313 *** (5.1639)
Cc	0.1843 *** (3.1850)	0.1258 * (1.9215)	0.3861 *** (4.3828)

续表

变量	(1) Res	(2) Res	(3) Res
Ind	-0.4574*** (-3.2224)	-0.4394*** (-2.7018)	-0.5163*** (-2.6766)
MB	-0.0309*** (-12.8571)	-0.0286*** (-10.8217)	-0.0243*** (-6.5713)
Beta	-0.2270*** (-17.9812)	-0.2137*** (-15.3089)	-0.2661*** (-15.1853)
GDP	-0.3059 (-1.6345)	-0.1889 (-0.9497)	-0.5681* (-1.6544)
PPI	-0.0026 (-1.2201)	-0.0039* (-1.6643)	-0.0019 (-0.7895)
Open	0.1134* (1.6466)	0.4776*** (2.8333)	0.0525 (0.7203)
常数项	2.1118 (1.0526)	1.4060 (0.6544)	2.3137 (0.6295)
时间固定效应	控制	控制	控制
个体固定效应	控制	控制	控制
Utest	0.5569***	0.5323***	0.6137***
观测值	14537	11745	8141
Adj R^2	0.368	0.360	0.494

注：***、**、*分别表示在1%、5%、10%的水平下显著，括号内为t值。

4.3.4 作用机制分析

本章认为，从交易成本理论出发，纵向一体化影响企业韧性的传导机制为"纵向一体化—企业外部交易成本、内部管控成本—企业内外部成本结构—企业韧性"，即纵向一体化会降低企业外部交易成本、提高企业内部管控成本，从而调整企业内外部成本结构，并最终作用于企业韧性。虽然基准回归结果已经证实了纵向一体化与企业韧性间存在倒 U 形关系，但基于交易成本理论，纵向一体化影响企业韧性的核心机制在于引起企业内外部成本变动。因此，仍需进一步考察纵向一体化是否通过影响企业内外部成本结构来作用于企业韧性，以佐证本章的理论机理。

交易成本理论认为，企业进行纵向一体化或专业化战略在本质上是自身内部管控成本和外部交易成本的互相转化。具体地，纵向一体化在微观层面的经济后果主要通过降低企业外部交易成本，同时提升其内部管控成本这一机制实现，专业化则恰好相反。现有文献对企业内部管控成本和外部交易成本分别提出了多种测度方法：衡量企业内部管控成本的方法主要包括：董事会独立性和机构投资者持股比例（张博雅、唐大鹏和刘翌晨，2022）、管理层持股和股权制衡度（袁淳等，2022）等公司治理层面的代理变量；企业外部交易成本的度量方法主要包括：销售费用占主营业务收入的比重（习明明、倪勇和刘旭妍，2023）、不同省份各行业的赫芬达尔指数（张博雅、唐大鹏和刘翌晨，2022）以及企业所处省份的市场化水平（尤碧莹等，2023）等。然而，一方面，鲜有研究将二者综合考虑，实证检验上述机制的作用效果；另一方面，企业纵向一体化对自身业务的影响范围较广，现有指标体系难以准确测度其引发的内外部成本变动。基于此，本章以企业财务数据为基础分别计算外部交易成本与内部管控成本，将二者之差作为纵向一体化影响企业韧性的中介变量。借鉴金友森和许和连（2023）的做法，构建如下交互项模型，对交易成本和管控成本进行机制检验。

$$Res_{i,t} = \alpha_0 + \alpha_1 VI_{i,t} + \alpha_2 VI_{i,t} \times Tcost_{i,t} + \alpha_3 VI_{i,t} \times Gcost_{i,t} + \alpha_4 Controls_{i,t} + Year_t + Company_i + \varepsilon_{i,t}$$

$$Tcost = \frac{销售费用}{资产总计}$$

$$Gcost = \frac{管理费用}{资产总计}$$

其中，$Tcost$ 表示交易成本，$VI \times Tcost$ 衡量纵向一体化降低交易成本的正向效应；Gcost 代表管控成本，VI×Gcost 衡量纵向一体化提高管控成本的负向效应；其他变量与基准回归模型一致。

根据基准回归得到的纵向一体化阈值 0.5696 为样本分界线，对上述作用机制进行实证检验，结果如表 4-6 所示。结果显示，阈值前后 VI×Tcost 的回归系数均显著为正，表明纵向一体化能够通过降低交易成本对企业韧性产生正向效应；阈值前后 VI×Gcost 的回归系数均显著为负，表明纵向一体化能够通过提高管控成本对企业韧性产生负向效应。纵向一体化未达到阈值前（VI<0.5696），VI×Tcost 系数的绝对值大于 VI×Gcost 系数的绝对值，表明降低交易成本的正向效应会大于提高管控成本的负向效应，意味着在拐点之前纵向一体化总体增强了企业韧性；纵向一体化超过阈值后（VI>0.5696），VI×Tcost 系数的绝对值小于 VI×Gcost 系数的绝对值，表明降低交易成本的正向效应会小于提高管控成本的负向效应，意味着在拐点之后纵向一体化总体削弱了企业韧性。上述检验结果进一步说明了纵向一体化对企业韧性的影响，是通过同时降低交易成本的正向效应和提高管控成本的负向效应实现的，假设 H1 进一步得以验证。

表 4-6　　　　纵向一体化影响企业韧性的作用机制检验结果

变量	VI<0.5696 (1) Res	VI>0.5696 (2) Res
VI	1.1791 (1.0538)	0.8027 (1.0008)
VI×Tcost	0.6615*** (3.2102)	0.2140*** (3.4822)
VI×Gcost	-0.1635* (-1.6926)	-1.1011*** (-7.1035)
Size	-0.0538*** (-9.7435)	-0.0269*** (-45.9984)

续表

变量	VI < 0.5696 (1) Res	VI > 0.5696 (2) Res
Cash	0.0164 (0.6243)	-0.0090*** (-3.2303)
ROA	0.2755*** (9.7940)	-0.0350*** (-11.7338)
SH	-0.0139 (-0.3894)	0.0232*** (6.1277)
Cc	-0.0399** (-2.2597)	-0.0185*** (-9.8707)
Ind	0.0746* (1.7219)	-0.0079* (-1.7148)
MB	-0.0077*** (-10.5094)	0.0006*** (7.9316)
Beta	0.0059 (1.5238)	0.0013*** (3.0843)
GDP	0.1381** (2.4192)	0.0126** (2.0794)
PPI	0.0014** (2.1371)	-0.0000 (-0.4744)
Open	-0.0017 (-0.0805)	0.0014 (0.6116)
常数项	0.9018 (1.4809)	0.3256*** (5.0478)
时间固定效应	控制	控制
个体固定效应	控制	控制
观测值	3359	11178
Adj R²	0.243	0.133

注：***、**、*分别表示在1%、5%、10%的水平下显著，括号内为t值。

4.4 进一步分析

上文研究成果揭示了纵向一体化通过改变企业外部交易成本和内部管控成本进而影响企业韧性的影响效果与作用机制，但企业纵向一体化对企业韧性影响的异质性，以及纵向一体化如何降低企业外部交易成本、如何降低纵向一体化对提高内部管控成本的不利影响等问题还需进一步讨论。

4.4.1 样本企业异质性分析

企业所处行业和自身特质不同，纵向一体化对企业韧性产生的影响亦可能存在明显差异，需要进一步区别讨论。本章将从行业技术特质、行业竞争性、企业国际化程度和产权性质等角度出发，深入探究纵向一体化对企业韧性的差异化影响。

4.4.1.1 基于行业技术特质的异质性分析

根据国家统计局 2018 年颁布的《高技术产业（制造业）分类（2017）》和《高技术产业（服务业）分类（2018）》，将样本企业所处行业划分为高技术行业和非高技术行业进行分组研究，回归结果如表 4-7 所示。回归结果显示，高技术行业企业和非高技术行业企业纵向一体化均能够呈倒 U 形影响自身韧性水平，且该影响效果在高技术行业企业中更加明显。具体地，在相同的纵向一体化水平下，高技术行业企业的韧性取值更高；在相同的纵向一体化变动幅度下，高技术行业企业的韧性变动幅度更大；高技术行业内倒 U 形曲线转折点位于纵向一体化的更高取值上。可能的原因是，企业进行自主创新将面临资金短缺、市场失灵等不确定性，而高新技术企业通过持续研发和成果转化形成自主知识产权并以此为基础开展经营活动，具有高投入和高风险的特征，外部不确定性对其业务活动的影响更为显著。与非高技术行业企业相比,纵向一体化缓解产业链上下游信息不对称、降低供应链波动的作用对高技术行业企业经营活动的保障效果更强。

表4-7 纵向一体化影响企业韧性的异质性检验结果:根据行业技术特质分组

变量	高技术行业		非高技术行业	
	(1)	(2)	(3)	(4)
	Res	Res	Res	Res
VI	6.8763*** (6.0297)	7.4270*** (8.7419)	4.5121*** (4.7793)	1.4881* (1.7907)
VI^2	-4.5938*** (-6.2902)	-5.6317*** (-9.7191)	-3.7622*** (-6.0557)	-1.9131*** (-3.4297)
Size		0.0757*** (3.2776)		0.1873*** (6.6339)
Cash		0.0141 (0.1315)		-0.3510** (-2.5365)
ROA		1.5542*** (14.0344)		1.5394*** (9.8742)
SH		0.9141*** (5.7094)		0.7578*** (4.4458)
Cc		0.1724** (2.1393)		0.1884** (2.2883)
Ind		-0.3190* (-1.7119)		-0.6055*** (-2.8431)
MB		-0.0392*** (-12.2991)		-0.0245*** (-6.7817)
Beta		-0.1547*** (-9.6302)		-0.3181*** (-16.1321)
GDP		-0.5443** (-2.0924)		-0.2548 (-0.9530)

续表

变量	高技术行业		非高技术行业	
	(1)	(2)	(3)	(4)
	Res	Res	Res	Res
PPI		-0.0037 (-1.2439)		-0.0014 (-0.4763)
Open		0.0629 (0.7046)		0.1056 (1.0083)
常数项	-1.6506*** (-3.8056)	4.0052 (1.4233)	-0.0421 (-0.1193)	1.6887 (0.5929)
时间固定效应	控制	控制	控制	控制
个体固定效应	控制	控制	控制	控制
Utest	0.7484***	0.6594***	0.5997***	0.3889*
观测值	7318	7318	7219	7219
Adj R²	0.255	0.321	0.337	0.389

注：***、**、*分别表示在1%、5%、10%的水平下显著，括号内为t值。

4.4.1.2 基于行业竞争性的异质性分析

采用赫芬达尔指数衡量企业所处行业的竞争程度，并依据其年度中位数将样本企业所处行业划分为高竞争性行业和低竞争性行业进行分组研究，回归结果如表4-8所示。回归结果显示，在高竞争性行业中，纵向一体化倒U形影响企业韧性；在低竞争性行业中，纵向一体化与企业韧性呈线性负相关。可能的原因在于，高竞争性行业企业主要采用价格竞争、差异化竞争的竞争策略，而前者的成功实施以稳定的原料供应为前提，后者则主要依赖于畅通的宣传和销售渠道。因此，高竞争性行业企业进行纵向一体化的动机更强，对自身韧性水平的提升效果也更加显著。低竞争性行业企业纵向一体化将显著降低自身韧性水平，可能是由于此类型企业往往具有寡头甚至垄断地位，外部交易成本低，进行纵向一体化不仅难以显著降低外部交易成本，反而会导致内部管控成本进一步升高,最终降低自身韧性水平。

表4-8　纵向一体化影响企业韧性的异质性检验结果:根据行业竞争性分组

变量	高竞争性行业		低竞争性行业	
	(1) Res	(2) Res	(3) Res	(4) Res
VI	6.2519*** (6.4466)	5.3562*** (7.1029)	3.0555** (2.4954)	-1.0863*** (-5.7771)
VI^2	-4.3937*** (-7.0727)	-4.3377*** (-8.5519)	-2.6861*** (-3.3003)	1.0782 (1.0047)
Size		0.1431*** (6.7620)		0.0663 (1.5757)
Cash		-0.1434 (-1.4418)		-0.2875 (-1.4915)
ROA		1.3120*** (12.2532)		1.9880*** (10.0741)
SH		0.9089*** (6.6303)		1.2259*** (4.6409)
Cc		0.2748*** (4.0353)		0.0648 (0.5195)
Ind		-0.2784* (-1.6668)		-0.8349*** (-2.8357)
MB		-0.0392*** (-13.3707)		-0.0142*** (-2.8555)
Beta		-0.2058*** (-14.1490)		-0.2946*** (-10.7784)
GDP		-0.4609** (-2.0667)		-0.1520 (-0.3888)
PPI		-0.0057** (-2.2628)		0.0032 (0.7767)

续表

变量	高竞争性行业		低竞争性行业	
	(1)	(2)	(3)	(4)
	Res	Res	Res	Res
Open		0.0733 (0.9495)		0.2494 (1.3682)
常数项	-1.1778*** (-3.1750)	3.2179 (1.3384)	0.3428 (0.7648)	1.6674 (0.4016)
时间固定效应	控制	控制	控制	控制
个体固定效应	控制	控制	控制	控制
Utest	0.7115***	0.6174***	0.5688*	0.3517
观测值	10356	10356	3911	3911
Adj R²	0.330	0.386	0.292	0.348

注：***、**、*分别表示在1%、5%、10%的水平下显著，括号内为t值。

4.4.1.3 基于企业国际化程度的异质性分析

采用海外收入占销售收入的比重衡量企业国际化程度，并依据其年度中位数将样本企业划分为高国际化企业和低国际化企业进行分组研究，回归结果如表4-9所示。回归结果显示，高国际化企业和低国际化企业纵向一体化均能够倒U形影响自身韧性水平，但不同组别内影响效果存在明显差异。具体地，在相同的纵向一体化水平下，低国际化企业的韧性取值更高；在相同的纵向一体化变动幅度下，低国际化企业的韧性变动幅度更大；高国际化企业倒U形曲线转折点处于纵向一体化的更高取值上。可能的原因在于：高国际化企业大量业务分布于海外，与低国际化企业相比，此类型企业韧性水平还将受到业务所在国家政策、文化、社会背景等因素的影响，国际环境和地缘政治关系对其韧性水平的影响也更加显著。由于影响因素更加多元化，纵向一体化对高国际化企业的韧性水平影响幅度相对较小。此外，由于高国际化企业业务相对复杂、脆弱，因此更需要通过纵向一体化稳定自身所处产业链供应链。因此，此类企业纵向一体化对韧性水平的提升效应更加显著，削弱效应较弱，因此均衡点取值更高。

表4-9 纵向一体化影响企业韧性的异质性检验结果：根据企业国际化程度分组

变量	高国际化程度		低国际化程度	
	(1)	(2)	(3)	(4)
	Res	Res	Res	Res
VI	1.8350 * (1.9077)	3.2584 *** (3.9886)	6.9290 *** (6.3475)	3.8767 *** (4.3448)
VI^2	-1.5102 ** (-2.3973)	-2.8387 *** (-5.0683)	-5.1065 *** (-7.2699)	-3.4744 *** (-5.8365)
Size		0.0257 (1.0382)		0.2109 *** (7.0350)
Cash		-0.3144 ** (-2.5500)		0.0187 (0.1517)
ROA		1.2160 *** (10.0594)		1.6118 *** (11.2053)
SH		1.0994 *** (6.6265)		0.7076 *** (3.9557)
Cc		0.1495 * (1.6524)		0.1569 ** (1.9743)
Ind		-0.3721 ** (-2.0187)		-0.5238 ** (-2.4171)
MB		-0.0401 *** (-10.6540)		-0.0243 *** (-7.2833)
Beta		-0.1884 *** (-11.6511)		-0.2655 *** (-13.5415)
GDP		0.1637 (0.5810)		-0.5095 ** (-1.9622)

续表

变量	高国际化程度		低国际化程度	
	(1)	(2)	(3)	(4)
	Res	Res	Res	Res
PPI		-0.0002 (-0.0514)		-0.0046 (-1.6318)
Open		0.1193 (1.3284)		0.1352 (1.2623)
常数项	0.3936 (1.0951)	-1.8604 (-0.6030)	-1.1262*** (-2.7132)	3.4668 (1.2686)
时间固定效应	控制	控制	控制	控制
个体固定效应	控制	控制	控制	控制
Utest	0.6075*	0.5739***	0.6784***	0.5579***
观测值	7373	7373	7008	7008
Adj R²	0.313	0.358	0.355	0.408

注：***、**、*分别表示在1%、5%、10%的水平下显著，括号内为t值。

4.4.1.4 基于产权性质的异质性分析

根据企业产权性质，将样本企业划分为国有企业和非国有企业进行分组研究，回归结果如表4-10所示。回归结果显示，国有企业和非国有企业纵向一体化均能够倒U形影响自身韧性水平，且该影响效果在非国有企业中更加明显。具体地，在相同的纵向一体化水平下，非国有企业的韧性取值更高；在相同的纵向一体化变动幅度下，非国有企业的韧性变动幅度更大；非国有企业倒U形曲线转折点处于纵向一体化的更高取值上。可能的原因在于，一方面，国有企业的高政治关联度、高政策倾斜和垄断地位导致其外部交易成本更低，受边际递减效应影响，纵向一体化降低外部交易成本的效果较弱，对企业韧性的增强作用更小；另一方面，相对较大的企业规模和更复杂的组织架构带来了更高的内部管控成本，而纵向一体化将进一步增加企业内部管控成本，导致国有企业组织架构越发复杂，进而降低其对外部环境变动的感知和反应速度，最终负向作用于企业韧性。

表4–10　纵向一体化影响企业韧性的异质性检验结果：根据产权性质分组

变量	国有企业 (1) Res	国有企业 (2) Res	非国有企业 (3) Res	非国有企业 (4) Res
VI	3.6855*** (3.8281)	2.3114*** (2.8888)	6.6143*** (6.1348)	5.9923*** (6.7980)
VI^2	−3.0821*** (−4.8737)	−2.4276*** (−4.4499)	−4.6168*** (−6.6577)	−4.6883*** (−7.9200)
$Size$		0.2747*** (9.5579)		0.0300 (1.2824)
$Cash$		0.0744 (0.5536)		−0.3233*** (−2.8800)
ROA		1.6204*** (9.6103)		1.4992*** (13.5940)
SH		0.7895*** (4.8301)		0.8432*** (4.9337)
Cc		0.0879 (1.0597)		0.2944*** (3.6599)
Ind		−0.2263 (−1.1677)		−0.6741*** (−3.2536)
MB		−0.0376*** (−9.5131)		−0.0272*** (−8.9905)
$Beta$		−0.2917*** (−15.0506)		−0.1725*** (−10.3573)
GDP		0.0437 (0.1708)		−0.7134*** (−2.6118)

续表

变量	国有企业		非国有企业	
	(1)	(2)	(3)	(4)
	Res	Res	Res	Res
PPI		−0.0029 (−1.0193)		−0.0023 (−0.7592)
Open		0.0911 (0.9311)		0.1433 (1.4848)
常数项	0.1113 (0.3098)	−3.0812 (−1.1329)	−1.3430*** (−3.2824)	6.9777** (2.3570)
时间固定效应	控制	控制	控制	控制
个体固定效应	控制	控制	控制	控制
Utest	0.5979**	0.4761*	0.7163***	0.6391***
观测值	6655	6655	7882	7882
Adj R²	0.361	0.426	0.264	0.313

注：***、**、*分别表示在1%、5%、10%的水平下显著，括号内为t值。

4.4.2 纵向一体化如何降低外部交易成本？

本章认为，从产业组织理论出发，纵向一体化降低企业外部交易成本的传导机制为"纵向一体化—企业市场势力—企业供需质量—企业外部交易成本"，即纵向一体化会保证企业对产业链上下游业务的控制权、增强企业市场势力，从而优化企业供需质量，并最终降低企业外部交易成本。基于产业组织理论，纵向一体化影响企业外部交易成本的核心机制在于保持关键战略领域控制权。因此，进一步考察纵向一体化是否通过增强企业市场势力作用于企业外部交易成本。

从产业组织理论看，纵向一体化影响企业外部交易成本的传导机制在于企业供需质量的提升，而企业供需质量是不同层次和维度因素综合作用的结果，难以通过单一指标进行衡量。理解其对企业外部交易成本作用效果的关键在于纵向一体化过程中各主体如何建立并维持关联效应。因此，参考已有研究的做法，从供需关系匹配和供需关系维持两个层面测度企业供需质量（陶锋等，2023），并分别检验其作用机制。

4.4.2.1 纵向一体化通过优化供需匹配来降低外部交易成本

随着经营环境不确定性的不断提升，企业与外部合作方，尤其是供应商和客户之间的交易成本不断提高，难以预期的经济政策和交易对手行为迫使企业不断提高对存货保有量的管理水平。一方面，过高的存货保有规模可能会增加仓储成本、转运成本和其他存货管理成本；另一方面，维持低存货保有量往往意味着企业难以合理应对因经营环境变化而导致的原材料供应量和产成品需求量骤变，由此带来的调整成本、讨价还价成本等将使企业承担的外部交易成本进一步增加。因此，保持合理稳定的存货水平、提升存货管理效率是企业降低外部交易成本的关键一环。

企业进行纵向一体化可以获取更充分更准确的上游供给信息和下游需求信息，从而缓解产业链供应链的信息不对称问题，由此产生的信息优势有利于降低自身出现资源浪费和供需失衡的可能性，进而降低企业外部交易成本。传统供应链模式下，企业基于市场行情预测安排自身生产计划、进而确定原材料需求量。信息不对称问题的存在往往迫使企业通过维持高原材料库存以应对原材料断供风险，通过维持高产量和高产成品库存以应对市场需求波动。此种情形下，供应链下游企业需求的微小波动，都将导致上游企业产量出现大幅度变动，此种供需关系引起的波动由供应链下游至上游逐级传导并不断放大，产生"长鞭效应"（Giri and Glock，2022），进而使企业出现产能闲置、存货积压等问题，最终显著增加企业外部交易成本。与上游企业相比，位于产业链供应链下游的客户企业与终端消费需求关系更紧密。企业通过前向一体化获取客户企业控制权，不仅能够获得相对稳定的销售渠道，更有助于企业克服信息失真问题，精准把握产业链终端消费者偏好，增强精准对接市场需求的能力。这有助于企业在不确定性冲击下做出更科学的采购、生产和销售决策，尽可能降低外部环境对自身业务稳定性的影响。进一步地，企业对下游需求识别和响应的准确性和时效性也将对上游供应商提出更高要求，倒逼供应商提升自身动态能力（杨金玉、彭秋萍和葛震霆，2022），而供应商动态能力的提升又将作用于企业自身，为企业快速响应经营环境变化提供有力支撑。据此，本章认为，企业纵向一体化在供需质量层面推动自身供需匹配优化，进而降低企业外部交易成本。

本章通过库存原材料调整幅度（Inventory1）和库存商品调整幅度（Inventory2）分别刻画样本企业与供应链上、下游企业之间供需关系匹配的优化程度。采用企业本期原材料库存与上期之差的绝对值取自然对数衡量原材料库存调整幅度，采用企业本期库存商品与上期之差的绝对值取自然对数衡量库存商品调整幅度。企业原材料库存变动幅度较小，表示企业仅需维持少量的原材料储备以满足自身生产需求；产成品库存变动幅度较小，表明下游企业需求规模与自身生产水平相匹配。计算公式如下：

$$Inventory1_{i,t} = \ln[Abs(Material_{i,t} - Material_{i,t-1})]$$

$$Inventory2_{i,t} = \ln[Abs(Commodity_{i,t} - Commodity_{i,t-1})]$$

其中，$Material_{i,t}$表示期末原材料净值，$Commodity_{i,t}$表示期末库存商品净值，$Abs(\cdot)$表示取变量的绝对值。Inventory1和Inventory2的值越小，说明企业库存调整幅度越小，供需匹配越好。

优化供需匹配的机制检验结果如表4-11所示，第（1）列和第（2）列报告了纵向一体化对企业原材料库存调整幅度的影响效果，VI的系数在1%水平上显著为负，表明纵向一体化与企业原材料库存调整幅度之间存在显著的线性负相关关系。第（3）列和第（4）列报告了纵向一体化对企业库存商品调整幅度的影响效果，VI的系数同样在1%水平上显著为负，表明纵向一体化与企业库存商品调整幅度之间存在显著的线性负相关关系。上述回归结果显示，纵向一体化在优化供需匹配层面能够提升企业供需质量，从而降低外部交易成本。

表4-11　　纵向一体化降低外部交易成本的作用机制：优化供需匹配

变量	(1) Inventory1	(2) Inventory1	(3) Inventory2	(4) Inventory2
VI	-5.8404*** (-15.6435)	-5.9836*** (-14.4205)	-3.3487*** (-9.8403)	-2.4765*** (-6.6317)
$Size$		0.5269*** (14.6346)		0.7645*** (23.5938)
$Cash$		0.1459 (0.3693)		-1.4574*** (-4.0990)
ROA		0.3325 (0.6059)		0.9059* (1.8341)
SH		-0.7264** (-2.5651)		0.2304 (0.9039)
Cc		-2.3538*** (-12.5102)		-0.1283 (-0.7577)
Ind		-3.6527*** (-6.0562)		-1.9214*** (-3.5397)
MB		-0.0745*** (-6.3980)		-0.0751*** (-7.1712)
$Beta$		0.2593*** (3.0417)		0.1867** (2.4340)
GDP		-0.0881 (-1.5121)		0.2145*** (4.0926)
PPI		0.0046 (0.3207)		0.0264** (2.0360)
$Open$		-0.6808*** (-4.6738)		-1.0169*** (-7.7570)
常数项	20.8550*** (61.4353)	16.8554*** (9.1698)	18.1402*** (58.6269)	3.3782** (2.0421)
时间固定效应	控制	控制	控制	控制

续表

变量	(1)	(2)	(3)	(4)
	*Inventory*1	*Inventory*1	*Inventory*2	*Inventory*2
个体固定效应	控制	控制	控制	控制
观测值	14537	14537	14537	14537
Adj R^2	0.208	0.248	0.324	0.372

注：***、**、*分别表示在1%、5%、10%的水平下显著，括号内为t值。

4.4.2.2 纵向一体化通过稳定供需关系来降低外部交易成本

持续、稳定的供需伙伴关系是企业应对外部风险冲击、降低外部交易成本的重要抓手。在面临外部环境变化时，互利共赢、协同共生的供需伙伴关系能够引导产业链供应链成员相互支持、共同进退，从而使企业获得更强的协同调度能力（Muhammad et al.，2023），最终降低外部交易成本。

企业纵向一体化通过获取上游供应商和下游客户的控制权建立稳定的供需关系，稳定的原材料供应和订单需求将为降低企业外部交易成本创造良好的条件。在交易过程中，企业将承担多方面成本，例如，企业在寻找上下游合作者时需要承担搜寻成本；在选定合作者后还需付出契约签订成本和后续监督成本；若契约未按规定履行，企业还将承担违约成本、协调成本和讨价还价等纠正成本与更换合作者的转换成本。在当前经营环境高度不确定性的背景下，经济人的自利性和投机倾向共同导致企业间交易行为不确定性大大加剧，或主动或被动的违约行为频率增加，进而显著增加企业面临的潜在纠正成本和转换成本。一方面，企业纵向一体化将同一链条上的多个经营环节置于同一所有权下，将企业间资源配置的决定因素由市场转换为企业内部权威关系，避免了因供应商与客户的机会主义倾向或欠缺履约能力而导致的企业供需关系波动（Helfat and Teece，1987）。另一方面，纵向一体化企业与其合作者并非独立的利益主体，这不仅能够降低契约签订成本，还有助于降低因契约不完全而产生的道德风险和监督成本（金友森和许和连，2023）。对于企业而言，稳定的供需关系能够降低合作者维护、转换等协调成本，这既有助于降低交易不确定性、提高企业经营效率，同时有助于缓解企业面临的"敲竹杠"问题（蒋殿春和鲁大宇，2022）。此外，纵向一体化有助于推动企业与供应商、客户之间从最大化短期利益的单向依赖关系向确保满足对方需求的相互依赖、关联互动的双向互助关系转变。此种关系转变将大大降低供应商断供风险和客户对企业的资金占用，由此带来的稳定原材料供应和持续现金流不仅有助于企业在不确定性冲击下稳定现有业务，而且有助于其迅速适应新形势、探索新的业务增长点，这些均能够为企业降低外部交易成本提供有力支撑。据此，本章认为，企业纵向一体化有助于在供需质量层面稳定自身供需关系，进而降低企业外部交易成本。

由于供应商—企业—客户关系稳定意味着企业与供应商和客户之间存在长期持续的供销关系，本章采用企业前五大供应商名单中非新出现的供应商数量占比（$Relation1$）衡量企业与供应链上游之间关系的稳定性；采用企业前五大客户名单中非新出现的客户数量占比（$Relation2$）衡量企业与供应链下游之间关系的稳定性。$Relation1$ 和 $Relation2$ 的值越大，说明企业与供应链上下游之间关系越稳定，供需关系更趋协同。

稳定供需关系的机制检验结果如表4-12所示，第（1）列和第（2）列检验了纵向一体化对企业供应链上游关系稳定性的影响，VI 的系数在1%水平上显著为正，表明纵向一体化能够提高企业供应链上游关系的稳定性。第（3）列和第（4）列检验了纵向一体化对企业供应链下游关系稳定性的影响，VI 的系数在10%水平上显著为正，表明纵向一体化能够提高企业供应链下游关系的稳定性。上述回归结果显示，纵向一体化在供需质量层面有利于稳定自身供需关系，从而降低企业外部交易成本。

表4-12　纵向一体化降低外部交易成本的作用机制：稳定供需关系

变量	(1)	(2)	(3)	(4)
	$Relation1$	$Relation1$	$Relation2$	$Relation2$
VI	0.4552*** (6.7196)	0.1589*** (3.1907)	0.3787*** (5.6184)	0.0867* (1.8876)

续表

变量	(1) Relation1	(2) Relation1	(3) Relation2	(4) Relation2
Size		0.0073 (1.1251)		-0.0007 (-0.1226)
Cash		-0.0339 (-0.7038)		0.0182 (0.4081)
ROA		-0.0568 (-1.0919)		-0.0526 (-1.0623)
SH		-0.1406*** (-2.9020)		-0.0868** (-2.0673)
Cc		-0.0112 (-0.3968)		-0.0941*** (-3.7800)
Ind		0.1704** (2.1221)		0.1560** (2.1108)
MB		0.0005 (0.4037)		-0.0012 (-0.9487)
Beta		0.0021 (0.2759)		0.0057 (0.7719)
GDP		0.0648*** (5.3130)		0.0558*** (5.6021)
PPI		-0.0036*** (-2.6265)		-0.0030** (-2.2382)
Open		0.0410 (1.4975)		0.0549** (2.3550)
常数项	-0.2258*** (-3.6664)	0.5010*** (10.7555)	-0.1240** (-2.0232)	0.5696*** (13.2623)
时间固定效应	控制	控制	控制	控制
个体固定效应	控制	控制	控制	控制
观测值	9814	9814	9814	9814
Adj R²	0.066	0.146	0.059	0.238

注：***、**、*分别表示在1%、5%、10%的水平下显著，括号内为t值。

4.4.3 如何降低纵向一体化对内部管控成本的不利影响？

厘清如何削弱纵向一体化对管控成本的负面影响，可为增强纵向一体化对企业韧性的正向作用提供理论依据和实践策略。为此，本章从内部控制质量、数字化转型、股权激励和高管团队稳定性等四个方面，构建如下调节效应模型，深入探究削弱纵向一体化对管控成本的负面影响的实现机制。

$$Gcost_{i,t} = \alpha_0 + \alpha_1 VI_{i,t} + \alpha_2 VI_{i,t} \times Moderator_{i,t} + \alpha_3 Controls_{i,t} + Year_t + Company_i + \varepsilon_{i,t}$$

其中，$Moderator_{i,t}$ 表示调节变量，其他变量与基准回归模型一致。

4.4.3.1 内部控制质量的调节效应

内部控制是企业内部的一项关键治理机制，良好的内部控制能够提高企业成本管控效率，促进企业纵向一体化战略的有效实现，更好地保障供应链安全，从而为企业持续健康发展提供合理保证。相较于内部控制质量较低的企业，内部控制质量较高的企业不仅可以降低随着纵向一体化扩张而产生的组织费用和机会成本，而且更有条件形成供应链目标成本传导和压力反馈机制，实现对纵向一体化后更多供应链环节的成本优化和集成管理。由此，本章预期，提高内部控制质量有助于削弱纵向一体化对管控成本的负面影响。为了验证上述推测，本章选取迪博内部控制指数/1000 作为企业内部控制质量的代理变量，回归结果如表4-13 第（2）列所示。其中，纵向一体化与内部控制质量的交互项系数在 1% 水平上显著为负，纵向一体化系数绝对值减小且符号和显著水平并未出现明显变化，说明高质量的内部控制水平削弱了纵向一体化对管控成本的负面影响，起到了明显的调节效应。

4.4.3.2 数字化转型的调节效应

较高水平的数字化转型有利于企业加强对自身组织架构和业务范围的掌

控能力，进而缓解纵向一体化导致的组织架构复杂化和业务范围多样化所引发的信息不对称和内部信息传导不畅问题，通过减轻代理问题和提高内部沟通效率，进而缓解管控成本增幅过大的现象。由此，本章预期，提高数字化转型程度有助于削弱纵向一体化对管控成本的负面影响。为了验证上述推测，本章选取企业年末无形资产明细项中与数字化转型有关的部分占无形资产总额的比例作为企业数字化转型水平的代理变量，回归结果如表4-13第（3）列所示。其中，纵向一体化与数字化转型的交互项系数在5%水平上显著为负，纵向一体化系数绝对值减小且符号和显著水平并未出现明显变化，说明数字化转型削弱了纵向一体化对管控成本的负面影响，起到了明显的调节效应。

表4-13　　缓解纵向一体化不利影响的调节机制：内部控制质量与数字化转型

变量	主效应 （1） *Gcost*	内部控制质量 （2） *Gcost*	数字化转型 （3） *Gcost*
VI	0.0204 *** (7.0568)	0.0173 *** (5.7420)	0.0198 *** (6.8205)
VI × Moderation		-0.0000 *** (-3.4845)	-0.0041 ** (-2.4550)
Size	0.2373 *** (12.5788)	0.2216 *** (12.6287)	0.2206 *** (12.6319)
Cash	-0.0242 (-0.2921)	-0.0251 (-0.3017)	-0.0261 (-0.3143)
ROA	0.5235 *** (11.9453)	0.5191 *** (11.8330)	0.5183 *** (11.8401)
SH	0.9714 *** (8.1895)	0.9866 *** (8.3229)	0.9854 *** (8.3171)
Cc	0.2104 *** (3.5726)	0.1996 *** (3.4001)	0.2001 *** (3.4071)

续表

变量	主效应 (1) Gcost	内部控制质量 (2) Gcost	数字化转型 (3) Gcost
Ind	-0.5069*** (-3.5249)	-0.5120*** (-3.5597)	-0.5123*** (-3.5613)
MB	-0.0005*** (-3.3418)	-0.0005*** (-3.3107)	-0.0005*** (-3.3183)
Beta	-0.2178*** (-17.7311)	-0.2169*** (-17.6091)	-0.2171*** (-17.6776)
GDP	-0.3127* (-1.6497)	-0.3036 (-1.6007)	-0.3056 (-1.6126)
PPI	-0.0026 (-1.2141)	-0.0026 (-1.2297)	-0.0026 (-1.2259)
Open	0.1226* (1.7559)	0.1232* (1.7643)	0.1231* (1.7639)
常数项	1.7778 (0.8794)	1.9492 (0.9637)	1.9858 (0.9830)
时间固定效应	控制	控制	控制
企业固定效应	控制	控制	控制
观测值	14537	14537	14537
Adj R²	0.848	0.848	0.848

注：***、**、*分别表示在1%、5%、10%的水平下显著，括号内为t值。

4.4.3.3 股权激励的调节效应

纵向一体化导致企业管理层次愈加复杂，管理难度也随之上升，高管机会主义倾向和掏空行为动机更加难以被及时识别。加强的高管激励机制可以将高管与所有者的利益进行捆绑，从而有效协同高管行为与企业纵向一体化发展战略目标，缓解高管机会主义行为，降低内部人掏空动机，进而降低管控成本。由此，本章预期，提高高管激励力度有助于削弱纵向一体化对管控成本的负面影响。为了验证上述推测，本章选取高管持股比例来衡量企业高管激励力度，回归结果如表4-14第（2）列所示。其中，纵向一体化与高管激励的交互项系数在1%水平上显著为负，纵向一体化系数绝对值减小且符号和显著水平并未出现明显变化，说明高管激励削弱了纵向一体化对管控成本的负面影响，起到了明显的调节效应。

表4-14　缓解纵向一体化不利影响的调节机制：股权激励与高管团队稳定性

变量	主效应 （1） Gcost	股权激励 （2） Gcost	高管团队稳定性 （3） Gcost
VI	0.0204 *** （7.0568）	0.0187 *** （6.4545）	0.0173 *** （5.6954）
VI × Moderation		-0.0327 *** （-6.1251）	-0.0206 *** （-3.3570）
Size	0.2373 *** （12.5788）	0.2211 *** （12.7016）	0.2200 *** （12.6615）
Cash	-0.0242 （-0.2921）	-0.0264 （-0.3178）	-0.0321 （-0.3868）
ROA	0.5235 *** （11.9453）	0.5186 *** （11.8425）	0.5220 *** （11.9275）
SH	0.9714 *** （8.1895）	0.9897 *** （8.2893）	1.0032 *** （8.4643）
Cc	0.2104 *** （3.5726）	0.1995 *** （3.3969）	0.1968 *** （3.3531）
Ind	-0.5069 *** （-3.5249）	-0.5121 *** （-3.5606）	-0.4069 *** （-2.7706）
MB	-0.0005 *** （-3.3418）	-0.0005 *** （-3.3173）	-0.0005 *** （-3.2370）

续表

变量	主效应 (1) *Gcost*	股权激励 (2) *Gcost*	高管团队稳定性 (3) *Gcost*
Beta	-0.2178*** (-17.7311)	-0.2171*** (-17.6704)	-0.2168*** (-17.6595)
GDP	-0.3127* (-1.6497)	-0.3055 (-1.6118)	-0.2927 (-1.5448)
PPI	-0.0026 (-1.2141)	-0.0026 (-1.2193)	-0.0027 (-1.2499)
Open	0.1226* (1.7559)	0.1237* (1.7715)	0.1231* (1.7650)
常数项	1.7778 (0.8794)	1.9732 (0.9767)	1.8132 (0.8978)
时间固定效应	控制	控制	控制
企业固定效应	控制	控制	控制
观测值	14537	14537	14537
Adj R²	0.848	0.848	0.848

注：***、**、*分别表示在1%、5%、10%的水平下显著，括号内为t值。

4.4.3.4 高管团队稳定性的调节效应

高管离职和新高管的加入往往伴随着企业内部各方面的改革，不仅容易打破以往高管团队成员间的工作默契，而且还可能影响企业战略实施的连续性。因此，提高高管团队稳定性有利于提高纵向一体化战略实施的延续性，从而缓解管控成本的提升。由此，本章预期，提升高管团队稳定性有助于削弱纵向一体化对管控成本的负面影响。为了验证上述推测，本章借鉴罗进辉等（罗进辉、刘海潮和巫奕龙，2023）的做法，从个体和时间维度综合测度企业高管团队稳定性程度，具体计算公式如下：

$$X_{j,t} = Position_{j,t} \times T_t \times Adj_t = \frac{m_{j,t}}{\sum_{j=1}^{n} m_{j,t}} \times \frac{z_t}{\sum_{t=1}^{k} z_t} \times \sqrt{\frac{1}{\sum_{j=1}^{n} Position_{j,t}^2}}$$

$$Stability_{i,t} = \sum X_{j,t}^2$$

其中，$X_{j,t}$ 为高管稳定性因子；$Position$ 为职位权重；T 为时间权重；Adj 为职位数调整项；m 代表高管影响力，考虑到不同职位的高管对企业的影响力存在差异，对董事长赋值为 2，其他职位赋值为 1；n 为高管团队人数；T_t 为时间赋值，考虑到多数企业高管任期为三年一届，故以三年为一个计算周期，按年份由远及近的顺序分别赋值为 1、2、3。在计算得到单个高管各年度稳定性因子后，分年度对过去三年公司高管团队的稳定性因子进行平方加总，得到高管团队稳定性因子 $Stability_{i,t}$。

回归结果如表 4-14 第（3）列所示。其中，纵向一体化与高管团队稳定性的交互项系数在 1% 水平上显著为负，纵向一体化系数绝对值减小且符号和显著水平并未出现明显变化，说明高管团队稳定性削弱了纵向一体化对管控成本的负面影响，起到了明显的调节效应。

4.5 本章小结

本章首先结合交易成本理论，通过构建经济学模型分析了纵向一体化对企业韧性的影响效果及外部交易成本与内部管控成本在该作用过程中的变动趋势，提出了纵向一体化增强企业韧性的理论框架。其次，构建了纵向一体化增强企业韧性的非线性回归模型，基于 2016~2022 年沪深 A 股非金融业上市公司数据，实证考察了纵向一体化对企业韧性的影响效应与外部交易成本和内部管控成本在企业纵向一体化水平提升过程中呈现的变动趋势与对企业韧性的作用效果。再次，采用包括工具变量两阶段最小二乘法、GMM 动态面板分析法在内的一系列方法排除了基准回归中潜在的互为因果、变量自相关、遗漏变量等内生性问题，采用更换解释变量、剔除直辖市样本、样本子区间估计等三种方法进行稳健性检验，采用 OLS 方法实证检验了行业技术特质、行业竞争性、企业国际化程度、企业产权性质等因素对纵向一体化影响企业韧性的异质性作用。最后，从企业供需质量和企业管理视角出发，进一步探讨了企业纵向一体化如何降低自身外部交易成本，以及如何缓解纵向一体化提高内部管控成本的不利影响两个深层次问题。

研究发现：纵向一体化与企业韧性间存在倒 U 形关系，即随着企业纵向一体化水平的提升，企业韧性呈现出先上升后下降的变动趋势。经过一系列内生性处理和稳健性检验后，该结论依然成立。一般而言，当纵向一体化水平低于 0.5696 时能够促进企业韧性提升，但当纵向一体化水平超过 0.5696 后，随着纵向一体化水平的继续提升，企业韧性降低。作用机制分析结果表明，纵向一体化能够从企业内外部成本结构层面，通过降低外部交易成本、提高内部管控成本影响企业韧性；当纵向一体化水平小于临界值（0.5696）时，降低外部交易成本的正向效应大于提高内部管控成本的负向效应，纵向一体化总体增强了企业韧性；纵向一体化水平大于临界值时，降低外部交易成本的正向效应小于提高内部管控成本的负向效应，纵向一体化总体削弱了企业韧性。纵向一体化对企业韧性的影响效果根据企业所在行业和自身特征的不同存在异质性，即当企业处于高技术行业、高竞争性行业，或企业属于高国际化企业、非国有企业时，纵向一体化对企业韧性的倒 U 形影响效果更加显著。进一步分析表明，纵向一体化通过优化供需匹配、稳定供需关系降低企业外部交易成本，企业可通过提高内部控制质量、股权激励力度、数字化转型水平和高管团队稳定性等方式缓解纵向一体化提高企业内部管控成本的负向效应。

同已有研究相比，本章的边际贡献主要在于：首先，立足经营环境不确定性显著上升的时代背景，考察纵向一体化对企业韧性的影响效果，验证了分工模式选择在提升企业危机应对能力、确保企业持续稳定经营过程中的重要作用，丰富和拓展了纵向一体化的微观经济后果的研究框架。其次，结合交易成本理论，解析纵向一体化通过调整企业内外部成本结构影响企业韧性的传导路径，既为深入理解企业纵向一体化和增强企业韧性提供了新视角、新思路，同时也为纵向一体化的交易成本理论提供了实证依据。再其次，从行业技术特质、行业竞争性、企业国际化程度、产权性质等方面，考察纵向一体化对企业韧性影响的异质性效应，为全面理解企业纵向一体化战略效果、完善相关政策以提升产业链供应链韧性、稳定国内大循环具有重要的政策价值。最后，深入探索了纵向一体化如何降低企业外部交易成本、企业如何缓解纵向一体化提高企业内部管控成本的负面影响，为进一步增强纵向一体化对企业韧性的积极作用具有较强的实践价值。

第 5 章

供应链金融对企业韧性的影响及作用机制

近年来,随着金融科技水平的日益提升,我国供应链金融服务规模不断扩大。截至 2022 年,我国供应链金融行业余额规模达 36.9 万亿元,供应链金融已成为我国融资结构改革、服务中小企业的重要抓手。2020 年,八部委联合印发的《关于规范发展供应链金融 支持供应链产业链稳定循环和优化升级的意见》,明确了供应链金融"坚持提高产业链供应链运行效率,降低企业成本,服务于产业链供应链完整稳定,支持产业链优化升级和国家战略布局"的目标和作用。由此可见,得益于其供应链治理作用,供应链金融已经成为影响企业经营环境的重要因素,企业参与供应链金融活动可能对其韧性的形成与增强产生重要影响,且供应链金融对企业所在供应链的治理功能在其中具有潜在的传导作用。然而,现阶段鲜有学者深入探究供应链金融与企业韧性之间的关系,供应链金融通过发挥治理作用改善企业经营环境,最终增强企业韧性的传导路径也未经有效的理论推导和实证检验。鉴于此,本章以 2013~2022 年沪深 A 股非金融业上市公司为研究样本,从供应链可持续性视角出发,深入探讨供应链金融对企业韧性的影响效应及其作用机制。

5.1 理论假设

5.1.1 供应链金融与企业韧性

危机事件可大致分为"事前—事中—事后"三个阶段，不同阶段内企业韧性的积极作用也不尽相同，涵盖了企业在危机来临前的环境分析和风险预测（Yuan et al., 2022）、危机事件中的积极响应和快速调整（Nyaupane et al., 2020）以及危机过后的评估总结与整合改进（Mithani, Gopalakrishnan and Santoro, 2021）。企业在风险应对的"事前—事中—事后"三个阶段分别需要具备规划与准备能力、响应与调整能力和适应与发展能力，而供应链金融通过其对资金融通和关系构建的积极作用，有助于企业提升上述能力，进而增强企业韧性。

5.1.1.1 资金融通视角

供应链金融为企业增加资金储备、拓宽融资渠道提供了可靠的解决方案，而企业韧性的形成与增强离不开充足且灵活的资金资源的支持（张吉昌、龙静和王泽民，2022）。事前阶段，充足的资金资源能够为企业分析外部环境、预测风险因素提供资源支持。内外部环境的迅速变化加快了企业面临风险的迭代速度，这一现状要求企业不断提升识别与收集碎片化外部信息的能力。大量研究表明，数字化转型是当前企业提升信息处理能力的关键要素，但其较高的前期投入已成为阻碍企业实现数字化转型的重要障碍因素。丰富的资金资源能够支撑企业通过先进的数字化手段分析市场环境并提前识别风险要素，进而提升其韧性水平（郭彤梅等，2024）。此外，企业还可保留部分资金资源作为冗余资源，以应对可能发生的资金中断（Bergami et al., 2022）。事中阶段强调对突发事件的快速反应，既要求企业能够根据外界环境变化迅速调整资源配置方式，也对企业及时从外部获取资源的能力提出了较高要求。一方面，现金、货币资产等资金资源具有低资产专用性、高流动性的特点，能够被企业灵活调用以匹配外界环境变化；另一方面，稳定的融资渠道也有助于降低企业在危机情境下的资金链断裂风险。由此，企业可利用资金资源的灵活性，增强自身响应与调整能力，以应对外界的不确定性和融资约束问题（Hillmann and Guenther，2021）。风险事件结束后，企业经营的重点转变为通过学习新技能与周围环境取得更紧密的联系和更频繁的互动，逐渐恢复至稳定状态并实现进一步发展（Rodríguez-Sánchez et al.，2021）。在这一阶段，充足的资金资源有助于支持企业加强内部交流与学习，从而提升知识整合能力，拓宽价值创造的路径（焦豪、杨季枫和金宇珂，2022）。此外，资金资源作为企业试错和创新的缓冲资源，能够提高企业的风险承担能力，鼓励企业开展前瞻性项目的尝试，进而创造新的商业机会（刘一鸣、曹廷求和刘家昊，2025）。

5.1.1.2 关系构建视角

随着供应链金融的不断发展，在解决资金短缺问题之外，其通过构建链上关系来优化和发展供应链的能动作用也在日益凸显。事前阶段，企业需要通过积极监控行业环境、密切关注客户需求等方式，不断收集经营环境中与风险和危机相关的细节信息（Prayag et al.，2018）。供应链金融能够提升供应链透明度，进而降低链上企业的信息不对称问题。由此，企业参与供应链金融活动有助于实现对行业环境和客户需求的动态追踪，通过及时定位风险因素增强自身韧性水平。当危机发生时，企业应最大限度地激活外部关系，以减轻外部冲击的影响并适应现有威胁。在纵向关系层面，修复被破坏的供需关系并进一步扩展供应渠道、挖掘新客户（单宇等，2021）；横向关系层面，密切的合作关系有利于合作伙伴间实现风险共担，有利于企业在危机中获得缓冲并吸收冲击（Moura and Tomei，2021）。供应链金融能够促进供应链上企业之间形成共生共存的依存关系（刘德红和田原，2020），推动链上企业实现产业共生和资源共享，从而分散并合理应对风险。危机过后的信息交流与持续沟通对企业恢复稳定状态至关重要，供应链金融通过建立、巩固与完善企业间合作网络，克服企业危机后的脆弱性，并在外部交流中寻求更有效地合作（Mithani, Gopalakrishnan and Santoro, 2021）。

综上所述，供应链金融在增加资金储备、拓宽融资渠道、构建链上关系等方面的积极作用，在企业风险应对的全流程中均能够发挥正面效应，在"事前—事中—事后"三个阶段通过提供资金支持和缓解信息不对称分别增强了企业的规划与准备能力、响应与调整能力和适应与发展能力，从而增强企业韧性水平。据此，提出假设：

H1：供应链金融能够增强企业韧性。

5.1.2 供应链金融影响企业韧性的作用机制

供应链可持续将供应链与可持续发展理论相融合，广泛考虑全部利益相关者的诉求，通过对物流、信息流、资金流的管理以及链上成员的协作，最终实现经济、环境与社会三者的协调发展（Seuring and Müller, 2008）。随着供应链可持续性的不断提升，所在供应链与链上利益相关者在企业经营中的作用将不再局限于满足简单的供需关系，其在情景层面为企业韧性的形成与增强提供强有力外部支持的关键作用将不断凸显。劳特等（Raut et al., 2021）从精益（lean）、敏捷（agile）、弹性（resilience）和绿色（green）四个角度出发，构建了评价供应链可持续发展的基准框架（LARG 框架）。有鉴于此，本章认为供应链金融主要通过推动精益管理、增强敏捷响应和促进弹性提升三条路径来提高企业供应链可持续性，进而增强企业韧性水平。

5.1.2.1 推动精益管理

精益供应链实践将"以最小的成本获取最大的收益"作为核心思想，体现了企业提高效率、降低成本和减少浪费的追求。从资金融通角度来看，供应链金融扩展了企业的融资渠道，有利于降低企业内部沉淀性冗余资源占比，通过减少沉没成本、降低资金链断裂等经营风险增强企业韧性（田博文、李灿和吕晓月，2022）。同时，资金资源具有高流动性和低资产专用性的特征，资金资源保有量的提升有助于降低企业在危机情境下的外部资金需求和内部转换成本，进而增强企业的危机响应能力。从关系构建视角看，密切的供应链上下游合作关系有助于企业在经营实践中贯彻即时生产（JIT）思想。在传统供应链模式下，企业基于市场需求预测制订生产计划，迫于供应链上下游之间存在的信息不对称问题，往往难以及时响应市场需求变化，需要维持较高水平的原材料和产成品库存，以应对原材料断供风险和客户需求增长。这一做法降低了企业面临的市场风险，但同时带来了更高的仓储成本和潜在的存货贬值问题。依托供应链金融带来的密切合作关系，企业能够在需求识别速度、需求响应效果和产品供销渠道等方面，对上游供应商和下游经销商提出更高要求。通过保持生产过程中物质流和信息流的同步，最大限度地消除库存、优化生产物流，从而在增强原材料可获得性的同时降低原材料和存货保有量，最终降低仓储成本、原料断供风险和存货贬值风险。得益于此，企业在危机情境中的积极响应和快速调整能力也随之增强，由此增强企业韧性。据此，提出假设：

H2a：供应链金融在推动精益管理层面提高供应链可持续性，进而增强企业韧性。

5.1.2.2 增强敏捷响应

敏捷供应链实践指企业维持对环境变化的敏感性，并在面对风险冲击时做出实时应对。当危机发生时，企业应当对自身战略、资源和制度做出及时调整与转型（Huang and Farboudi Jahromi，2021）。态势感知是企业抵消不利影响与化解危机的第一步，有助于企业迅速处理并响应环境中的危机信号（Martinelli，Tagliazucchi and Marchi，2018）。供应链合作方是企业重要的外部信息来源，供应链金融通过构建供应链合作关系拓展了供应链上信息溢出渠道，提高了企业信息获取的便利性和敏捷性。而信息获取能力的提升一方面降低了企业在危机情境下的信息搜寻成本，另一方面也为企业及时作出风险响应创造了良好的外部条件，有利于企业全面理解当前面临的不利处境、及时感知已存在的问题与威胁,从而进一步寻求替代方案并作出正确决策,最终增强企业韧性。在充分感知外部态势的基础上,战略和资源的调整与转型是企业应对危机的重要一环(刘春红、郄可心和陈李红,2023),由此可见,灵活调整、配置自身资源以充分适应外部环境变化的能力是企业增强自身韧性的关键支撑。供应链金融在资金融通层面的积极作用有助于企业增加资金资源储备,从而降低专用性资产占比,为企业带来了更大的战略和资源调整空间,增强了企业根据市场需求变化持续优化生产资源配置的能力,为企业及时作出风险响应提供了有力的内部支撑,提升了企业充分适应外部环境变化的能力,由此增强企业韧性。据此,提出假设:

H2b:供应链金融在增强敏捷响应层面提高供应链可持续性,进而增强企业韧性。

5.1.2.3 促进弹性提升

弹性供应链实践一般被定义为供应链在受到干扰后恢复至原始状态或达到更理想状态,其基础是产业链各环节的适配性以及供应链流通的灵活性和可控性(洪银兴和王坤沂,2024)。供应链金融以企业商业信用为中心,将核心企业与供应商、客户、债权人等利益相关者构成一个整体,加强了企业与企业、企业与金融机构间的交流沟通,使供应链各方形成利益共同体、责任共同体和命运共同体。由此,供应链上各方通过供应链金融的联结实现了风险共担,风险的作用对象由单个企业转变为供应链,对链上企业产生了分散风险的积极作用。风险共担关系使得链上各方分享风险信号的动机更强,有助于企业在事前及时识别风险因素;各方利益的密切联结能够减少关系维护成本和转换协调成本,将合作目标由短期利益最大化转变为维持长期稳定的合作关系,从而降低危机期间合作方的"敲竹杠"倾向与机会主义行为;外部学习是企业在事后阶段实现恢复与发展的重要抓手(刘春红、郄可心和陈李红,2023),供应链上各方的持续互动、风险共担与价值共创增强了上下游企业间分享互补性知识的意愿,使得链上企业开展外部学习成为可能,并利用互补性知识增强自身韧性水平。另外，链上信息不对称导致供应链纵向关系存在"长鞭效应"，即外部环境变化引起的供需偏离度会在供应链上逐级放大，最终引发供应链的整体震荡（陶锋等，2023）。供应链金融在关系构建层面的积极作用有助于上游供应商与下游客户企业积极开展信息沟通，从而缓解链上信息不对称问题、增强供应链各环节供需匹配能力，并最终提升链上企业风险应对能力，由此增强企业韧性。据此，提出假设：

H2c：供应链金融在促进弹性提升层面提高供应链可持续性，进而增强企业韧性。

5.2 研究设计

5.2.1 样本选取与数据来源

本章选取 2013~2022 年我国 A 股上市公司作为观测对象，并对其进行以下处理：剔除 ST、ST* 和 PT 的样本；剔除金融行业样本；剔除数据缺失的样本。最终得到 4580 家上市公司共计 31793 条观测值。其中，供应链金融文本数据取自样本企业各年度财务报告，企业财务数据取自 Choice 数据库和国泰安数据库，地区层面数据由各省统计年鉴整理得到。为缓解异常值影响，对连续变量进行上下 1% 的缩尾处理。

5.2.2 变量定义与说明

5.2.2.1 被解释变量：企业韧性（Res）

既有文献主要采取以下三类方法测度企业韧性：第一，通过企业在特定危机事件影响下的股价下跌幅度、持续时间以及事件过后股价恢复速度衡量企业韧性，反映了企业韧性在"事中"和"事后"阶段的作用效果；第二，从资本市场角度出发，将股价波动幅度作为企业韧性的代理变量，突破了前一种方法仅能在特定情境下考察企业韧性的局限性，采用市场指标更直观地反映了外部冲击对企业的影响程度和企业的恢复速度；第三，将营业收入增长率等财务指标作为企业韧性的代理变量，突出反映企业逆势上扬、实现进一步增长的能力。

结合上文对企业韧性的概念界定，本章认为：一方面，企业韧性的形成与增强表现为"事前—事中—事后—循环"的动态循环机制，将企业韧性的探讨局限于企业在特定危机事件"事中"阶段的应对效果和"事后"阶段的恢复速度，难以全面体现企业韧性变化的动态过程。另一方面，企业韧性的强弱不仅取决于企业能否在外部冲击下迅速恢复稳定状态，还需考虑企业能否在危机情境中识别新机遇、重塑自身核心竞争优势，从而实现进一步增长。因此，在企业韧性的测度过程中有必要综合考虑市场指标和财务指标。基于以上考虑，将企业韧性划分为"波动性"和"增长性"两个维度，分别采用企业一年内股票月度平均价格的标准差和三年内营业收入累计增长率衡量，并通过熵值法对二者进行客观赋权，综合计算得到样本企业的韧性水平。

5.2.2.2 解释变量：供应链金融（SCF）

当前学术界对供应链金融的测度方式主要分为财务指标代理变量、文本分析虚拟变量和词频统计连续变量三类。首先，由于企业的短期债务来源多样，因此选取如短期借款、应付票据等财务指标作为供应链金融的代理变量的做法将不可避免地包含非供应链金融成分。其次，通过文本分析法识别企业是否参与供应链金融，并基于识别结果构建虚拟变量的做法规避了财务指标法的高估问题，但虚拟变量信息量较小，难以准确反映企业的供应链金融涉入程度。最后，通过关键词词频统计结果构建供应链金融连续变量的做法，在虚拟变量的基础上进一步克服了信息量不足问题。尽管由于企业财报编制存在较高的主观性，致使词频统计结果难以完全反映企业供应链金融涉入程度，但通过剔除信息披露质量较差的样本企业，能够在一定程度上减轻该问题对测量结果的影响。因此，本章借鉴赵丹妮、张亚豪和唐松（2024）的做法，首先根据供应链金融产品特征构建关键词词典，其次利用Python文本分析法统计样本企业各年度财务报表"管理层讨论与分析"部分供应链金融关键词词频，最终以词频数据加1取自然对数衡量企业供应链金融涉入程度。此外，通过剔除存在信息披露违规、被出具非无保留意见审计报告、内部控制质量较低、不同年度财报文本相似度高的企业样本，缓解供应链金融变量的测量偏误问题。

5.2.2.3 控制变量

借鉴已有研究（范合君和潘宁宁，2024），选取企业特征（企业组织形式、企业年龄）、财务状况（资产负债率、总资产收益率、现金持有水平、无形资产占比）、内部治理（股权集中度、客户集中度、董事会独立性）层面控制变量。为进一步控制外部环境因素，进一步控制了宏观经济层面的企业所在省份GDP总量、PPI、对外开放水平三个变量。最终得到四个维度共12个控制变量，各变量的含义与描述性统计结果如表5-1所示。

表5-1　　　　　　　　变量含义与描述性统计

变量	含义	均值	标准差	最小值	最大值
Res	企业韧性	0.742	0.666	-0.148	4.163
SCF	关键词词频+1取自然对数	0.198	0.471	0.000	4.585
SOE	企业组织形式	0.367	0.482	0.000	1.000
Age	企业成立时间	2.935	0.321	0.693	4.205
Lev	资产负债率	0.433	1.025	0.000	178.346
ROA	总资产收益率	0.055	0.126	-8.888	12.064
$Cash$	现金和现金等价物/总资产	0.161	0.126	0.000	0.993
Int	无形资产/总资产	0.046	0.061	0.000	0.938
$Share$	第一大股东持股比例	0.336	0.149	0.000	0.900
$Customer$	前五大客户营收占比	0.308	0.235	-1.446	1.579

续表

变量	含义	均值	标准差	最小值	最大值
Independent	独立董事人数/董事会人数	0.378	0.064	0.000	1.000
GDP	所在省份 GDP 总量	10.674	0.751	6.719	11.769
PPI	所在省份 PPI	4.616	0.043	4.412	4.869
Open	所在省份对外开放水平	0.483	0.338	0.008	1.728

5.2.3 基准回归模型设计

为检验供应链金融对企业韧性的增强效应，本章构建如下双重固定效应模型：

$$Res_{i,t} = \alpha_0 + \alpha_1 SCF_{i,t} + \alpha_2 Controls_{i,t} + Year_t + Industry_j + \varepsilon_{i,t}$$

其中，因变量 $Res_{i,t}$ 表示企业 i 在 t 年的企业韧性；自变量 $SCF_{i,t}$ 为企业 i 在 t 年的供应链金融参与程度。$Controls_{i,t}$ 为控制变量集，$Year_t$ 与 $Industry_j$ 分别表示时间和行业固定效应，$\varepsilon_{i,t}$ 为随机误差项。

5.3 实证结果及分析

5.3.1 基准回归

基准回归结果如表 5-2 所示。其中，第（1）列仅加入核心解释变量，第（2）列~第（5）列逐步加入企业特征、财务状况、内部治理和宏观经济层面的控制变量。结果显示，SCF 的回归系数均在 1% 水平上显著。从第（5）列回归结果的经济意义角度来看，SCF 每上升一个单位，Res 将增加 2.39%。这表明供应链金融对企业韧性具有显著的增强作用，假设 H1 得到验证。

表5-2　　　　　　　供应链金融影响企业韧性的基准回归结果

变量	(1) Res	(2) Res	(3) Res	(4) Res	(5) Res
SCF	0.0309*** (4.0367)	0.0342*** (4.6584)	0.0268*** (3.7050)	0.0244*** (3.3647)	0.0239*** (3.2989)
SOE		0.2483*** (32.7779)	0.2327*** (31.1073)	0.2380*** (31.1188)	0.2379*** (31.1326)
Age		0.2825*** (24.4806)	0.2401*** (20.9971)	0.2261*** (19.5255)	0.2248*** (19.4239)
Lev			0.0209*** (5.7139)	0.0213*** (5.8394)	0.0213*** (5.8367)
ROA			-0.1025*** (-3.4241)	-0.0911*** (-3.0296)	-0.0925*** (-3.0773)
Cash			-0.8037*** (-29.0675)	-0.7953*** (-28.7862)	-0.7990*** (-28.9325)
Int			0.2394*** (4.2693)	0.2391*** (4.2671)	0.2402*** (4.2903)
Share				-0.1065*** (-4.5612)	-0.1067*** (-4.5726)
Customer				-0.1019*** (-6.9968)	-0.1009*** (-6.9315)
Independent				0.2763*** (5.2315)	0.2781*** (5.2696)
GDP					-0.9397*** (-5.3095)
PPI					0.2294 (1.5167)
Open					0.0990*** (2.7986)

续表

变量	(1) Res	(2) Res	(3) Res	(4) Res	(5) Res
常数项	0.7359 *** (191.1308)	0.0778 ** (2.2488)	0.1679 *** (4.7530)	0.1679 *** (3.9057)	0.7472 *** (3.5377 ***)
时间固定效应	控制	控制	控制	控制	控制
行业固定效应	控制	控制	控制	控制	控制
观测值	31793	31793	31793	31793	31793
Adj R²	0.075	0.147	0.174	0.176	0.177

注：***、**、*分别表示在1%、5%、10%的水平下显著，括号内为t值。

5.3.2 内生性处理

结合本章理论分析与现实情况，供应链金融与企业韧性之间的正相关关系可能存在如下内生性问题：

（1）企业韧性水平是企业应对风险、实现持续稳定经营能力的重要衡量标准，韧性水平较高的企业为降低自身受外生风险的影响程度，其参与供应链金融活动的倾向性可能更强，从而产生互为因果问题。为此，一方面，选取滞后一期的样本企业所在省份各年度颁布的供应链金融支持政策数量的自然对数构建工具变量模型（凌润泽等，2023），回归结果如表5-3第（1）列和第（2）列所示；另一方面，构建企业是否参与供应链金融活动的哑变量（企业年报首次出现供应链金融相关内容当年及以后年份取1，以前年份取0），并以此为核心解释变量构建多时点DID模型，以进一步缓解互为因果问题，回归结果如表5-3第（3）列和第（4）列所示。由表5-3可知，SCF的回归系数均显著为正，与基准回归结果基本一致。

表 5-3　　供应链金融影响企业韧性的内生性处理结果：互为因果问题

变量	(1) SCF	(2) Res	(3) Res	(4) Res
IV	0.0492*** (11.7079)			
SCF		1.6161*** (8.7638)	0.0720*** (9.1361)	0.0427*** (5.7082)
SOE	-0.0299*** (-5.2320)	0.3004*** (21.7122)		0.2506*** (32.7402)
Age	0.0090 (1.0716)	0.2512*** (14.1877)		0.2417*** (20.8739)
Lev	0.0077 (1.1350)	0.0085 (1.1472)		0.0207*** (5.6349)
ROA	0.0295 (1.0144)	-0.1799* (-1.7110)		-0.1126*** (-3.7274)
Cash	-0.1193*** (-5.9665)	-0.5607*** (-12.0064)		-0.7840*** (-28.1905)
Int	-0.1969*** (-5.1284)	0.6150*** (6.3104)		0.2931*** (5.2124)
Share	0.0198 (1.0325)	-0.1330*** (-3.3987)		-0.1118*** (-4.7637)
Customer	-0.0623*** (-5.8600)	0.0302 (1.1853)		-0.1024*** (-6.9819)
Independent	0.1639*** (3.6298)	0.0280 (0.2930)		0.2576*** (4.8518)
GDP	0.0024 (0.4810)	-0.0972*** (-8.5552)		-0.4026*** (-4.2997)
PPI	0.3548*** (5.9858)	0.2143 (1.2669)		0.3116** (2.0607)

续表

变量	(1) SCF	(2) Res	(3) Res	(4) Res
Open	0.1070*** (12.1401)	-0.1390*** (-6.3539)		0.1054*** (3.0038)
常数项	-1.7062*** (-6.1022)	-0.2106 (-0.2552)	2.7771*** (5.8872)	2.8176** (2.2658)
时间固定效应	控制	控制	控制	控制
行业固定效应	控制	控制	控制	控制
一阶段F值	136.97			
识别不足检验	136.23***			
弱工具变量检验	123.16			
观测值	31793	31793	31793	31793
Adj R^2	0.020	0.002	0.077	0.178

注：***、**、*分别表示在1%、5%、10%的水平下显著，括号内为t值。

（2）本章采用文本分析法，基于企业年报MD&A部分供应链金融相关表述来测度企业供应链金融涉入程度。由于企业年报编制存在极强的主观性，因此对企业供应链金融涉入程度的测度结果可能存在偏误。为此，采用以下方法缓解该问题：第一，剔除观测期内存在信息披露违规行为的样本企业，回归结果见表5-4第（1）列；第二，剔除观测期内未被审计师出具标准无保留意见的样本企业，回归结果见表5-4第（2）列；第三，采用迪博内部控制指数衡量样本企业内部控制质量，并剔除各年度内控质量后20%的观测，回归结果见表5-4第（3）列；第四，采用当期MD&A与上一期MD&A文本的相似度衡量企业信息披露质量（宋昕倍等，2024），并剔除文本相似度大于97的观测，回归结果见表5-4第（4）列。由表5-4可知，考虑测量偏误后的回归结果与基准回归结果基本一致。

表5-4　供应链金融影响企业韧性的内生性处理结果：测量偏误问题

变量	(1) Res	(2) Res	(3) Res	(4) Res
SCF	0.0247*** (2.8752)	0.0126* (1.7425)	0.0129* (1.6948)	0.0274*** (3.2281)
SOE	0.2745*** (30.4549)	0.1999*** (25.2725)	0.2066*** (24.5427)	0.2470*** (28.1755)
Age	0.1991*** (15.0900)	0.2096*** (18.1360)	0.1937*** (15.6875)	0.2513*** (18.8156)
Lev	0.0156*** (4.2242)	0.4828*** (26.3821)	0.4549*** (23.2628)	0.0181*** (4.7762)
ROA	-0.1181*** (-3.5096)	-0.2614*** (-5.8220)	-0.3808*** (-7.7443)	-0.0879*** (-2.7150)
Cash	-0.7696*** (-24.5015)	-0.5135*** (-17.4398)	-0.5366*** (-16.8005)	-0.7986*** (-24.7856)
Int	0.5003*** (7.6167)	0.4054*** (7.1977)	0.4719*** (7.8975)	0.2767*** (4.3365)
Share	-0.0583** (-2.1552)	-0.0839*** (-3.5831)	-0.0609** (-2.4440)	-0.1177*** (-4.3452)
Customer	-0.1107*** (-6.5251)	-0.0743*** (-5.0266)	-0.0920*** (-5.7988)	-0.0946*** (-5.6478)
Independent	0.3067*** (5.0218)	0.1933*** (3.6571)	0.2014*** (3.6026)	0.2412*** (3.8796)
GDP	-0.4015*** (-3.5760)	-0.4509*** (-4.8066)	-0.4664*** (-4.6543)	-0.4681*** (-4.4443)
PPI	0.5091*** (2.8425)	0.2892* (1.8982)	0.2448 (1.4735)	0.2909* (1.7726)
Open	0.0381 (0.9445)	0.1108*** (3.1916)	0.0940*** (2.6052)	0.1262*** (2.8236)

续表

变量	(1) Res	(2) Res	(3) Res	(4) Res
常数项	2.0074 (1.3475)	3.3259 *** (2.6621)	3.7696 *** (2.7973)	3.5769 *** (2.5948)
时间固定效应	控制	控制	控制	控制
行业固定效应	控制	控制	控制	控制
观测值	22071	30801	26983	24480
Adj R^2	0.184	0.198	0.191	0.185

注：***、**、*分别表示在1%、5%、10%的水平下显著，括号内为 t 值。

（3）本章的因变量与自变量均可能存在自相关问题。一方面，企业韧性的形成和增强是一个长期且渐进的过程，企业当期的韧性水平极有可能受到往期的影响；另一方面，受供应链金融的积极作用和沉没成本等因素的影响，往年已参与供应链金融活动的企业在未来年度参与供应链金融活动的程度可能更高。为解决该问题，在回归模型中分别加入滞后一期的因变量和自变量并重新估计，结果如表5-5所示。由回归结果可知，在考虑变量自相关问题后，本章基准回归结果依然可靠。

表5-5　　供应链金融影响企业韧性的内生性处理结果：变量自相关问题

变量	(1) Res	(2) Res
L. Res	0.5417 *** (104.8946)	
L. SCF		0.0152 * (1.7081)
SCF	0.0175 *** (2.6845)	0.0148 * (1.6899)

续表

变量	(1) Res	(2) Res
SOE	0.1134*** (15.9449)	0.2419*** (29.1562)
Age	0.1000*** (8.7201)	0.2455*** (18.2149)
Lev	0.0173*** (5.4781)	0.0188*** (5.0149)
ROA	-0.0147 (-0.5496)	-0.0768** (-2.4227)
Cash	-0.3405*** (-12.3146)	-0.7812*** (-24.1194)
Int	0.1713*** (3.3567)	0.2972*** (4.9180)
Share	-0.0414* (-1.8933)	-0.0821*** (-3.1724)
Customer	-0.0283** (-2.0692)	-0.0968*** (-5.9815)
Independent	0.0786 (1.6164)	0.2351*** (4.0849)
GDP	-0.4001*** (-4.1814)	-0.4989*** (-4.4026)
PPI	-0.2698** (-1.9953)	0.1892 (1.1814)
Open	0.0732** (2.1026)	0.1353*** (3.2830)
常数项	5.5347*** (4.5911)	4.3995*** (3.0811)
时间固定效应	控制	控制

续表

变量	(1) Res	(2) Res
行业固定效应	控制	控制
观测值	27057	27057
Adj R²	0.402	0.166

注：***、**、*分别表示在1%、5%、10%的水平下显著，括号内为t值。

（4）本章的基准回归模型可能存在遗漏变量问题。现有研究结果表明，企业韧性的影响因素众多，因此可能遗漏部分难以观测的变量，为解决此问题，采用欧斯特边界检验对潜在的遗漏变量进行检验。该方法拥有两种检验标准：标准一，将遗漏变量与被解释变量相关性同可观测变量与被解释变量相关性之比 δ 设定为1，计算得到纳入遗漏变量后的模型拟合优度 R_{MAX}，基于 δ 和 R_{MAX} 模拟得到解释变量的回归系数 β，若 β 处于基准回归结果中解释变量的95%置信区间内，则表明遗漏变量问题对回归结果的影响较小。标准二，将 β 赋值为1，基于 β 和 R_{MAX} 模拟得到 δ，若 $\delta>1$，表明遗漏变量问题对回归结果的影响较小。检验结果见表5-6，本章的基准回归模型基于上述两个检验标准均通过了欧斯特边界检验，在一定程度上证明遗漏变量问题对本章的实证结果并未产生实质性影响。

表5-6　供应链金融影响企业韧性的内生性处理结果：遗漏变量问题

R_{MAX}	检验标准	判断标准	估计数	检验结果
0.3135	标准一	[0.0073, 0.0355]	$\beta=0.0117$	通过
	标准二	$\delta>1$	$\delta=2.1457$	通过

5.3.3　稳健性检验

为确保本章基准回归结果的可靠性，从以下四个方面进行稳健性检验：

（1）使用股票月度均价的标准差作为企业韧性的替代变量重新进行回归，结果如表5-7第（1）列所示。

表5-7　　供应链金融影响企业韧性的稳健性检验结果

变量	（1）	（2）	（3）	（4）
	Res	Res	Res	Res
SCF	0.2881 ***	4.7243 **	0.0296 ***	0.0156 **
	(5.4577)	(2.2752)	(3.6123)	(2.1278)
SOE	0.1990 ***	0.2486 ***	0.2956 ***	0.1548 ***
	(3.4516)	(32.4274)	(32.1883)	(18.6766)
Age	-1.2896 ***	0.2430 ***	0.2736 ***	0.2105 ***
	(-14.7910)	(20.9857)	(19.9153)	(18.0035)
Lev	-0.0120	0.0201 ***	0.0168 ***	0.0151 ***
	(-0.4339)	(5.4621)	(4.3120)	(4.2467)
ROA	1.3581 ***	-0.1129 ***	-0.1307 ***	-0.0912 ***
	(5.9671)	(-3.7365)	(-3.9481)	(-3.1237)
Cash	-1.9489 ***	-0.7530 ***	-0.8198 ***	-0.5469 ***
	(-9.3184)	(-25.8409)	(-24.7172)	(-19.3889)
Int	-1.8129 ***	0.2898 ***	0.3521 ***	0.2525 ***
	(-4.2806)	(5.1546)	(5.2292)	(3.9951)
Share	0.2542	-0.1145 ***	-0.1328 ***	-0.2494 ***
	(1.4386)	(-4.8782)	(-4.7524)	(-10.3858)
Customer	-2.0628 ***	-0.1092 ***	-0.1038 ***	-0.0878 ***
	(-18.6728)	(-7.4605)	(-6.0281)	(-5.4547)
Independent	1.6942 ***	0.2694 ***	0.2514 ***	0.1556 ***
	(4.2384)	(5.0755)	(3.9622)	(2.9575)
GDP	-0.3113	-0.4077 ***	-0.4003 **	-0.4231 ***
	(-0.4415)	(-4.3541)	(-2.4421)	(-4.7452)
PPI	-1.4226	0.3140 **	-0.4323 **	0.2494 *
	(-1.2492)	(2.0761)	(-2.1810)	(1.7365)

续表

变量	(1) Res	(2) Res	(3) Res	(4) Res
Open	0.1903 (0.7193)	0.1059*** (3.0175)	0.1023** (2.2511)	0.0961*** (2.8825)
常数项	33.0105*** (3.5247)	2.8255** (2.2719)	6.2252*** (3.2858)	3.5094*** (2.9664)
时间固定效应	控制	控制	控制	控制
行业固定效应	控制	控制	控制	控制
观测值	31774	31793	24709	25227
Adj R^2	0.117	0.155	0.154	0.255

注：***、**、*分别表示在1%、5%、10%的水平下显著，括号内为t值。

（2）使用企业短期借款与应付票据之和的自然对数作为供应链金融的替代变量重新进行回归，结果如表5-7第（2）列所示。

（3）为排除2015年股价异常波动对回归结果的影响，采用2016~2022年的样本数据进行回归，结果如表5-7第（3）列所示。

（4）为排除直辖市在经济、政策、基础设施等层面的优势，剔除企业所在地位于四个直辖市的样本重新进行回归，结果如表5-7第（4）列所示。

SCF的回归系数均显著为正，表明供应链金融能够增强企业韧性的基本结论是稳健的。

5.3.4 作用机制分析

前文指出，供应链金融能够增强企业韧性的重要原因在于供应链可持续性的提升。从前文定义看，"供应链可持续性"是多个维度因素的综合，难以通过单一指标进行衡量。因此，根据供应链可持续性的LARG框架，对其中精益、敏捷和弹性三个维度进行测度，并分别检验其传导机制。

5.3.4.1 推动精益管理

基于精益管理提高效率、降低成本和减少浪费的目标，结合已有文献，采用以下指标全面刻画样本企业所在供应链的精益程度：

（1）采用存货周转天数（$Lean1$）衡量精益供应链的商品周转效率，计算公式如下：

$$Lean1 = \ln(360 \times 存货净额平均余额/营业成本)$$

企业存货周转天数越小，表明企业存货变现的速度越快，企业所在供应链的商品周转效率越高。

（2）考虑到供应链金融是基于应收账款、动产和预付款的融资业务，因此其在精益供应链中的降低成本作用主要表现为降低企业的外部融资成本，即缓解企业融资约束问题。选取 WW 指数（$Lean2$）度量样本企业融资约束程度，WW 指数越小，表明企业外部融资成本越低。

（3）选取沉淀性冗余资源（$Lean3$）衡量精益供应链的减少浪费作用。企业沉淀性冗余资源的计算公式如下：

$$Lean3 = (管理费用 + 销售费用)/营业收入$$

沉淀性冗余资源指标越小，表明企业运作流程中的冗余资源越少，企业所在供应链的减少浪费效果越好。

回归结果如表 5-8 所示。第（1）列检验了供应链金融对企业存货周转天数的影响，SCF 在 1% 水平上显著为负，表明供应链金融能够提高商品周转效率。第（2）列检验了供应链金融对企业融资约束的影响，SCF 在 1% 水平上显著为负，表明供应链金融能够降低企业外部融资成本。第（3）列检验了供应链金融对企业沉淀性冗余资源的影响，SCF 在 1% 水平上显著为负，表明供应链金融能够减少企业运作流程中的资源浪费。上述回归结果表明，企业参与供应链金融活动在推动精益管理维度上提高了供应链可持续性，进而增强企业韧性。假设 H2a 得到验证。

表5-8　供应链金融影响企业韧性的作用机制检验结果：推动精益管理

变量	(1) Lean1	(2) Lean2	(3) Lean3
SCF	-0.2475*** (-14.5511)	-0.0359*** (-5.3418)	-0.2039*** (-8.6208)
SOE	-0.3594*** (-19.8719)	-0.1195*** (-16.8962)	-0.7445*** (-29.8935)
Age	0.0755*** (2.7587)	-0.0146 (-1.3635)	-0.6345*** (-16.8438)
Lev	-0.0448*** (-5.1618)	-0.0162*** (-4.7781)	-0.1156*** (-9.6719)
ROA	-0.3912*** (-5.4819)	-0.0750*** (-2.6889)	0.1560 (1.5880)
Cash	-0.7965*** (-12.1402)	0.4568*** (17.8015)	8.4369*** (93.3855)
Int	-0.9995*** (-7.5223)	-0.1268** (-2.4405)	-0.5315*** (-2.9054)
Share	0.0652 (1.1765)	-0.0361* (-1.6631)	-0.2316*** (-3.0344)
Customer	0.2537*** (7.3330)	0.1550*** (11.4536)	1.0757*** (22.5813)
Independent	-1.3521*** (-10.7817)	-0.1379*** (-2.8126)	-0.2464 (-1.4266)
GDP	-0.4537** (-2.0507)	-0.0105 (-0.1218)	-0.8646*** (-2.8381)
PPI	-0.8802** (-2.4633)	-0.0136 (-0.0974)	-0.3041 (-0.6181)
Open	-0.0538 (-0.6488)	-0.0159 (-0.4897)	0.0390 (0.3417)

续表

变量	(1) Lean1	(2) Lean2	(3) Lean3
常数项	13.9075*** (4.7326)	-0.6132 (-0.5335)	13.5437*** (3.3471)
时间固定效应	控制	控制	控制
行业固定效应	控制	控制	控制
观测值	31793	31793	31793
Adj R²	0.062	0.092	0.299

注：***、**、*分别表示在1%、5%、10%的水平下显著，括号内为t值。

5.3.4.2 增强敏捷响应

基于前文对敏捷供应链实践的定义，参考已有文献做法，利用多个指标综合评估样本企业资金调度和信息获取的敏捷性。一方面，资金调度敏捷性强表示链上企业供应链重构与转变能力强，因此本章采用企业本年度研发支出、资本支出、销售费用的变异系数（Agile1）测度企业供应链重构与转变能力。该指标越大，表示企业所在供应链资金调度敏捷性越强。另一方面，借鉴宫晓云、权小锋和刘希鹏（2022）的研究，采用企业年报中披露具体名称的大供应商和大客户数量之和（Agile2）、披露具体名称的大供应商和大客户业务占比（Agile3）衡量企业的供应链透明度。以上两个指标越大，表明企业供应链透明度越高，企业所在供应链的信息获取敏捷性越强。

回归结果如表5-9所示。第（1）列检验了供应链金融对供应链重构与转变能力的影响，SCF在1%水平上显著为正，表明供应链金融能够增强供应链重构与转变能力。第（2）列和第（3）列检验了供应链金融对供应链透明度的影响，SCF分别在1%和10%水平上显著为正，表明供应链金融能够增强供应链透明度。上述回归结果表明，企业参与供应链金融活动在增强敏捷响应维度提高了供应链可持续性，进而增强企业韧性。假设H2b得到验证。

表5-9　供应链金融影响企业韧性的作用机制检验结果：增强敏捷响应

变量	(1) Agile1	(2) Agile2	(3) Agile3
SCF	0.0184 *** (3.9022)	0.0977 *** (2.5803)	0.0031 * (1.9480)
SOE	0.1345 *** (25.8782)	0.2111 *** (5.2576)	0.0108 *** (6.3913)
Age	0.0795 *** (10.1102)	0.5628 *** (9.4540)	0.0234 *** (9.3648)
Lev	0.0213 *** (8.5509)	-0.0384 ** (-2.0387)	-0.0013 * (-1.6733)
ROA	0.0751 *** (3.6624)	-0.7479 *** (-4.8230)	-0.0243 *** (-3.7287)
Cash	-0.1768 *** (-9.3771)	-0.4392 *** (-3.0384)	-0.0193 *** (-3.1898)
Int	0.5214 *** (13.6586)	1.4463 *** (4.7363)	0.0483 *** (3.7666)
Share	0.2064 *** (12.9612)	-0.3916 *** (-3.2029)	-0.0105 ** (-2.0437)
Customer	0.0031 (0.3144)	1.2655 *** (16.0069)	0.1573 *** (47.4045)
Independent	0.2798 *** (7.7663)	-1.8976 *** (-6.9518)	-0.0558 *** (-4.8717)
GDP	0.1013 (1.5944)	-0.1100 *** (-4.0964)	-0.0027 ** (-2.3858)
PPI	0.0463 (0.4507)	1.2298 * (1.6508)	0.0942 *** (3.0139)
Open	0.0376 (1.5763)	-0.8940 *** (-15.4726)	-0.0328 *** (-13.5434)

续表

变量	(1)	(2)	(3)
	*Agile*1	*Agile*2	*Agile*3
常数项	-0.9117 (-1.0800)	-4.0165 (-1.1574)	-0.4357*** (-2.9923)
时间固定效应	控制	控制	控制
行业固定效应	控制	控制	控制
观测值	31793	31793	31793
Adj R^2	0.167	0.069	0.125

注：***、**、*分别表示在1%、5%、10%的水平下显著，括号内为t值。

5.3.4.3 促进弹性提升

供应链弹性表现为供应链对外生冲击的抵抗能力及受到冲击后的恢复能力。因此，结合张树山和谷城（2024）的思路，从抵抗力和恢复力两个维度刻画供应链弹性。

抵抗力维度，供应链对外生冲击的抵抗能力体现了供应链运行的稳定性，稳固的供应链关系是供应链稳定运行的基础。因此，本章选取企业前五大供应商中非新出现的供应商数量占比（*Resil*1）和前五大客户中非新出现的客户数量占比（*Resil*2）衡量供应链关系的稳定性，非新出现的供应商与客户数量占比越大，表明供应链关系越稳定。此外，企业间开展合作时，若客户资金占用过大，二者间合作关系往往趋于破裂。采用应收账款与营业收入之比（*Resil*3）衡量供应链资金占用情况，该指标越小，客户对供应商的资金占用越少，供应链关系越稳定。

恢复力维度，供应链恢复力体现供应链偏离原始状态后迅速恢复稳定状态的能力，因此偏离程度可以较好地体现供应链恢复力。选取供给对需求变化的偏离程度（*Resil*4）刻画供应链恢复力，公式如下：

$$Resil4 = \frac{\text{Var}(Production_{i,t-2}, Production_{i,t-1}, Production_{i,t})}{\text{Var}(Demand_{i,t-2}, Demand_{i,t-1}, Demand_{i,t})}$$

其中，Production 表示企业产量，$Production_{i,t} = Demand_{i,t} + Inventory_{i,t} - Inventory_{i,t-1}$；Demand 表示企业需求量，以本年度销售成本衡量；Inventory 表示企业年末库存净值。

回归结果见表 5-10。第（1）列和第（2）列检验了供应链金融对供应链关系稳定性的影响，SCF 分别在 1% 和 5% 水平上显著为正，表明供应链金融能够稳定企业与大供应商、大客户的供应链关系。第（3）列检验了供应链金融对客户资金占用的影响，SCF 在 1% 水平上显著为负，表明供应链金融能够缓解客户资金占用问题。第（4）列检验了供应链金融对供应链偏离程度的影响，SCF 在 1% 水平上显著为负，表明供应链金融能够降低因需求变化导致的供应链偏离程度。上述回归结果表明，供应链金融在促进弹性提升维度提高了供应链可持续性，进而增强企业韧性。假设 H2c 得到验证。

表 5-10 供应链金融影响企业韧性的作用机制检验结果：促进弹性提升

变量	（1）Resil1	（2）Resil2	（3）Resil3	（4）Resil4
SCF	0.0211*** (3.9612)	0.0125** (2.3151)	-0.0220*** (-7.6361)	-0.0863*** (-6.2340)
SOE	-0.1413*** (-25.1004)	-0.1347*** (-23.6058)	-0.0600*** (-19.5538)	-0.0324** (-2.2246)
Age	0.0129 (1.5129)	0.0235*** (2.7188)	-0.0880*** (-18.9621)	0.1747*** (7.9256)
Lev	-0.0142*** (-5.2510)	-0.0130*** (-4.7381)	-0.0128*** (-8.6785)	0.0269*** (3.8450)
ROA	-0.1152*** (-5.1904)	-0.0977*** (-4.3402)	-0.2108*** (-17.4154)	-0.2101*** (-3.6539)
Cash	-0.1890*** (-9.2587)	-0.2025*** (-9.7836)	-0.1679*** (-15.0829)	-0.2336*** (-4.4169)
Int	-0.1434*** (-3.4686)	-0.1276*** (-3.0434)	-0.2116*** (-9.3859)	-0.4931*** (-4.6050)

续表

变量	(1) Resil1	(2) Resil2	(3) Resil3	(4) Resil4
Share	-0.2171*** (-12.5845)	-0.2190*** (-12.5229)	-0.1964*** (-20.8826)	0.2123*** (4.7506)
Customer	0.0324*** (3.0107)	0.0803*** (7.3583)	0.2892*** (49.2702)	0.0823*** (2.9534)
Independent	-0.1018*** (-2.6082)	-0.0400 (-1.0119)	-0.0977*** (-4.5936)	-0.3972*** (-3.9302)
GDP	0.0925 (1.3438)	0.0814 (1.1661)	0.0170 (0.4535)	-0.0984 (-0.5516)
PPI	-0.1923* (-1.7294)	-0.2101* (-1.8640)	-0.0328 (-0.5404)	0.0255 (0.0886)
Open	-0.0789*** (-3.0564)	-0.0772*** (-2.9503)	-0.0152 (-1.0817)	-0.0432 (-0.6468)
常数项	0.5250 (0.5742)	0.6820 (0.7357)	0.6250 (1.2535)	1.9442 (0.8209)
时间固定效应	控制	控制	控制	控制
行业固定效应	控制	控制	控制	控制
观测值	31793	31793	31793	31793
Adj R²	0.103	0.087	0.177	0.011

注：***、**、*分别表示在1%、5%、10%的水平下显著，括号内为t值。

5.4 进一步分析

5.4.1 样本企业异质性分析

企业自身特征、所处环境不同，供应链金融对企业韧性的影响效果也可能存在不同。为深入探究这一问题，从高管金融业背景、所在省份金融聚集程度和市场化程度三个角度出发，考察供应链金融对企业韧性的差异化影响，结果如表5-11所示。检验结果表明，供应链金融对企业韧性的影响在高管具有金融业背景、所在省份金融聚集程度较低、市场化程度较高的样本中更加显著。

表5-11　　　　　供应链金融影响企业韧性的异质性检验结果

变量	金融背景 (1) Res	无金融背景 (2) Res	高金融聚集 (3) Res	低金融聚集 (4) Res	高市场化 (5) Res	低市场化 (6) Res
SCF	0.0375*** (2.7106)	0.0149* (1.6808)	-0.0016 (-0.1716)	0.0386*** (3.5111)	0.0261*** (3.4915)	0.0004 (0.0174)
SOE	0.2769*** (17.5818)	0.1979*** (22.0663)	0.2228*** (19.9578)	0.2385*** (22.2745)	0.2574*** (31.0530)	0.1663*** (8.2056)
Age	0.2458*** (10.1463)	0.2185*** (16.6799)	0.1978*** (12.8593)	0.2713*** (15.5969)	0.2443*** (20.1679)	0.1749*** (4.7342)
Lev	0.0159*** (3.8904)	0.4062*** (19.9106)	0.4157*** (17.2714)	0.0130*** (3.2770)	0.0187*** (5.1274)	0.3779*** (9.3581)
ROA	0.0260 (0.6456)	-0.2059*** (-4.2672)	-0.0151 (-0.3104)	-0.1183*** (-3.0479)	-0.0982*** (-3.1551)	-0.1985* (-1.8574)
Cash	-0.8439*** (-14.4188)	-0.5336*** (-16.0509)	-0.6276*** (-16.4460)	-0.7309*** (-16.9982)	-0.8210*** (-27.8848)	-0.3554*** (-4.3181)
Int	0.1389 (1.3251)	0.4393*** (6.5843)	0.0011 (0.0133)	0.5959*** (7.9275)	0.2797*** (4.4607)	0.3357*** (2.6194)
Share	-0.1064** (-2.1769)	-0.0932*** (-3.5056)	-0.1226*** (-3.8785)	-0.1131*** (-3.2694)	-0.1473*** (-5.8639)	0.0734 (1.1392)
Customer	-0.1547*** (-5.1478)	-0.0540*** (-3.2258)	-0.0320 (-1.5628)	-0.1326*** (-6.3340)	-0.1196*** (-7.5421)	0.0035 (0.0936)
Independent	0.4259*** (4.2471)	0.1068* (1.7116)	0.2803*** (4.1143)	0.1093 (1.3172)	0.2996*** (5.3272)	0.0399 (0.2625)

续表

变量	金融背景 (1) Res	无金融背景 (2) Res	高金融聚集 (3) Res	低金融聚集 (4) Res	高市场化 (5) Res	低市场化 (6) Res
GDP	−0.2611 (−1.2091)	−0.4426*** (−4.3169)	−1.0309*** (−4.5230)	−0.3826*** (−3.2386)	−0.4609*** (−3.4701)	−0.3358** (−2.0596)
PPI	−0.0051 (−0.0158)	0.4236** (2.4981)	0.1746 (0.6544)	0.4064* (1.8806)	0.1631 (0.5336)	0.3908 (1.4417)
Open	0.2582*** (2.8417)	0.0814** (2.1513)	0.0717* (1.8360)	0.2848 (1.3568)	0.0859** (2.4073)	0.5230 (1.2768)
常数项	2.6804 (0.9656)	2.6576* (1.9334)	10.1644*** (3.4741)	2.0913 (1.2782)	4.2082* (1.9152)	1.4734 (0.7796)
时间固定效应	控制	控制	控制	控制	控制	控制
行业固定效应	控制	控制	控制	控制	控制	控制
观测值	7936	23857	15841	15952	26675	5118
Adj R²	0.183	0.191	0.186	0.184	0.176	0.175

注：***、**、* 分别表示在1%、5%、10%的水平下显著，括号内为t值。

5.4.2 不同导向下供应链金融对企业韧性的影响效应

现有研究结果普遍认为，供应链金融能够对企业产生显著的积极作用，前文得出的供应链金融对企业韧性存在正向影响的结论也基本符合这一观点。然而，当前我国的供应链金融业务在取得突出成绩的同时，也存在诸多亟待解决的问题，源自产业端、金融端、科技端、监管端的挑战时刻威胁着供应链金融的各方参与者（宋华，2021）。企业作为商业信用的核心来源和供应链金融的主要服务对象，在享受供应链金融带来红利的同时，也同样可能遭受供应链金融风险引发的负面影响。

实际上，供应链金融参与各方，尤其是企业对供应链金融的错误认识与参与供应链金融的动机不纯是引发供应链金融风险的重要来源（宋华，

2021）。一方面，供应链金融以供应链为核心，其目的在于通过优化供应链参与方产业资金，确保供应链稳定可持续，其金融属性仅作为实现这一目的的手段。然而在实践中，大量企业忽视了供应链金融的供应链属性，仅将其视为单纯的融资借贷业务，乃至获得可观投资回报的全新投资领域，与自身所处市场环境和业务范围严重脱节；部分金融机构也缺乏对目标产业及其供应链的深入了解，无法迅速识别供应链运行过程中的风险要素。由此可见，产业端和金融端对供应链金融的错误认识可能导致供应链金融风险控制存在严重问题，使得参与各方面临较高的信用风险和操作风险。另一方面，部分龙头企业将供应链金融作为恶意盘剥供应链上下游企业的手段，这一做法不仅导致供应链金融的供应链治理效应成为空谈，而且严重破坏了公平的商业环境，甚至可能进一步引发逆向选择行为，抑制企业参与供应链金融的倾向。

根据企业对供应链金融的不同认识和参与供应链金融活动的不同目的，可以将供应链金融区分为金融导向和供应链导向的供应链金融（Pellegrino, Costantino and Tauro, 2019）。其中，金融导向是指将供应链金融作为短期融资工具，资金提供方围绕特定交易事项，为特定企业提供商业信用融资，目的是缓解供应链上企业的融资约束问题；供应链导向则强调面向整个供应链，资金提供方在提供商业信用融资时，不仅局限于考虑特定节点企业的资金需求，而是将供应链整体的资金状况纳入考虑范围，其目的从缓解特定企业的融资约束转变为提高供应链整体资金周转效率，进而增强供应链的产业竞争力。

不同导向的供应链金融在结构、流程和要素层面均存在明显差异。结构层面，金融导向的供应链金融针对特定企业和具体的业务情景，供应链导向则将服务对象延伸至整个供应链生态网络。流程层面，金融导向依托买卖关系形成的应收应付交易事项，多为二元关系（买方和卖方）的资金协同，供应链导向则从供求关系视角出发，涉及三元关系（上游企业、核心企业和下游企业）和多元关系（供应链网络）的资金协同。要素层面，金融导向注重对企业信用评级、资本结构等特定企业信息进行控制，而供应链导向强调通过供应链信用评价控制风险。由于上述差异的存在，不同导向的供应链金融对企业韧性的影响效应可能存在差异，本章拟对该问题展开进一步分析。

参考刘等（Liu，Wang and Shou，2020）的研究成果，采用应收账款与营业收入之比作为金融导向的供应链金融（SCF_F）的代理变量，基于科希等（Cosci，Guida and Meliciani，2020）的分析，选取应收账款周转期限（年）与应付账款周转期限（年）之差作为供应链导向的供应链金融（SCF_S）的代理变量。

回归结果如表 5-12 所示。第（1）列和第（2）列报告了金融导向的供应链金融对企业韧性的影响效应，SCF_F 在 1% 水平上显著为负，表明金融导向的供应链金融将削弱企业韧性水平。第（3）列和第（4）列报告了供应链导向的供应链金融对企业韧性的影响效应，SCF_S 在 1% 水平上显著为正，表明供应链导向的供应链金融将增强企业韧性水平。上述回归结果显示，不同导向的供应链金融对企业韧性存在差异化影响，金融导向的供应链金融将削弱企业韧性，供应链导向的供应链金融则有助于增强企业韧性。

表 5-12　　不同导向供应链金融对企业韧性的影响效应检验结果

变量	（1）Res	（2）Res	（3）Res	（4）Res
SCF_F	-0.2815*** (-12.5141)	-0.2679*** (-11.3864)		
SCF_S			0.0479*** (2.9536)	0.0882*** (4.4587)
SOE		0.6284*** (3.9164)		0.7797*** (5.4428)
Age		0.0890 (1.3157)		0.1261* (1.8621)
Lev		0.2722*** (8.7634)		0.3217*** (10.1693)

续表

变量	(1) Res	(2) Res	(3) Res	(4) Res
ROA		0.3368*** (6.0090)		0.5179*** (9.4975)
Cash		-0.1923*** (-4.8898)		-0.1493*** (-3.8009)
Int		0.0076 (0.0645)		0.0010 (0.0080)
Share		0.0828 (1.5480)		0.0862 (1.6086)
Customer		0.1288*** (5.0727)		0.1060*** (4.1729)
Independent		-0.2094*** (-2.8871)		-0.1829** (-2.5180)
GDP		-0.3990*** (-5.1109)		-0.4026*** (-5.1477)
PPI		-0.0671 (-0.5471)		-0.0675 (-0.5489)
Open		0.0589** (1.9907)		0.0687** (2.3166)
常数项	0.8245*** (119.4793)	5.0044*** (4.7943)	0.7479*** (256.7785)	4.8198*** (4.6091)
时间固定效应	控制	控制	控制	控制
行业固定效应	控制	控制	控制	控制
观测值	32331	32331	32331	32331
Adj R^2	0.463	0.472	0.460	0.490

注：***、**、*分别表示在1%、5%、10%的水平下显著，括号内为t值。

5.5 本章小结

本章首先从理论层面分析了供应链金融对企业韧性的影响，提出了供应链金融通过资金融通效应和关系构建效应来影响企业韧性的理论框架。其次，基于文本分析法测度了企业供应链金融涉入水平，构建了供应链金融影响企业韧性的双向固定效应模型，利用2013~2022年沪深A股非金融业上市公司数据，实证考察了供应链金融对企业韧性的影响效应，并从供应链可持续性角度出发，分析了供应链金融通过促进企业开展可持续供应链实践实现韧性增强的作用机制。再次，采用工具变量两阶段最小二乘法、多时点DID、核心变量滞后一期、欧斯特边界检验等一系列方法，排除了基准回归模型中潜在的互为因果、测量偏误、变量自相关、遗漏变量等内生性问题，采用更换被解释变量、更换解释变量、样本子区间估计、剔除直辖市样本等四种方法进行稳健性检验，采用OLS方法验证了高管金融业背景、企业所在省份金融聚集程度和市场化程度对供应链金融影响企业韧性产生的异质性作用。最后，结合当前我国企业供应链金融实践，从供应链金融风险的视角出发，进一步考察了不同导向的供应链金融实践对企业韧性的影响效应。

研究发现，供应链金融能够显著增强企业韧性，在一系列内生性处理与稳健性检验后，该结论依然成立。异质性分析发现，供应链金融对企业韧性的积极作用在高管具有金融业背景、所在省份金融聚集程度较低、市场化程度较高的样本中更加显著。作用机制检验表明，供应链金融能够通过推动精益管理、增强敏捷响应、促进弹性提升三个层面提高供应链可持续性，最终增强企业韧性。这表明，通过供应链金融增强企业韧性的关键在于提升供应链可持续性，其本质在于开展可持续供应链实践。进一步分析发现，不同导向的供应链金融对企业韧性存在差异化影响，供应链导向的供应链金融能够增强企业韧性，金融导向的供应链金融则将对企业韧性产生不利影响。

本章可能的边际贡献主要有：首先，从供应链可持续性视角出发，全面考察了供应链金融对企业韧性的影响效应与传导路径，丰富和拓展了供应链金融经济后果和企业韧性增强机制研究的理论框架。其次，本章对"不同导向的供应链金融对企业韧性的影响效应有何不同"这一深层次问题作出了进一步探讨，不仅为企业深入理解供应链金融的积极作用提供了新的经验证据，而且为供应链金融各参与方识别与利用供应链金融的积极作用、预防与控制供应链金融风险的相关文献提供了有益补充。最后，为政府部门完善供应链金融政策、提升供应链可持续性与增强企业韧性提供新参考。现有文献注重研究企业韧性在个人和组织层面的来源，忽视了外部环境在企业韧性形成中的重要作用。本章的研究结论证实了"供应链金融→供应链可持续性→企业韧性"这一外部路径在企业韧性形成过程中发挥的重要作用，对科学引导企业参与供应链金融、通过增强企业韧性提升产业链供应链韧性和安全水平具有较高的实践价值。

第6章

供应链网络位置对企业韧性的影响及作用机制

在新一轮科技革命与全球价值链调整的大环境下,企业需要通过供应链上下游的协作才能实现产品高质量发展以及前沿技术的突破,企业间的竞争重点逐渐从个体转变到整个供应网络。随着社会经济的发展,市场分工也日趋精细,一件产品从生产到销售的全部过程往往需要涉及多家企业,处于供应链网络中的企业之间的联系也越发紧密。

随着市场经济的发展,供应链网络位置越来越受到重视,企业在供应链网络中的位置也越发重要(王少华、王敢娟和董敏凯,2024),因此供应链网络位置成为企业发展的一大重心。由于数据的获取存在着一定的局限性,前期学者们主要采用调查问卷或案例分析的方式对企业的供应链网络展开研究。例如,蔡和洪(Choi and Hong,2002)选取了美国三个主要的汽车制造商为案例,探讨其供应链网络及其运作原理;金等(Kim et al.,2011)在此基础上使用社会网络分析的方式来研究供应链网络特征,并提出了相关的测度方法;董等(Dong et al.,2015)利用设计量表的方式探究经销商的分销网络嵌入对优势供应商投机行为的影响。随着社会经济的发展,学者们对于供应网络的研究也逐渐深入。贝拉米等(Bellamy,Ghosh and Hora,2016)以151家领先的电子企业为例,利用数据库匹配的方法,建立2007~2008年的供应链网络,并对其网络关联、资源获取速率和效率进行分析。进一步地,卡奥等（Kao et al.，2017）构建了企业层面与链条层面的供应链网络，并深入探究供应链网络与生产效率之间的关系。而在我国关于供应链网络位置的研究起步较晚。近年来，我国学术界研究主要聚焦于企业内部特征，考察了供应链网络位置对企业竞争地位、企业风险承担、公司绩效、ESG表现以及创新多样性水平等方面的影响。大部分学者认为供应链网络位置会增强企业能力，仅有少数学者认为供应链网络位置会对企业产生负面作用。这些研究间接说明供应链网络位置能够提升企业应对危机和挑战的灵活性和敏感性，从而对企业韧性水平产生重要影响。

基于上述分析，本章拟在已有相关研究的基础之上，首先，使用Pajek软件测算企业的供应链网络位置，并以此为自变量分析其对企业韧性的影响效果；其次，分析吸收能力、商业信贷和企业投资在供应链网络位置与企业韧性之间的传导路径和作用机理并探讨企业在产权性质、行业性质以及市场环境方面的差异性；最后，进一步分析什么因素可以帮助企业提高其供应链网络中心位置。

6.1 理论假设

6.1.1 供应链网络位置与企业韧性

供应网络经常被用于评估个体在社会网络中的重要性，并度量企业的优势、特权以及社会声誉。企业越靠近供应链网络中心位置，拥有的合作伙伴就越多，为企业大范围捕获信息与资源提供了便利。基于现有研究成果，结合上文对于企业韧性"恢复论"和"超越论"的辨析，本章将企业韧性定义为企业受到外界冲击时迅速恢复稳定状态甚至超越原始状态的能力，既关注企业如何从破坏中迅速恢复，又考察企业能否通过不断自我更新实现持续增长。

针对企业韧性形成机制的研究发现，企业韧性包含了资本韧性、关系韧性、战略韧性、文化韧性和学习韧性五个维度，形成过程分别受到资本稳健、关系互惠、战略聚焦、文化塑造和组织学习五类因素的影响（刘颖琦、陈睿君和周菲，2023）。供应链网络位置在企业韧性的形成过程中发挥了重要作用：一是供应链网络位置能够帮助企业形成稳健的资本结构，进而塑造企业的资本韧性。企业内外部信息不对称是阻碍企业资本结构调整的重要因素，而优越的供应链网络位置有助于提高企业所获信息的透明度，打通企业与投资者之间的信息交流壁垒，从而提升了资本配置效率。二是当企业位于供应链网络中心位置时，与位于网络上的其他企业之间的沟通与联系将更频繁，从而促进企业与合作伙伴建立良好的合作关系，进而帮助企业塑造其关系韧性。三是当企业位于供应链网络中心位置时，会促进企业形成自身的价值网络体系，为企业产品研发和市场营销提供科学的决策依据，有助于企业在保持战略目标一致性的同时，在竞争策略上保持灵活性，构建企业战略韧性。四是企业通过供应网络可以与网络中的其他成员沟通与联络，与外部互补方能够实现交互协同，分享创新成果，促进企业对知识的吸收，进而帮助企业提升自身的认知与学习能力，塑造企业的学习韧性。综上所述，供应链网络位置化解了企业韧性形成过程中的障碍因素，在供应链网络的影响下，企业韧性的形成机制和作用效果将发生深刻的变化。为此，本章提出如下假设：

H1：企业越靠近供应链网络中心位置，企业韧性水平越强。

6.1.2 供应链网络位置影响企业韧性的作用机制

吸收能力路径：有研究表明，位于供应链网络中心位置有利于企业进行创新实践（Carnovale and Yeniyurt，2015），从而使企业具备更强的吸收能力。社会网络理论认为，企业的供应链网络为上下游企业均提供了一系列的资源，而位于网络核心地位的企业，更有机会获取到最前沿的技术以及最新的信息。这有助于企业利用这些资源迅速适应市场的变化，保持自身的竞争优势。从信息整合的角度来看，位于供应链网络中心位置的企业通过与其他企业的合作，实现知识的共享和协作学习，增强了自身的吸收能力。现有研究一般认为，较强的吸收能力有利于企业增强自身的抗击打能力。一方面，吸收能力是决定供应链网络中的先进技术能否被模仿以及再造的关键，具有较强吸收能力的企业可以利用已获得的信息与资源在已有的知识体系上进行再度创新。另一方面，吸收能力的提高可以提升企业韧性水平。例如在环境保护层面（蔡栋梁等，2024），较强的吸收能力有助于企业打破环境治理的困境，降低企业从事活动所带来的负外部性；在社会责任方面，它能够激发企业的研发能力，促进研发出更满足于顾客需求的产品；在公司治理层面，吸收能力的增强有利于企业提升内部管理的效率，并形成一套有效的内部管理制度。综上所述，靠近供应链网络中心位置的企业，通过增强其吸收能力，能够促进企业韧性水平的提升。为此，本章提出如下假设：

H2：供应链网络位置通过增强吸收能力提升企业韧性水平。

商业信贷路径：位于供应链网络中心位置的企业，能够获得更多的信贷支持，因此能够帮助企业缓解资金压力，从而增强企业的韧性水平。一方面，由于处于供应链网络中心位置的企业可以掌握更多的信息与资源，因此可以帮助企业减少在融资过程中借贷双方信息不对称的风险（Song et al., 2019），除此之外也可以帮助企业降低借贷双方的道德风险，从而降低企业的融资成本，提高融资的可得性。现有研究指出，企业与合作伙伴的关系网，是聚集与扩散信息的重要渠道（胡李鹏、王小鲁和樊纲，2020），企业采取这种方式不仅能够在融资过程中节省大量支出，还能降低合同执行阶段以及后续监督工作所花费的成本。另一方面，充裕的资金不仅能够为企业提供稳健的财务支持，更是提升企业面对冲击时的缓冲能力和适应能力的关键因素。有了资金保障，企业便能够在面对市场波动以及经济冲击时保持自身的稳定性与灵活性，从而提高整体的生存能力与竞争优势。因此，靠近供应链网络中心位置的企业，能够通过获得更多的信贷支持来缓解资金压力从而提升企业韧性。为此，本章提出如下假设：

H3：供应链网络位置，通过获得更多的信贷支持提升企业韧性水平。

企业投资路径：供应链网络位置主要通过信息优势为企业提供知识与资

金支持。网络中心性是衡量一个企业在网络中的重要程度的关键指标，通常用于代表个体地位的优越性、特权性和个体的社会声誉（吕可夫、于明洋和阮永平，2023）。首先，越靠近供应链网络的中心位置，企业的合作伙伴就越多，当企业与其合作伙伴之间存在频繁的业务往来时，就可以帮助企业形成独特的信息优势。在复杂的供应链网络中，若企业不占据优势地位，将导致企业在进行投资时存在更多的信息不对称风险。已有文献指出，在企业进行投资时通常会面临一系列的障碍，信息不对称现象就是其一。当管理层与股东或其他利益相关者之间存在沟通不畅或信息传递不及时的问题时，就容易产生信息误差，从而影响投资决策的执行效果。正如费拉库蒂和施图本（Ferracuti and Stubben，2019）所言，这些问题不可避免地会导致投资效率的下降，从而影响整个投资组合的回报率。一方面，当企业位于供应链网络的中心位置时，可以利用较低的信息成本从其他企业收集信息，可以帮助企业降低在交易中所获取的信息的不真实度，从而提高企业的投资效率。另一方面，较高的投资效率可以帮助企业吸收更多的资金，充足的资金可以为企业韧性水平提供保障。为此，本章提出如下假设：

H4：供应链网络位置，通过提升企业投资水平提升企业韧性水平。

6.2 研究设计

6.2.1 样本选取与数据来源

本章使用 2013～2022 年我国 A 股非金融类上市公司作为初始样本。参考以往研究的做法，本章对初始样本进行如下处理：剔除金融类上市公司的数据；剔除财务状况异常的 ST、*ST 公司；剔除财务数据缺失的公司代码；对所有连续变量进行上下 1% 的缩尾（winsorize）处理。供应链网络位置数据由 Pajek 软件计算得出，其余数据均来源于 CSMAR。

6.2.2 变量定义与说明

6.2.2.1 被解释变量：企业韧性（Res）

本章将企业韧性分解为波动性和成长性两个维度，并通过熵值法综合计算得到样本企业在各年度的韧性水平。其中，波动性通过一年内月度平均股价的标准差衡量，增长性通过 $t-2$、$t-1$、t 三年内销售收入的累计增长率表征。

6.2.2.2 解释变量：企业供应链网络位置

根据目前已有文献，用于衡量网络中心性的指标主要包括度中心性（Degree）、中介中心性（Betweenness）、特征向量中心性（Eigenvector）和接近中心性（Closeness）。其中，度中心性（Degree）是本章采用的主要衡量方式，其反映了该公司与供应网络中有直接联系的其他公司的数目，数目越多代表公司越处于供应网络中心，其度中心性也就越高。中介中心性（Betweeness）是将一个公司视作桥梁（史金艳等，2019），去衡量该公司作为"桥"的作用，若该公司位于与很多公司有联系的路径上，那么该公司就具备着较高的中介中心性。特征向量中心性（Eigenvector）考虑得比较全面，把供应系统内和该企业相连接的其他企业的中心性都考虑其中，若一个企业的合作伙伴就位于供应网络核心区域，那么该公司的特征向量中心度越高。接近中心度（Closeness）是考察供应网络中公司的独立程度，若公司与供应网络中其他公司的距离都很短，那么该公司对其他公司的依赖程度就越小，其接近中心度就越高。由于本章所构建的供应链网络并非完全相连，因此参考史金艳等（2019）的研究，本章选取度中心度的对数（lnDegree）来衡量企业供应链网络位置特征，并在后续进行稳健性检验时选取特征向量中心度作为度中心度的替代指标进行分析。其中度中心度等于与企业有直接联系的网络节点数除以整个供应链网络节点数减一的差。

6.2.2.3 控制变量

为减轻遗漏变量对回归结果的影响，本章在借鉴已有研究的基础上，从公司治理、企业经营与财务状况、企业成长状况等三个层面选取控制变量。具体包括：公司规模（$Size$）、股权集中度（$Top10$）、资产负债率（Lev）、现金流比率（$Cashflow$）、无形资产比率（$Intangible$）、企业成长性（$Growth$）、总资产收益率（ROA）。此外，为了消除其他不可观测因素对实证结果的影响，本章在后续回归分析中控制了个体和时间固定效应。各变量含义与描述性统计结果见表6–1。

表 6–1　　　　　　　　变量含义与描述性统计

变量	含义	均值	标准差	最小值	最大值
Res	企业韧性	2.369	3.408	0.072	21.458
$\ln Degree$	程度中心度	0.926	0.347	0.690	2.970
$Size$	公司规模	22.777	1.636	19.808	27.432
$Top10$	股权集中度	58.950	15.543	22.926	92.381
Lev	资产负债率	0.463	0.202	0.069	0.891
$Cashflow$	现金流比率	0.049	0.061	-0.137	0.233
$Intangible$	无形资产比率	0.047	0.048	0.004	0.306
$Growth$	企业成长性	0.159	0.346	-0.487	2.066
ROA	总资产收益率	0.038	0.060	-0.208	0.272

6.2.3　基准回归模型设计

为探讨供应链网络位置对企业韧性的影响，构建以企业韧性（Res）为被解释变量、供应链网络中心度（$\ln Degree$）为解释变量的固定效应回归模型如下：

$$Res_{i,t} = \alpha_0 + \alpha_1 \ln Degree_{i,t} + \alpha_2 Controls_{i,t} + Year_t + Company_i + \varepsilon_{i,t}$$

其中，下标 i 表示各个研究样本，下标 t 表示年份，$Controls_{i,t}$ 代表所有的控制变量，$Year_t$ 和 $Company_i$ 分别表示时间和个体固定效应，$\varepsilon_{i,t}$ 为随机误差项。

6.3 实证结果及分析

6.3.1 基准回归

表 6-2 报告了供应链网络位置对企业韧性影响的回归结果。第（1）列是仅有解释变量的基准回归模型，第（2）列~第（4）列是在基准回归模型之上逐渐加入公司治理层面、企业经营与财务状况和增长性指标的控制变量之后的回归结果，并且均控制了公司个体和时间固定效应。结果显示，在没有加入企业财务状况与成长性指标之前回归结果在 5% 的水平下显著，而加入后供应链网络位置（lnDegree）对企业韧性的回归结果变为 1% 的水平下显著为正，且影响系数为 0.3279，则表明企业越靠近供应链网络的中心位置，企业韧性越强，假设 H1 初步得到验证。此外，控制变量的回归结果也基本符合预期。

表 6-2　　供应链网络位置影响企业韧性的基准回归结果

变量	(1) Res	(2) Res	(3) Res	(4) Res
lnDegree	0.3244 ** (2.4866)	0.3206 ** (2.4857)	0.3380 *** (2.6401)	0.3279 *** (2.6002)
Size		0.5726 *** (5.1852)	0.7083 *** (6.2830)	0.4784 *** (4.2290)
Top10		0.0389 *** (7.5688)	0.0353 *** (6.8214)	0.0331 *** (6.4929)

续表

变量	(1) Res	(2) Res	(3) Res	(4) Res
Lev			-1.6154*** (-3.6669)	-0.7656* (-1.6526)
Cashflow			3.9948*** (5.7465)	2.3031*** (3.2401)
Intangible			-6.1158*** (-3.7787)	-4.8980*** (-3.0622)
Growth				0.6991*** (5.8563)
ROA				5.9899*** (6.3966)
常数项	2.0677*** (16.6645)	-13.2646*** (-5.2992)	-15.3166*** (-6.1047)	-10.6494*** (-4.2450)
时间固定效应	控制	控制	控制	控制
个体固定效应	控制	控制	控制	控制
观测值	5710	5710	5710	5710
Adj R²	0.747	0.753	0.757	0.765

注：***、**、*分别表示在1%、5%、10%的水平下显著，括号内为t值。

6.3.2 内生性处理

研究中可能存在的内生性问题主要表现为以下三个方面：一是反向因果诱发的内生性问题。供应链网络位置的提高会通过一系列渠道增强企业韧性，但同时韧性更强的企业也可能有更高的信息认知能力等来促进供应链网络位置的提升。二是供应链网络位置可能与企业韧性之间存在一定的曲线效应，从而对回归结果产生偏误。三是因遗漏变量导致的内生性问题。尽管本章已经从公司治理、企业经营与财务状况以及企业成长性三个层面选取变量，尽可能地对企业韧性的影响因素加以控制，但随着世界范围内产业转型的加快，企业韧性易受到诸多因素的影响，因此难以将全部的影响因素都列举出来，从而造成回归结果出现偏差。在此基础上，本章采用工具变量法、非线性关系检验以及更换回归模型等方法缓解上述内生性问题。

6.3.2.1 工具变量法

针对反向因果和遗漏变量可能引发的内生性问题，本章选取接近中心度（Closeness）为工具变量，接近中心度是考察位于供应网络中的公司在获取信息与资源时的独立程度，因此满足了工具变量相关性与外生性的要求。表6－3列示了工具变量法两阶段最小二乘法（2SLS）的回归结果。第（1）列和第（2）列为第一阶段的回归结果，可以发现工具变量（Closeness）的回归系数为9.4847，并且在1%的水平上显著，同时，F检验的值为353.448大于10，因此拒绝了弱工具变量的假设。第（3）列和第（4）列为第二阶段的回归结果，回归结果显示，供应链网络位置（lnDegree）的回归系数为0.7305，并且在5%的水平下显著为正，结果表明在控制了潜在的内生性问题后，本章的结论依旧显著。

表6－3　供应链网络位置影响企业韧性的内生性处理结果：工具变量法

变量	（1） lnDegree	（2） lnDegree	（3） Res	（4） Res
Closeness	9.5199 *** (18.8853)	9.4847 *** (18.7789)		
lnDegree			1.2672 * (1.7487)	0.7305 ** (2.1280)
Size		0.0208 (1.5281)		0.4691 *** (5.1338)
Top10		0.0010 (1.2208)		0.0334 *** (8.1229)

续表

变量	(1) ln Degree	(2) ln Degree	(3) Res	(4) Res
Lev		-0.0077 (-1.6043)		-0.8209** (-2.1857)
Cashflow		0.0644 (0.7252)		2.3038*** (4.0267)
Intangible		-0.0129 (-0.0645)		-4.8861*** (-3.7952)
Growth		0.0026 (0.1752)		0.6986*** (7.2706)
ROA		-0.0097 (-0.0874)		5.9688*** (7.9172)
常数项	0.8596*** (150.0603)	0.1091 (0.2825)	1.4842** (2.1906)	-12.5308*** (-5.0215)
时间固定效应	控制	控制	控制	控制
个体固定效应	控制	控制	控制	控制
观测值	5710	5710	5710	5710
Adj R^2	0.473	0.645	0.540	0.764

注：***、**、*分别表示在1%、5%、10%的水平下显著，括号内为t值。

6.3.2.2 非线性关系检验

为解决供应链网络位置与企业韧性之间可能存在的非线性相关关系的内生性问题，本章参考贝拉米等（Bellamy，Ghosh and Hora，2016）的做法，构建平方项（lnDegree × lnDegree）并放入基准回归模型中进行回归。表6-4报告了加入平方项的回归结果。结果显示，程度中心度的平方项（De2）对企业韧性（Res）的回归系数并不显著，因此表明供应链网络位置与企业韧性之间不存在曲线效应。

表6-4　供应链网络位置影响企业韧性的内生性处理结果：非线性关系检验

变量	(1) Res	(2) Res
De2	0.1412 (0.4766)	0.2729 (1.2110)
lnDegree	0.1119 (0.1576)	-0.3082 (-0.5705)
Size		0.4781*** (4.2268)
Top10		0.0332*** (6.5053)
Lev		-0.7495 (-1.6174)
Cashflow		2.3056*** (3.2438)
Intangible		-4.9720*** (-3.1064)
Growth		0.6993*** (5.8583)
ROA		6.0326*** (6.4381)
常数项	2.1558*** (5.5873)	-10.3300*** (-4.0953)
时间固定效应	控制	控制
个体固定效应	控制	控制
观测值	5710	5710
Adj R^2	0.770	0.765

注：***、**、*分别表示在1%、5%、10%的水平下显著，括号内为t值。

6.3.2.3 排除遗漏变量问题

尽管本章在进行基准回归时控制了个体和时间固定效应,但依然可能遗漏因不同年份存在于不同地区、不同行业而导致的不可观测因素。首先在地区层面,由于经济发展水平和政府政策的不同,由此可能对企业供应链网络位置产生较大影响,可能会在一定程度上提升企业供应链网络位置中心性。其次在行业层面,不同行业对供应链的整合程度差异较大,因此导致供应链网络位置中心性的不同。因此,为解决因遗漏变量偏误所产生的内生性问题,本章对回归模型进行了一定的调整,在控制了个体和时间的基础上分别控制地区和行业固定效应。表6-5报告了模型调整后的回归结果。其中第(1)列和第(3)列是不加入控制变量的基准回归结果,结果显示在分别加入地区和行业固定效应之后,回归结果依旧在1%的水平上显著,且系数与基准回归结果相差较小。第(2)列和第(4)列是加入控制变量后的回归结果,同样在1%的水平下显著且回归系数变化不大。回归结果表明,控制了可能遗漏的企业社会网络关系特征和一些不可观测的固定特征之后,仍然能够证实企业供应链网络位置显著提升了企业韧性水平。

表6-5 供应链网络位置影响企业韧性的内生性处理结果:遗漏变量问题

变量	(1) Res	(2) Res	(3) Res	(4) Res
ln$Degree$	0.3323** (2.5376)	0.3324*** (2.6248)	0.3457*** (2.6403)	0.3378*** (2.6589)
$Size$		0.4971*** (4.3415)		0.3780*** (3.1643)
Top10		0.0330*** (6.4513)		0.0319*** (6.1820)

续表

变量	(1) Res	(2) Res	(3) Res	(4) Res
Lev		-0.7996* (-1.7110)		-0.7434 (-1.5594)
Cashflow		2.3036*** (3.2311)		2.2308*** (3.1178)
Intangible		-5.0013*** (-3.1154)		-5.5595*** (-3.3089)
Growth		0.6968*** (5.7978)		0.7416*** (6.1063)
ROA		6.0302*** (6.3597)		5.6422*** (5.9373)
常数项	2.0603*** (16.5414)	-11.0515*** (-4.3550)	0.0079*** (14.6515)	-8.2677*** (-3.1186)
时间固定效应	控制	控制	控制	控制
个体固定效应	控制	控制	控制	控制
行业固定效应			控制	控制
地区固定效应	控制	控制		
观测值	5710	5710	5710	5710
Adj R²	0.748	0.765	0.769	0.770

注：***、**、*分别表示在1%、5%、10%的水平下显著，括号内为t值。

6.3.3 稳健性检验

为了增强基准回归结果的可信度，本章进一步采用以下三种方法进行稳健性检验，表6-6报告了稳健性检验的回归结果。

表6-6 供应链网络位置影响企业韧性的稳健性检验结果

变量	(1) Res	(2) Res	(3) Res
ln*Eigenvector*	0.0007** (2.1284)		
ln*Degree*		0.3486** (2.2827)	0.2727* (1.8896)
Size	0.4734*** (4.1788)	1.1744*** (6.9695)	0.6681*** (5.4899)
*Top*10	0.0328*** (6.4278)	0.0351*** (5.2544)	0.0240*** (4.3871)
Liquid	-0.7435 (-1.6052)	-1.1656* (-1.8588)	-0.5674 (-1.1370)
Cashflow	2.3385*** (3.2880)	3.4542*** (4.1287)	1.9784*** (2.6153)
Intangible	-4.8678*** (-3.0422)	-2.6045 (-1.2443)	-3.6410** (-2.1738)
Growth	0.7002*** (5.8637)	0.6417*** (4.3766)	0.6241*** (4.9005)
ROA	5.9478*** (6.3471)	3.2250*** (2.9729)	6.3859*** (6.2341)
常数项	-10.1186*** (-4.0212)	-26.7104*** (-7.1064)	-14.4428*** (-5.3859)
时间固定效应	控制	控制	控制
个体固定效应	控制	控制	控制
观测值	5710	4225	4543
Adj R²	0.765	0.810	0.759

注：***、**、*分别表示在1%、5%、10%的水平下显著，括号内为t值。

（1）替换核心解释变量。参照史金艳等（2019）的方法，本章采用特征向量中心度的对数（ln$Eigenvector$）作为程度中心度（ln$Degree$）的替代指标，检验其对企业韧性（Res）的影响。回归结果显示，特征向量中心度对企业韧性的影响系数为 0.0007 且在 5% 的水平下正向显著，与前文回归结果保持一致，由此说明基准回归结果具备一定的稳健性。

（2）样本子区间估计。考虑到 2015 年中国股市异常波动可能会对样本企业的韧性水平产生影响，因此剔除 2013~2015 年的样本并进行回归。第（2）列报告了样本在 2016~2022 年的回归结果。结果显示，供应链网络位置中心性对企业韧性的影响系数为 0.3486 并且在 5% 的水平下显著。结果证实在股市波动的影响之后，回归结果依旧稳健。

（3）剔除直辖市样本。不同省份之间存在着不同的经济发展水平以及政府政策，而与其他省份相比较，直辖市在经济发展水平、政府扶持力度以及基础设施建设等层面有着更为明显的优势，而企业的供应链网络位置易受到经济发展水平的影响，并且企业自身的韧性水平的高低也往往受到宏观环境的影响。基于此，剔除所有位于北京、天津、重庆和上海四个直辖市的样本企业，结果如表 6-6 第（3）列所示，回归系数为 0.2727 并在 10% 的水平下显著，证实了本章的结论有着较好的稳健性。

6.3.4 作用机制分析

经前文一系列研究与检验，证实了企业供应链网络位置的中心度会对企业韧性水平产生重要影响。接下来，本章将从吸收能力、商业信贷和企业投资三个角度来进行中介机制检验，揭示其传导路径。

6.3.4.1 吸收能力

依据社会网络理论，供应链网络为上下游企业提供了一系列的信息与资源，越靠近供应链网络中心位置的企业，接触到先进的技术与知识概率将大幅增加，因此可以加强企业知识吸收与整合的能力。靠近供应链网络中心位置的企业，不仅能够与整个网络中的合作伙伴们进行高效沟通，而且还可以在不断的交流与学习中积累经验。这种紧密而又频繁的联络促进了信息的共享与技术的融合，这种联系能够使得企业更快地捕捉行业趋势，优化自身的运营策略，从而提升自身的吸收能力。拥有较高的吸收能力的企业能够更加高效地整合新知识与新技术，帮助企业加速创新进程，从而可以帮助企业提升企业韧性，因此，吸收能力有很大可能在供应链网络位置与企业韧性之间的关系起到中介的作用。为此，本章使用研发投入占营业收入的比重来衡量企业的吸收能力，验证企业吸收能力在两者中的传导机制作用。表6-7第（1）列和第（2）列报告了中介变量（RD）与供应链网络位置（lnDegree）的回归结果，结果显示，供应链网络中心度的回归系数为0.3000，并且回归结果在5%的水平上正向显著，由此表明，位于供应链网络中心位置的企业通过提升吸收能力从而提升了企业韧性水平，假设H2得到验证。

表6-7　供应链网络位置影响企业韧性的作用机制检验结果：吸收能力与商业信贷

变量	（1） RD	（2） RD	（3） TC	（4） TC
ln$Degree$	0.7187*** (2.9859)	0.3000** (2.0803)	0.0074** (2.3980)	0.0032* (1.7398)
$Size$		0.2887** (2.2318)		0.0017 (1.0026)
$Top10$		0.0027 (0.4548)		-0.0002** (-2.0781)
Lev		-3.1811*** (-6.0061)		0.1124*** (16.6455)
$Cashflow$		-0.4924 (-0.6059)		0.0420*** (4.0506)
$Intangible$		6.8480*** (3.7446)		-0.0543** (-2.3260)

续表

变量	(1) RD	(2) RD	(3) TC	(4) TC
Growth		-0.6356*** (-4.6564)		0.0033* (1.9144)
ROA		-7.6105*** (-7.1083)		-0.0430*** (-3.1518)
常数项	3.8194*** (16.0486)	-0.9641 (-0.3361)	0.1025*** (33.6678)	0.0275 (0.7506)
时间固定效应	控制	控制	控制	控制
个体固定效应	控制	控制	控制	控制
观测值	5710	5710	5710	5710
Adj R²	0.411	0.910	0.800	0.911

注：***、**、*分别表示在1%、5%、10%的水平下显著，括号内为t值。

6.3.4.2 商业信贷

企业在发展的过程中其韧性水平往往面临着信息不对称以及资金链断裂的风险，因此商业信贷水平越高的企业往往具备着更好的企业韧性。一方面，企业在经营与研发的过程中需支出大量资金，若没有足够的资金支持，企业在生产经营中可能会面临不可预测的危机。另一方面，缺乏充足的信贷支持可能会抑制企业在创新方面的发展，这不仅是对现有产品与服务的升级，更是对未来市场趋势的前瞻性把握。在当前充满挑战与机遇的环境中，企业应确保有足够的资金来维持企业的运转，并且将资金投入到研发、市场等方面，这对于企业维持自身竞争力至关重要。提升企业自身的商业信贷水平意味着优化资本结构，降低融资成本，从而为企业的稳定发展保驾护航。

已有文献表明，当企业越靠近供应链网络中心位置时，越能获得更多的信贷支持，因此能够促进企业提升企业韧性水平。借鉴张济平和李增福（2024）的做法，采用应付账款与总资产的比值作为商业信贷的代理变量。

表 6-7 第（3）列和第（4）列报告了商业信贷（TC）和供应链网络位置中心性（lnDegree）的回归结果。结果显示，lnDegree 的回归系数为 0.0032 并且在 10% 的水平下显著，这表明越靠近供应链网络中心位置的企业越能获得更多的信贷支持，从而增强企业韧性。假设 H3 得到验证。

6.3.4.3 企业投资

根据已有研究可以得知，企业在寻找投资的过程中往往会存在着高额成本以及信息不对称等问题，从而导致投资效率低下，而投资效率低下会影响到企业的经营效果，从而影响企业的韧性水平。当企业建立了一个相对稳固且高效的供应链网络时，就能以相对较低的成本获取到企业自身所需要的信息与资源。高效的供应网络不仅能够帮助企业更快地收集供应商和客户的信息，还可以减少交易中的不确定性与风险。优化供应网络可以帮助企业确保其自身产品和服务的质量，并且也增强其自身对市场的适应能力和应变能力。当投资者处于供应链网络的中心位置时，从其他投资者处获取信息的速度相较于位于网络边缘的企业更快，从而可以帮助企业增加收益。此外，当企业具备良好的供应链网络位置时，企业与其他供应链伙伴建立信息交换的渠道将更多，从而有利于企业精准掌控投资机会，提高投资效率。因此，本章认为位于供应链网络的中心位置有助于企业提升其投资水平，而企业的投资水平的提高可以促进企业韧性水平的提升。为验证假设 H4，本章对企业投资水平展开机制检验。参考已有研究（李倩、吴昊和王嘉敏，2021）的做法度量企业投资水平（$Invest1$、$Invest2$），具体计算方法如下：

$$Invest1 = (购建固定资产、无形资产和其他长期资产支付的现金\\ - 处置固定资产、无形资产和其他长期资产收回的现金净额)/\\ 期初总资产$$

$$Invest2 = (购建固定资产、无形资产和其他长期资产支付的现金\\ + 取得子公司及其他营业单位支付的现金净额\\ - 处置固定资产、无形资产和其他长期资产收回的现金净额\\ - 处置子公司及其他营业单位收到的现金净额)/期初总资产$$

表 6-8 报告了以企业投资为中介变量的回归结果。结果显示，供应链网络位置中心性（lnDegree）与企业投资（Invest1、Invest2）的回归系数分别为 0.1362、0.1325，并且均在 5% 的水平上正向显著。这说明越靠近供应链网络的中心位置，企业投资效率越高，从而促进了企业韧性的提升。由此证实假设 H4。

表 6-8　供应链网络位置影响企业韧性的作用机制检验结果：企业投资

变量	(1) Invest1	(2) Invest1	(3) Invest2	(4) Invest2
lnDegree	0.1305 ** (2.2807)	0.1362 ** (2.3906)	0.1275 ** (2.2209)	0.1325 ** (2.3183)
Size		-0.1173 ** (-2.2947)		-0.0979 * (-1.9124)
Top10		0.0032 (1.3990)		0.0035 (1.5249)
Lev		-0.2283 (-1.0909)		-0.2495 (-1.1899)
Cashflow		-0.3640 (-1.1337)		-0.3559 (-1.1064)
Intangible		-2.4248 *** (-3.3560)		-2.3413 *** (-3.2341)
Growth		0.2815 *** (5.2194)		0.3222 *** (5.9632)
ROA		0.0929 (0.2197)		0.0697 (0.1644)
常数项	-0.0566 (-1.0189)	2.6103 ** (2.3034)	-0.0461 (-0.8280)	2.1631 * (1.9051)
时间固定效应	控制	控制	控制	控制

续表

变量	(1)	(2)	(3)	(4)
	*Invest*1	*Invest*1	*Invest*2	*Invest*2
个体固定效应	控 制	控 制	控 制	控 制
观测值	5710	5710	5710	5710
Adj R²	0.128	0.165	0.126	0.169

注：***、**、*分别表示在1%、5%、10%的水平下显著，括号内为t值。

6.4 进一步分析

由于企业所处的行业以及自身特质存在着差异，供应链网络位置对企业韧性产生的影响亦可能存在差异。为此，本章将从企业的产权性质、行业特征以及市场环境三方面展开讨论，深入探究供应链网络位置对企业韧性的差异化影响，以提供更有说服力的实证结果。

6.4.1 基于企业产权性质的异质性分析

考虑到供应链网络位置对企业韧性的影响在国有企业和非国有企业之间存在着一定的差异性，因此本章从以下两个方面对其进行预期假设：一方面，从企业资源角度来看，国有企业比非国有企业享有更多的资源，因此也在供应链网络中占据着一定的优势地位，具备着更强的融资与议价能力，从而对供应链网络位置中心性的敏感度表现出更弱的促进效应。而对融资能力差的非国有企业而言往往会表现出更快的反应速度以及更强的反应能力，优越的供应链网络位置能够帮助企业在一定程度上突破困境，从而促进企业韧性水平的提高。另一方面，从企业韧性角度来看，国有企业通常有着更大的企业规模、更长的企业年龄、更强的经济发展水平，因此已具备较强的企业韧性，能够及时对外界的变化和冲击作出反应，这就使得国有企业对供应链网络位置促进效应的敏感度较低，即使位于供应链网络位置的中心，也仍旧无法大幅提高其企业韧性。而非国有企业大多规模较小，并且存在着一定的融资约束。非国有企业若想具备更强的企业韧性，就要借助供应链网络位置的资源来实现其长远发展，因此对供应链网络位置的促进效应存在着更大的敏感度。因此本章预期假设，在非国有企业中，供应链网络位置对于企业韧性的促进效果更加显著。

为此，本章将样本划分为国有企业和非国有企业两组，进行分组回归检验，以探讨不同产权性质下供应链网络位置对于企业韧性的影响效果。表6-9第（1）列和第（2）列报告了不同产权性质下的回归结果。结果显示，国有企业的供应链网络位置（$lnDegree$）的系数为0.0582但并不显著，而非国有企业的影响系数为0.5663并且在1%的水平下显著。这表明供应链网络位置对非国有企业的企业韧性水平的促进效应更强，证实了本章的预期假设。

表6-9　供应链网络位置影响企业韧性的异质性检验结果：根据产权性质和行业性质分组

变量	国有企业 (1) Res	非国有企业 (2) Res	制造业 (3) Res	非制造业 (4) Res
$lnDegree$	0.0582 (0.4858)	0.5663*** (2.6157)	0.2065 (1.3830)	0.6598*** (2.7982)
$Size$	0.3857*** (3.1262)	0.7824*** (4.2175)	0.6053*** (4.3848)	0.3784* (1.7417)
$Top10$	0.0086 (1.3467)	0.0414*** (5.2796)	0.0151*** (2.6481)	0.0851*** (7.5792)
Lev	-0.5871 (-1.0832)	-0.6130 (-0.8778)	-0.5022 (-0.9342)	-1.6619* (-1.7358)
$Cashflow$	1.5260** (2.0341)	3.2253*** (2.8621)	2.4503*** (3.0446)	1.5724 (1.0855)

续表

变量	国有企业 (1) Res	非国有企业 (2) Res	制造业 (3) Res	非制造业 (4) Res
Intangible	-0.5427 (-0.3508)	-8.1761*** (-2.8994)	-8.7396*** (-3.7002)	-0.7830 (-0.3202)
Growth	0.4402*** (3.2104)	0.7025*** (3.9255)	0.6291*** (4.5802)	0.8778*** (3.5484)
ROA	3.4244*** (3.1084)	5.9923*** (4.2708)	5.3054*** (4.7630)	5.0717*** (2.8402)
常数项	-8.0790*** (-2.9641)	-17.1706*** (-4.2223)	-12.1177*** (-4.0042)	-11.9320** (-2.4055)
时间固定效应	控制	控制	控制	控制
个体固定效应	控制	控制	控制	控制
观测值	2393	3317	3959	1751
Adj R²	0.729	0.776	0.794	0.722

注：***、**、*分别表示在1%、5%、10%的水平下显著，括号内为t值。

6.4.2 基于企业所处行业性质的异质性分析

由于企业所处行业存在着差异性，它们在复杂的供应链网络中扮演着不同的角色，并占据不同的位置。这些差异性不仅影响了企业的整体运营效率，还可能导致供应网络位置对于企业韧性的影响程度呈现出差异化的表现。例如，某些行业在应对市场波动时可能更加依赖于企业自身所处的供应链网络位置，而其他行业则可能更注重于技术创新和品牌影响力。因此，不同行业的供应链网络位置对于企业韧性的影响是多方面的，需要根据具体行业特性来深入分析和理解。相对于非制造业的企业，制造业企业通常对供应链的依赖程度较高，较高的进入壁垒使其独特的研发能力成为企业实现可持续发展的关键，因此也更容易处于供应链网络中的中心位置。而非制造业企业对供应链的依赖程度就相对较低，大多扮演着咨询与服务的角色。但由于制造业企业已具备一定的供应链网络位置优势，并且相对于非制造业，制造业企业通常具备着更强的企业韧性，因此制造业企业的供应链网络位置对于企业韧性的促进作用要弱于非制造业，敏感度更低，而非制造业就对此有着更高的敏感度。因此，本章预期假设供应链网络位置对企业韧性的促进作用在非制造业中更为显著。

为验证初步猜想，本章将初始样本分为制造业和非制造业两组样本并进行分组回归检验。表6-9的第（3）列和第（4）列显示了行业特征的分组回归结果，结果显示，制造业的供应链网络位置（ln$Degree$）的回归系数为0.2065，并且不显著，但非制造业的供应链网络位置（ln$Degree$）的回归系数为0.6598，并且1%的水平下显著，这表明供应链网络位置对企业韧性的影响存在着行业间的异质性，并且此影响作用在非制造业企业之间更为显著，验证了预期假设猜想。

6.4.3 基于企业所处市场环境的异质性分析

已有研究表明，市场环境是影响企业市场交易的重要因素之一，当企业具备较高的市场化水平，即当市场环境较好时，往往能使其更易位于供应链网络的中心位置，从而促进企业韧性水平的增强。因此，本章预期当企业所处市场环境较好时，供应链网络位置中心性对企业韧性的促进效应更强。参考巫强和姚雨秀（2023）的研究，本章采用地区市场化水平和行业竞争程度两个角度来分析市场环境的异质性。

本章参照胡李鹏、王小鲁和樊纲（2020）的做法，采用地区市场化水平来衡量企业所处地区的市场环境状况，并做分组检验。将企业所处省份的市场化指数用作衡量市场环境的指标，并分别按照中位数分为高市场化地区和低市场化地区。表6-10列示了市场环境的分组回归结果。第（1）列报告了高市场化地区的回归结果，结果显示，供应链网络位置（ln$Degree$）的系数为0.5213，且在5%的水平下正向显著，说明处于高市场化地区的企业的供应链网络位置中心性对企业韧性具备着更强的促进能力。第（2）列则报告了低市场化地区企业的回归结果，回归结果并不显著，因此表明低市场化地区对供应链网络位置中心性对企业韧性的促进效应并不敏感。

表6-10 供应链网络位置影响企业韧性的异质性检验结果：根据市场环境分组

变量	高市场化 (1) Res	低市场化 (2) Res	高竞争行业 (3) Res	低竞争行业 (4) Res
ln$Degree$	0.5213 ** (2.4925)	0.1064 (0.6155)	0.2060 (1.1795)	0.5270 *** (2.7515)
$Size$	0.6956 *** (3.5776)	0.3808 ** (2.3942)	0.7997 *** (4.7475)	0.1742 (0.9984)
$Top10$	0.0292 *** (3.4751)	0.0256 *** (3.4359)	0.0257 *** (3.3254)	0.0469 *** (6.2823)
Lev	-1.4230 * (-1.8691)	0.3694 (0.5479)	-0.8178 (-1.1758)	-0.5747 (-0.8442)
$Cashflow$	3.6905 *** (3.0811)	1.0274 (1.0692)	0.8135 (0.8484)	3.4543 *** (3.0874)
$Intangible$	-3.8411 (-1.1307)	-5.0579 ** (-2.4837)	-3.4443 * (-1.7226)	-12.5121 *** (-4.3063)
$Growth$	1.0367 *** (5.0517)	0.5061 *** (3.1808)	0.5058 *** (2.9273)	0.7813 *** (4.3758)
ROA	4.0165 ** (2.5226)	7.2058 *** (5.4878)	6.7607 *** (5.1999)	3.9705 *** (2.8680)
常数项	-15.1956 *** (-3.4662)	-8.3903 ** (-2.4189)	-17.9800 *** (-4.7222)	-4.0935 (-1.0715)
时间固定效应	控制	控制	控制	控制
个体固定效应	控制	控制	控制	控制
观测值	2914	2796	2704	3006
Adj R^2	0.811	0.748	0.745	0.812

注：*** 、** 、* 分别表示在1%、5%、10%的水平下显著，括号内为t值。

本章采用行业竞争程度来反映企业所处行业的市场环境，通过行业赫芬达尔指数来衡量行业竞争程度，并以中位数为标准，将样本分为高竞争行业与低竞争行业进行分组回归检验。企业所处行业竞争越激烈，则意味着其对供应商和客户的选择范围更大，因此其在供应链网络位置中越远离中心地位。相反，行业竞争越小的企业，选择范围越小，则更易在供应链网络位置中靠近中心地位。

表6–10第（3）列和第（4）列报告了分组检验的回归结果。第（3）列报告了高竞争行业的回归结果，系数为0.2060但结果并不显著，说明供应链网络位置的中心性对企业韧性的促进效果在高竞争行业并不明显。第（4）列报告了低竞争行业的回归结果，结果显示 $lnDegree$ 的回归系数为0.5270且在1%的水平下显著，这说明企业所处的行业竞争程度越低，供应链网络位置对企业韧性的促进效应越明显。

总体结果表明，在不同的市场环境下，企业的供应链网络位置对企业韧性的影响存在着一定的差异。在高市场化地区、低竞争行业中，企业的供应链网络位置中心性对企业韧性的正向影响效果更加明显。这说明，当企业所处环境的机会主义风险较低时，企业的供应链网络位置对企业韧性的助推效果更加显著，证实了预期的猜想。

6.5 本章小结

本章首先从理论层面分析了供应链网络位置对企业韧性的影响，提出了供应链网络位置影响企业韧性的理论框架。其次，构建了供应链网络位置影响企业韧性的双向固定效应模型，利用2013~2022年中国沪深A股非金融业上市公司年度数据，采用Pajek软件计算得出样本企业供应链网络中心性指标，并实证检验供应链网络位置对企业韧性的影响作用及其作用机制。再其次，采用工具变量两阶段最小二乘法、非线性关系检验、调整回归模型等方法排除了基准回归中潜在的反向因果、遗漏变量、非线性相关等内生性问题，

第 6 章 供应链网络位置对企业韧性的影响及作用机制

采用替换解释变量、样本子区间估计、剔除直辖市样本等三种方法进行稳健性检验。最后，采用 OLS 方法实证检验了企业产权性质、所处行业、所在地区市场化水平和行业竞争性对供应链网络位置影响企业韧性的异质性作用。

研究结果表明：第一，企业越靠近供应链网络的中心位置，韧性水平越高，这一结论在经过内生性处理以及一系列的稳健性检验之后依旧成立。第二，靠近供应链网络中心位置的企业，通过增强吸收能力、商业信贷以及企业投资能力，促进了企业韧性水平的提升。第三，供应链网络位置对企业韧性的促进效应在非国有企业、非制造业、市场化水平高以及低行业竞争力的企业中更为明显。第四，企业可以通过提升交易成本、供应链配置、企业规模和降低企业竞争地位来提升自身的供应链网络位置。

相较于已有文献，本章可能存在的边际贡献如下：第一，丰富和拓展了供应链网络位置的经济后果和研究框架。已有研究主要通过案例分析、问卷调查以及前五大供应商（客户）等方法测度供应链网络指标，但仅有较少文献从上下游全局的角度出发，构建供应链网络对供应链网络位置的经济后果展开实证研究。本章研究发现在供应链网络中，优越的供应链网络位置能使企业拥有更多的信息与资源，将为后续研究强化对这一领域的认识。第二，改进企业韧性的衡量方法。目前已有文献大多只聚焦于波动性或成长性，本章遵循企业韧性"超越论"的观点，结合波动性和成长性两个维度，利用熵值法构建了能更加全面反映企业韧性的指标，此改进方法是对衡量微观层面的企业韧性的有益完善，提升了后续相关研究的说服力。第三，证实了供应链网络位置对企业韧性的传导路径。本章从吸收能力、商业信贷以及企业投资三方面进行了中介机制检验，揭开了供应链网络对于企业韧性影响作用机制这一"黑箱"。

第 7 章

董事关系网络对企业韧性的影响及作用机制

董事关系网络是构成企业治理结构的重要因素，对该网络的有效利用对企业的未来发展起着深远影响。不同董事在一家公司中共同担任董事职务，即为董事关系网络。董事关系网络的构建很大程度上决定着企业内部的权力分配和内部控制质量（张川、罗文波和李敏鑫，2022）。董事在网络中越处于中心位置，越有助于企业的资源获取和信息传递。研究董事关系网络对企业韧性的影响，将企业的治理结构与企业的长期发展有机地联系在了一起，有助于深入探讨影响企业韧性的有效途径。

随着社会网络理论的兴起和发展，近年来，学者们开始关注到社会网络在企业发展中的重要作用。董事关系网络作为社会网络的一个组成部分，其在企业治理中的合理利用也受到了学者们的重视。通过研究该网络的结构和特点，能够探究其在运营管理中的利弊，揭示其对企业韧性的影响机制，为企业如何提高其韧性能力提供理论支撑。但就现有研究来讲，有关董事关系网络对企业韧性的影响的研究还比较匮乏，当前研究主要关注董事关系网络对连锁企业行为的作用后果，并围绕以下三大维度展开。

首先，研究聚焦于董事关系网络与连锁企业绩效之间的内在联系。伯特（Burt，1980）率先探讨了董事网络与财务绩效之间的正相关关系，并基于资源依赖理论进行了深入阐释。廖和陈（Liao and Chen，2020）进一步发现基于连锁独立董事而形成的董事关系网络能够有效保障现金流的稳定，从而有助于企业绩效的提升。郭瑞娜和曲吉林（2020）通过对上市公司的财务数据进行分析，证实了企业在董事网络中的优势地位能够显著减少财务违规次数，提升财务信息质量，进而有助于企业财务绩效的提升。此外，钱丽萍等（2023）的研究也揭示了独立董事网络对创新绩效的积极推动作用。而法比奥（Fabio，2018）的研究提出董事社会网络影响的差异性，即董事关系网络对于企业绩效的影响是非线性、多样化的。

其次，研究聚焦于连锁董事关系网络在企业间行为传播与影响方面的作用机制。曲吉林和于亚洁（2019）发现了董事关系对提升公司信息披露质量的积极作用，能够增强市场透明度。杨小娟、李方晗和赵艺（2022）基于内部控制缺陷视角，发现在连锁董事所在的企业存在内部控制问题时，其所在的其他企业内控质量将会提升。王琦、王孔文和徐鹏（2023）揭示了企业社会责任模仿行为与企业价值之间的复杂关系，并强调董事关系网络在这一过程中的调节效用。然而，也有研究如胡海峰等（2022）指出，董事关系网络可能成为不良治理行为传播的渠道，对企业治理造成负面影响，且关联企业间的资源差异越显著，资源稀缺型企业越易受操控，产生违规行为，揭示了董事关系网络在财务欺诈行为传播中的关键角色。

此外，研究还关注了董事关系网络对董事个体行为的影响。李洋、王婷婷和罗建志（2023）的研究强调了董事网络位置对促进高管能力提升的重要作用，发现董事网络位置可以增强高管能力与融资成本二者之间的负相关关系。此外，学者们的研究发现董事关系网络位置越占优势，高管薪酬的黏性越弱（李洋、汪平和张丁，2019），说明董事关系网络有利于规范高管行为。然而，崔九九和刘俊勇（2022）的研究也指出了董事兼任多个职务可能带来的问题，如时间和精力分散，从而可能损害董事会的监督职能。

在深入梳理董事关系网络与企业韧性相关文献的基础上，本章认为现有研究在研究内容方面，对于董事关系网络如何影响企业韧性的认识尚未达成共识，尽管学者们在不同情境下探讨了董事关系网络对企业的作用后果，但对企业韧性的具体作用机制及影响结果仍待进一步揭示。同时，企业韧性的维度划分缺乏统一标准，这导致了研究结论的多样性和难以借鉴的问题。本章从长期适应的视角出发，划分企业韧性的维度，并深入剖析董事关系网络的影响。在研究方法方面，以往研究多依赖于案例研究和问卷调查等传统方法，使用大样本长期数据的实证数据研究较少。故本章采用实证分析方法，以我国 2013~2022 年 A 股上市公司面板数据为基础，构建董事关系网络与企业韧性的关系模型，并进行回归分析与验证。

7.1 理论假设

7.1.1 董事关系网络与企业韧性

通过对现有研究进行梳理和分析，不难发现董事关系网络对企业的运营和发展产生多方面的积极影响。本章立足于长期视角，将企业韧性划分为波动性和增长性两个核心维度，探讨企业生存和发展所需的能力。

从波动性维度来看，企业面临着来自市场环境变化、潜在竞争者的威胁以及行业发展的不确定性等多方面的风险。这些风险的发生可能使一个日常运营良好的企业直接面临"灭顶之灾"。因此，企业能否在突发事件发生时迅速做出反应，甚至得以逆向成长，是一个企业能否持续健康发展的关键因素。社会网络理论认为，董事关系网络并不仅是一个简单的社交网络，更是企业获得关键信息和对环境变化迅速反应的有效途径。由于董事会成员拥有丰富的内外部经验和资源，在网络中，其能够通过彼此间的沟通和合作，帮助企业应对各种风险和挑战。董事还能够对企业的决策制定提出有效建议，谋划企业未来的长远发展。该关系网同样也是企业与外部联系的枢纽，在吸引潜在合作伙伴、拓展市场、吸纳资源等方面起着至关重要的作用。企业还可以通过与其他机构的合作或兼并，形成规模效应，从而有效降低交易成本，促进自身的不断成长壮大。所以董事关系网络作为社会网络的组成部分，不仅有利于及时收集、处理和传递关键信息，也有助于提升企业的决策和风险应对等方面的能力，在企业发展中的地位举足轻重。

董事关系网络作为社会网络的一部分，其有效利用对于企业的发展不可或缺。若董事能够处于该网络中的优势位置，往往具备更强的识别风险的能力，能够凭借自身独有的社会资源为企业及时收集、处理和传递与行业动态、市场趋势和潜在竞争者的威胁等有关的有效信息。通过关键信息的获取，不仅能够极大程度降低因信息不对称而给企业带来的交易成本，也能使企业更快更准确地制定发展方针及策略，减少决策失误的情况发生，避免了股价大幅波动等不利影响。除能带来丰富的信息资源外，董事关系网络还能为企业提供经济、技术等多方面的支持，使其在危机中拥有更充足的资本应对所面临的风险，确保企业的正常运营和持续发展。故本章认为当董事处于网络中心的位置时，企业缓解波动性的能力越强。

从增长性维度来看，董事关系网络中的董事能够进行高效沟通。根据资源依赖理论，企业通过董事网络等社会网络途径，获取对其生存发展至关重要的外部资源，以应对内部资源匮乏的问题。在董事网络中，连锁董事作为组织间维系相互依赖或相互依存关系的桥梁，其存在对于企业的资源获取、利用和分配不可或缺。董事网络作为企业的一种潜在资源，能够为企业提供与行业未来发展趋势、市场环境变化和现有及潜在竞争者可能采取的行动等相关信息支持。网络中的董事除了能够为企业交换、提供和吸纳各种信息资源外，还能利用其在网络中的核心位置，为企业吸收大量的经济、人才和技术等资源，为企业的壮大注入源源不断的生命力。

在企业内部对该网络的充分利用可以打破各部门间的信息壁垒，促进内部的沟通与合作，使得不同部门间意见得以充分交换，并提高决策效率和响应速度，促进企业的稳定发展。而在企业外部，董事关系网络中的董事，有能力从外部获得更多的资源。一般来说，当董事处于该网络更加中心的位置时，较边缘董事能够获得更多有关行业发展和技术创新的有用信息，及时掌握行业热点，并有能力取得更多关键资源，为企业的技术升级、创新发展（钱丽萍等，2023）甚至是企业转型都提供了有力支撑。而身处董事关系网络中的董事不仅能够建立良好的信任与合作关系，也推动了彼此所在的不同企业间建立并深化合作关系，实现共赢。董事关系网络还能为企业带来一定的品牌效应和商业信誉，使其行业地位得以提升。这将为企业吸引更多的投资者和合作伙伴，使企业得以发展壮大，实现产品销量的快速增长和企业绩效的稳步提升。

综上所述，董事关系网络通过缓解波动性和促进增长性两个方面的积极影响，有效地增强了企业的发展。故本章提出如下假设：

H1：董事关系网络可以显著增强企业韧性。

7.1.2 董事关系网络影响企业韧性的作用机制

资源依赖理论指出企业的生存和发展有赖于对关键资源的获取，资本作为企业的运营过程中的核心资源，其获取与运用直接关联到企业价值最大化目标的实现。然而，当企业面临严重的融资约束时，其资本结构和商业决策将受到巨大影响，进而阻碍企业价值的实现。研究表明，融资约束会降低企业的韧性，董事关系网络可以缓解实际企业运行过程中的融资约束（陈丹临，2023）。

从企业投资角度来看，融资约束的发生使得企业的投资项目缺少资金的支撑。这将可能造成企业与潜在的高回报项目失之交臂，或导致企业被迫将资金投资于对企业的投资回报和整体发展造成影响的风险更高而回报更低的投资领域。企业也可能因此而减少在研发、技术创新和市场拓展上的投入，从而导致企业长期竞争力的削弱。从企业经营层面来看，企业在无法实现资金融通的情况下，可能会面临原材料采购困难、工资发放延迟、无法按时偿还债务、客户和供应商对企业产生信任危机等问题，这将对企业的正常经营产生巨大影响，也会对企业的声誉带来损害。资金的不足还可能影响企业的生产模式，使企业不能通过扩大生产经营规模或实施多元化经营来产生规模效应并分散经营风险，使企业在市场竞争中处于不利位置。从公司治理的角度看，良好的公司管理体系需要聘用高质量的管理人员，构建高效的内部管理机制，而这些都需要充足的资金支持。融资约束将使企业在这些方面的投资受到限制，从而对企业的治理效果和长远发展造成影响。这表明，提高企业韧性的有效方式之一就是缓解上市公司经营中的融资约束。

董事是公司治理的主力，董事关系网络的有效利用能够降低企业运营中的融资约束，具体分析如下。董事关系网络作为社会网络中的重要组成部分，网络中的董事交往密切，彼此之间能够相互学习和借鉴。这在一定程度上会促进董事自身能力的发展，使其能够更加合理地安排企业的资本结构以降低融资成本。网络中的董事还能进行彼此间的监督与合作，为企业带来了更多的资源和监督力量，促使企业利用资金的合理化和效率化。董事关系网络也给企业带来多样化的资源供应，如信息资源、财务资源和技术资源等，使得企业能够及时地把握市场中出现的融资机会。这也使企业在向金融机构等融资机构借款时，有更多的谈判筹码和底气，以此减少融资所付出的代价。此外，当企业董事处于网络中更加优势的位置时，往往使得企业能与外部的金融机构及合作伙伴建立密切的合作关系。该关系的建立使得企业能够获得外部投资者和融资机构的信任，降低了融资难度和风险（李小青等，2020），从而拥有更强的韧性和抗风险的能力。

综上所述，本章提出如下假设：

H2：董事关系网络可以有效缓解企业融资约束，进而提升企业韧性水平。

7.2　研究设计

7.2.1　样本选取与数据来源

本章选取 2013~2022 年 A 股上市公司作为研究样本。涉及的董事数据来自中国研究数据库平台（CNRDS），并使用 Pajek 软件自行计算董事网络中心度的相关数据，以衡量董事关系网络的密切程度，其他数据来自国泰安数据库（CSMAR）。同时，为确保数据有效性，将根据下列原则对初始样本数据进行处理：鉴于金融业的特点和数据的特殊性，根据中国证券监督管理委员会2012年版《行业分类准则》，对金融业的上市公司进行了剔除；由于被ST或*ST的上市公司面临退市风险，本章已剔除此类特殊处理的上市公司；鉴于部分数据存在偏差，极端值可能对本章的实证结果造成显著影响。为消除这种潜在的影响，确保研究的准确性和可信度，对主要连续性变量进行了上下1%的缩尾处理，使得研究结论更为稳健和可靠。经过以上处理，最终得到了2013~2022年的13658个样本数据。

7.2.2 变量定义与说明

7.2.2.1 被解释变量：企业韧性（Res）

本章借鉴奥尔蒂斯－德－曼多哈纳和班赛尔（Ortiz-de-Mandojana and Bansal，2016）的研究框架，将企业韧性解构为低波动性和高增长性这两个核心维度，并采用熵值法计算得到样本企业在各年度的韧性水平。在波动性方面，本章采用一年内月度平均股价的标准差作为量化指标，该指标越小，说明企业在面对市场波动时，其财务状况越稳定，从而反映出企业韧性的强度。在增长性方面，本章摒弃了单一的同比增长率指标，采用$t-2$、$t-1$、t三年内销售收入增长率的累计值来衡量企业的长期成长能力，以更全面地反映企业的持续增长态势。

7.2.2.2 解释变量：董事关系网络（Degree）

参考已有文献，选取程度中心度进行衡量。计算方法如下所示：

$$Degree_i = \sum_{j \neq i} x_{ji}$$

程度中心度，作为网络分析中的关键指标，可精准量化董事在网络中的连接数量，从而反映其在董事网络中的位置。其中，i指代某一特定董事，而x_{ji}则构成董事间关系的邻接矩阵，其元素值以1或0表示董事间的连锁关系存在与否。当董事 i 与董事 j 存在连锁关系,即两者分属不同公司但至少在一家公司中共同担任董事职务时,该矩阵的对应位置将赋值为 1,否则为 0。程度中心度是衡量董事关系网络紧密程度的有效工具,其数值越大,表明网络中的关系越为紧密。鉴于不同年份上市公司董事数量的变化可能导致规模差异,本章采取计算各企业董事程度中心度中位数的方法来消除这一影响。

7.2.2.3 中介变量:融资约束(WW)

对于融资约束的度量指标,目前缺乏固定的财务指标来衡量企业融资约束,本章参照潘红波和杨海霞(2022)的做法,选择 WW 指数度量模型计算企业融资约束。其计算公式如下:

$$WW = -0.091CTA - 0.062DIV + 0.021LTA - 0.044TALN \\ + 0.102IGR + 0.035SGR$$

其中,CTA 代表现金流/总资产;DIV 代表股利支付;LTA 代表长期负债/资产;$TALN$ 代表资产的自然对数;IGR 代表行业平均销售增长率;SGR 代表销售收入增长率。该指数越大,代表企业面临的融资约束程度越强烈。

7.2.2.4 控制变量

为减轻遗漏变量对回归结果的影响,本章在借鉴已有研究的基础上,从企业资产水平、公司治理、经营与财务状况三个层面选取控制变量,具体包括:固定资产($Gdzc$),采用固定资产在总资产中所占比例衡量,反映企业资产的构成情况;企业规模($Size$),取总资产的对数度量,反映企业规模大小;独董比例($Indep$),以独董人数占董事会总数比例体现,反映企业治理的独立程度;董事人数($Board$),以董事会总人数表示,反映企业决策层的规模;盈利能力(Roe),以净利润占股东权益余额的比重衡量,体现企业的盈利能力;偿债能力(Lev),以总负债占总资产的比率度量,体现企业的偿债能力;现金流比例($Cashflow$),以现金及现金等价物占总资产的比例量化,反映企业资金的流动性。同时,本章引入时间和企业固定效应,以消除由于时间差异和企业层面不可观测因素对数据结果的影响。各变量的含义与描述性统计结果如表 7-1 所示。

表 7-1　　　　　　　　变量含义与描述性统计

变量	含义	均值	标准差	最小值	最大值
Res	企业韧性	0.033	0.043	0.002	0.678
$Degree$	董事关系网络	2.882	0.350	2.079	3.829
$Gdzc$	固定资产	0.230	0.161	0.005	0.706
$Size$	企业规模	22.630	1.257	20.290	26.410
$Indep$	独董比例	0.375	0.054	0.333	0.571
$Board$	董事人数	2.138	0.197	1.609	2.708
Roe	盈利能力	0.083	0.062	-0.018	0.312
Lev	偿债能力	0.442	0.181	0.072	0.846
$Cashflow$	现金流比例	0.055	0.061	-0.112	0.236

7.2.3　基准回归模型设计

为检验董事关系网络对企业韧性的影响，本章建立以下计量模型：

$$Res_{i,t} = \alpha_0 + \alpha_1 Degree_{i,t} + \alpha_2 Controls_{i,t} + Company_i + Year_t + \varepsilon_{i,t}$$

其中，被解释变量 $Res_{i,t}$ 为企业韧性，$Degree_{i,t}$ 代表解释变量董事关系网络，$Controls_{i,t}$ 表示控制变量集，$Company_i$ 和 $Year_t$ 分别为企业和时间固定效应。$\varepsilon_{i,t}$ 为随机扰动项。

7.3　实证结果及分析

7.3.1　基准回归

表 7-2 列示了董事关系网络与企业韧性的基准回归结果。本章首先在实

证研究中仅纳入了核心解释变量——董事关系网络（Degree），结果如第（1）列所示，可以发现 Degree 的系数在 1% 的水平上显著为正，这初步验证了研究假设 H1，即董事关系网络能够有效提升企业韧性。在保持对个体和时间的固定效应不变的前提下，第（2）列~第（4）列在第（1）列的基础上依次加入了企业资产水平、公司治理、经营与财务状况等多个层面的控制变量进行实证研究。结果表明，Degree 的系数在引入控制变量后依然保持为正数，且仍在 1% 的水平上显著。这一结果充分说明，在考虑不同方面因素的影响后，董事关系网络（Degree）仍对企业韧性（Res）的提升起着促进作用，进一步证实了假设 H1。

表 7-2　　　　董事关系网络影响企业韧性的基准回归结果

变量	(1) Res	(2) Res	(3) Res	(4) Res
Degree	0.0039*** (3.7670)	0.0033*** (3.1910)	0.0029*** (2.7515)	0.0029*** (2.7964)
Gdzc		-0.0226*** (-4.7543)	-0.0223*** (-4.6927)	-0.0137*** (-2.9254)
Size		0.0082*** (9.3011)	0.0081*** (9.1399)	0.0090*** (9.8510)
Indep			0.0280*** (2.6808)	0.0232** (2.2735)
Board			0.0087** (2.4242)	0.0066* (1.8775)
Roe				0.1219*** (19.5566)
Lev				-0.0178*** (-4.9565)
Cashflow				0.0121** (2.0074)

续表

变量	(1) Res	(2) Res	(3) Res	(4) Res
常数项	0.0218 *** (7.2404)	−0.1564 *** (−7.7533)	−0.1821 *** (−8.2710)	−0.2025 *** (−9.1343)
时间固定效应	控制	控制	控制	控制
个体固定效应	控制	控制	控制	控制
观测值	13658	13658	13658	13658
Adj R²	0.521	0.526	0.526	0.545

注：***、**、* 分别表示在1%、5%、10%的水平下显著，括号内为 t 值。

7.3.2 内生性处理

为防范研究中的内生性干扰，本章实施了包括行业与省份固定效应控制、工具变量法以及非线性关系检验等多重内生性检验。经验证，即便排除潜在内生性影响，前述结论依然稳健有效。

7.3.2.1 控制行业和省份的固定效应

企业所属行业的特点差异会对企业董事关系网络结构产生一定影响，进而使得不同行业中的董事关系网络在效用发挥上展现出不同的特色。具体而言，在快速发展的互联网与科技领域，董事关系网络在促进技术信息的交流、加强企业间的合作与协同方面发挥着重要作用，从而有力推动了科技创新的步伐。相对而言，在地产与基建等传统行业中，董事关系网络则更多地扮演了融资渠道的角色，通过连锁董事的声誉优势，有效降低了企业的融资成本。在这种背景下，公司的董事关系网络丰富度与其所处的行业特点紧密相连。为了消除模型中的行业内生性干扰，本章对行业进行控制，在保持控制变量一致性的基础上，同时对行业进行固定，研究结果如表7-3的第（1）列和第（2）列所示，可以发现基准回归结果仍旧显著。

表7-3 董事关系网络影响企业韧性的内生性处理结果：调整固定效应

变量	(1) Res	(2) Res	(3) Res	(4) Res
Degree	0.0038*** (3.6598)	0.0029*** (2.7455)	0.0039*** (3.7466)	0.0029*** (2.7967)
Gdzc		-0.0145*** (-3.0068)		-0.0137*** (-2.9075)
Size		0.0096*** (9.9015)		0.0092*** (9.8639)
Indep		0.0237** (2.3084)		0.0237** (2.3141)
Board		0.0070* (1.9579)		0.0068* (1.9027)
Roe		0.1228*** (19.6148)		0.1221*** (19.5496)
Lev		-0.0170*** (-4.6611)		-0.0176*** (-4.8946)
Cashflow		0.0121** (1.9970)		0.0123** (2.0388)
常数项	0.0221*** (7.3025)	-0.2154*** (-9.2771)	0.0218*** (7.2381)	-0.2055*** (-9.1674)
时间固定效应	控制	控制	控制	控制
个体固定效应	控制	控制	控制	控制
行业固定效应	控制	控制		
地区固定效应			控制	控制
观测值	13658	13658	13658	13658
Adj R²	0.521	0.546	0.520	0.544

注：***、**、*分别表示在1%、5%、10%的水平下显著，括号内为t值。

同样地，地域性差异也会对研究结果产生影响。由于各省份的经济状况、政策环境、文化背景等方面均存在不同，故不同省份的企业的经营、投融资和资源分配等方面也常采取不同的处理方法，面临着迥异的风险与机遇。本章考虑到董事关系网络在不同省份中的作用方式和效用可能有所不同，为了消除地域性差异对结果的潜在干扰，在实证研究中对省份进行固定。从表7-3第（3）列和第（4）列的实证结果可以看出，固定省份后，董事关系网络对企业韧性的影响依然在1%水平上显著为正，这进一步证实了本章的观点。

7.3.2.2 工具变量法

为了克服董事关系网络与企业韧性之间可能存在反向因果内生性问题，本章参考罗栋梁和翟悦如（2023）的研究，选取各董事接近中心度的中位数（Closeness）作为解释变量的工具变量，进行了相应的工具变量检验。接近中心度的具体计算方式如下：

$$Closeness_i = \left[\sum_{j=1}^{g} d(i, j) \right]^{-1}$$

接近中心度，是衡量董事在网络中相对位置的指标，指董事与董事网络中所有其他董事之间的最短路径长度之和的倒数。上述公式中，$d(i, j)$代表董事i到董事j的距离，即为最短路径的长度。通过接近中心度的计算，能够了解董事在网络中的独立程度以及与其他董事之间的相距程度。为避免董事规模不同而对计算结果产生影响，本章对董事接近中心度取中位数进行衡量，当接近中心度的中位数数值越大，表明企业与网络中其他企业的联系更为紧密。

选择接近中心度作为工具变量，是因为接近中心度与程度中心度之间具有相关性，这是将其选为工具变量的关键依据。这种相关性确保了接近中心度能够有效地代表和反映程度中心度，满足了工具变量选取的相关性要求。其次，接近中心度体现的是董事在网络中的位置及其与其他董事的接近程度，与企业韧性这一核心要素没有直接关联性。其与企业韧性的直接联系相对有限，使其符合工具变量选取的外生性条件。

第7章 | 董事关系网络对企业韧性的影响及作用机制

在确定了接近中心度作为工具变量后,本章采用了两阶段最小二乘法模型对基准回归进行了修正。表7-4第(1)列和第(2)列报告了第一阶段的回归结果,在第一阶段的回归中,工具变量(Closeness)与解释变量(Degree)之间的回归系数显著为正,且F值为136.00,远大于10,充分证明了工具变量选取的有效性,排除了弱工具变量的可能性。第二阶段回归结果如表7-4第(3)列和第(4)列所示:董事关系网络的回归系数在5%和10%的水平上显著,这进一步证实了本章的核心结论——董事关系网络对企业韧性具有显著正向作用。

表7-4　董事关系网络影响企业韧性的内生性处理结果:工具变量法

变量	(1) Degree	(2) Degree	(3) Res	(4) Res
Closeness	2.2658*** (25.7722)	2.1165*** (24.3893)		
Degree			0.0110** (2.4997)	0.0083* (1.8087)
Gdzc		-0.0349 (-0.8352)		-0.0136*** (-2.8850)
Size		0.0235*** (2.8793)		0.0089*** (9.5557)
Indep		0.5424*** (5.9729)		0.0197* (1.8551)
Board		0.5747*** (18.5743)		0.0032 (0.6951)
Roe		-0.0486 (-0.8769)		0.1222*** (19.5633)
Lev		-0.0124 (-0.3901)		-0.0177*** (-4.9253)
Cashflow		0.1010* (1.8840)		0.0115* (1.8937)

续表

变量	(1) Degree	(2) Degree	(3) Res	(4) Res
常数项	2.5897*** (223.9161)	0.6567*** (3.3319)	0.0266*** (3.8587)	0.0614*** (7.3819)
时间固定效应	控制	控制	控制	控制
个体固定效应	控制	控制	控制	控制
观测值	13658	13658	13658	13658
Adj R^2	0.447	0.466	0.222	0.158

注：***、**、*分别表示在1%、5%、10%的水平下显著，括号内为t值。

7.3.2.3 非线性关系检验

通过加入程度中心度的平方项（De2）检验董事关系网络与企业韧性之间可能存在的非线性关系，以控制因模型设定错误可能导致的内生性问题。如表7-5所示，实证结果表明，程度中心度的平方项（De2）系数并未表现出显著性，这一结果显示：董事关系网络与企业韧性之间的关系并不呈现出曲线效应，而是更趋近于线性关系，表明线性模型在描述董事关系网络与企业韧性关系时是适用的。

表7-5 董事关系网络影响企业韧性的内生性处理结果：非线性关系检验

变量	(1) Res	(2) Res
Degree	0.0195* (1.6963)	0.0191* (1.6770)
De2	-0.0027 (-1.3615)	-0.0027 (-1.4286)
Gdzc		-0.0136*** (-2.8923)

续表

变量	(1) Res	(2) Res
Size		0.0091*** (9.9001)
Indep		0.0229** (2.2428)
Board		0.0059* (1.6699)
Roe		0.1220*** (19.5663)
Lev		-0.0178*** (-4.9737)
Cashflow		0.0120** (1.9972)
常数项	-0.0009 (-0.0508)	-0.2257*** (-8.2170)
时间固定效应	控制	控制
个体固定效应	控制	控制
观测值	13658	13658
Adj R^2	0.521	0.545

注：***、**、*分别表示在1%、5%、10%的水平下显著，括号内为t值。

7.3.3 稳健性检验

7.3.3.1 替换解释变量

本章主回归中，衡量企业董事关系网络丰富程度的关键变量指标企业董事关系网络是计算企业各董事网络程度中心度的中位数得到，在稳健性检验中，本章参考陈运森和谢德仁（2011）的研究，对企业的董事网络程度中心度分别取平均值和最大值，得到两个新的指标：$Degree\_mean$ 和 $Degree\_max$。再将这两个指标分别代入回归模型，其中，保持因变量与控制变量均不变，回归结果如表7-6所示，回归模型的系数分别在1%、5%、5%、10%的水平下显著为正，表明将董事网络程度中心度均值和最大值替代董事网络程度中心度中位数并未使原有结果发生实质改变，即说明董事关系网络能够提高企业韧性。

表7-6　董事关系网络影响企业韧性的稳健性检验结果：替换解释变量

变量	(1) Res	(2) Res	(3) Res	(4) Res
$Degree\_mean$	0.0039*** (3.3346)	0.0028** (2.4132)		
$Degree\_max$			0.0018** (2.5495)	0.0013* (1.9039)
$Gdzc$		-0.0138*** (-2.9367)		-0.0138*** (-2.9450)
$Size$		0.0090*** (9.8501)		0.0091*** (9.9024)
$Indep$		0.0234** (2.2866)		0.0239** (2.3405)
$Board$		0.0070** (1.9837)		0.0077** (2.1909)
Roe		0.1219*** (19.5568)		0.1218*** (19.5454)
Lev		-0.0178*** (-4.9590)		-0.0178*** (-4.9685)
$Cashflow$		0.0122** (2.0196)		0.0122** (2.0240)

续表

变量	(1) Res	(2) Res	(3) Res	(4) Res
常数项	0.0204*** (5.3679)	-0.2041*** (-9.1910)	0.0258*** (8.9489)	-0.2030*** (-9.1452)
时间固定效应	控制	控制	控制	控制
个体固定效应	控制	控制	控制	控制
观测值	13658	13658	13658	13658
Adj R²	0.520	0.545	0.520	0.545

注：***、**、*分别表示在1%、5%、10%的水平下显著，括号内为t值。

7.3.3.2 剔除直辖市样本

相对于其他省份而言，位于直辖市的企业有着显著的"先天优势"，其往往有着更好的发展环境和经济、技术等方面的资源支持，故其韧性普遍高于其他企业，表现出高韧性的特点。而此类样本表现出的较强企业韧性是受地理优势作用的结果的可能性较高，对其进行研究，由此得出的结果普适性可能较低。基于此，本章剔除所有位于重庆、上海、北京和天津四个直辖市的企业样本，结果如表7-7第（1）列和第（2）列所示，Degree 系数分别为0.0034和0.0028，仍显著为正，表明剔除直辖市样本后，董事关系网络对企业韧性仍具有促进作用。

表7-7　董事关系网络影响企业韧性的稳健性检验结果：调整研究样本

变量	(1) Res	(2) Res	(3) Res	(4) Res
Degree	0.0034*** (2.9582)	0.0028** (2.4448)	0.0038*** (2.8770)	0.0030** (2.3485)
Gdzc		-0.0105** (-2.0540)		-0.0033 (-0.5009)

续表

变量	(1) Res	(2) Res	(3) Res	(4) Res
Size		0.0100*** (10.0089)		0.0184*** (12.6276)
Indep		0.0207* (1.7730)		0.0134 (0.9633)
Board		0.0027 (0.6823)		0.0025 (0.5068)
Roe		0.1201*** (17.6355)		0.1171*** (15.1627)
Lev		-0.0223*** (-5.6374)		-0.0285*** (-5.4311)
Cashflow		0.0101 (1.5180)		0.0060 (0.8016)
常数项	0.0231*** (6.9157)	-0.2133*** (-8.7674)	0.0197*** (5.1558)	-0.4057*** (-11.7128)
时间固定效应	控制	控制	控制	控制
个体固定效应	控制	控制	控制	控制
观测值	11046	11046	9384	9384
Adj R²	0.518	0.543	0.570	0.596

注：***、**、*分别表示在1%、5%、10%的水平下显著，括号内为t值。

7.3.3.3 样本子区间估计

考虑到2015年中国股市异常波动可能对样本企业韧性水平造成较大影响，且随着时间的推移，政策、市场和技术环境的变化，早期和后期的数据可能存在较大的差异，剔除早期样本可以提高数据的可比性，能够使研究结果更具说服力。因此，剔除2013～2015年的数据，考察样本子区间的模型估计效果，如表7-7第（3）列和第（4）列所示，其分别在1%和5%的水平上显著，表明董事关系网络能够增强企业韧性的基本结论是稳健的。

7.3.4 作用机制分析

从资源获取的视角深入剖析，企业借助董事关系网络能够显著增强内外融资的可获取性，纾解企业融资约束，并最终提升企业的韧性。这一路径的核心逻辑在于，董事关系网络作为一种重要的资源获取渠道，能够为企业带来丰富的资金资源，降低其融资难度与成本，从而有助于企业在面对市场波动和不确定性时保持稳健的运营状态。为验证这一逻辑，本章参照潘红波和杨海霞（2022）的研究，选取了 WW 指数作为衡量融资约束的关键指标进行中介效应检验。WW 指数作为反映企业融资约束程度的重要量化工具，其数值大小直接体现了企业资金获取的难易程度。其检验结果如表 7-8 所示，发现董事关系网络（Degree）对企业融资约束（WW）的回归系数在 1% 的水平上显著为负，表明董事关系网络能够缓解企业面临的融资约束。再结合前文所提出的理论框架，表明董事关系网络能够通过缓解融资约束进而增强企业韧性，支持了本章提出的假设 H2。

表 7-8　董事关系网络影响企业韧性的作用机制检验结果：融资约束

变量	(1) WW	(2) WW
Degree	-0.0243*** (-6.5282)	-0.0195*** (-5.2776)
Gdzc		0.0129 (0.7697)
Size		-0.0761*** (-23.2653)
Indep		0.0656* (1.8017)

续表

变量	(1) WW	(2) WW
Board		0.0129 (1.0255)
Roe		-0.1843*** (-8.3061)
Lev		0.0162 (1.2722)
Cashflow		-0.1038*** (-4.8345)
常数项	-0.9729*** (-90.2119)	0.6925*** (8.7737)
时间固定效应	控制	控制
个体固定效应	控制	控制
观测值	13658	13658
Adj R²	0.223	0.271

注：***、**、*分别表示在1%、5%、10%的水平下显著，括号内为t值。

7.4 进一步分析

前文证实，董事关系网络对提高企业的韧性具有促进作用，但考虑到不同类型企业的董事关系网络与企业韧性的客观差异，本章尝试从行业竞争程度、地理区域分布、股权激励、外部监督等方面对样本公司进行分组回归分析，进一步探索董事关系网络影响企业韧性的具体作用情景。

7.4.1 基于行业竞争程度的异质性分析

行业竞争程度是企业行为和发展的重要因素（Xu, Zhou and Du, 2019）。

其激烈程度不仅直接关联到企业的未来发展空间,也影响着企业商业战略的制定与资源配置。随着行业竞争的加剧,企业所面对的不确定性因素也随之增多,如外部环境的变化、现有和潜在竞争者的行动、政策的制定等。为应对这些不确定性,企业需提高其韧性能力,即保证自身能在逆境中保持稳定并实现持续成长。而董事关系网络正是提升企业韧性的途径之一。本章认为行业竞争越发激烈,董事关系网络对于企业的重要性便更加凸显,从而对企业韧性的促进作用更强。

本章采用赫芬达尔指数(HHI)作为评估行业竞争程度的指标,其中指数数值越低,代表行业竞争越为激烈。按年度计算行业的 HHI 中位数,并以此为标准将行业划分为低竞争程度和高竞争程度两组。回归结果如表 7-9 所示,在高度竞争的行业环境中,企业董事关系网络在提升企业韧性方面发挥了更为显著的作用,进一步证实了企业董事关系网络在应对激烈市场竞争中的重要作用。

表 7-9　董事关系网络影响企业韧性的异质性检验结果:根据行业竞争程度分组

变量	低竞争行业 (1) Res	低竞争行业 (2) Res	高竞争行业 (3) Res	高竞争行业 (4) Res
Degree	0.0028* (1.8458)	0.0020 (1.2852)	0.0035** (2.3498)	0.0025* (1.6975)
Gdzc		-0.0236*** (-3.2640)		-0.0162** (-2.4034)
Size		0.0099*** (6.8125)		0.0095*** (6.7116)
Indep		0.0532*** (3.4836)		0.0057 (0.3716)
Board		0.0181*** (3.3079)		0.0005 (0.0961)

续表

变量	低竞争行业 (1) Res	低竞争行业 (2) Res	高竞争行业 (3) Res	高竞争行业 (4) Res
Roe		0.1235 *** (13.4149)		0.1056 *** (11.5379)
Lev		-0.0170 *** (-2.9702)		-0.0194 *** (-3.8474)
Cashflow		0.0195 ** (2.2702)		0.0049 (0.5406)
常数项	0.0232 *** (5.1968)	-0.2570 *** (-7.4307)	0.0245 *** (5.7277)	-0.1854 *** (-5.3233)
时间固定效应	控制	控制	控制	控制
个体固定效应	控制	控制	控制	控制
观测值	6864	6864	6794	6794
Adj R²	0.544	0.570	0.524	0.543

注：***、**、*分别表示在1%、5%、10%的水平下显著，括号内为t值。

7.4.2 基于地理区域分布的异质性分析

为了研究地区企业间董事关系网络对企业韧性的影响效果，本章基于国家统计局标准，将所在注册地企业划分为国内东部、中部和西部进行分组回归。

回归结果如表7-10所示。可以发现，东部地区的企业，Degree系数在1%的水平上呈现正向显著，表明董事关系网络可以有效促进当地企业韧性的提升。而在中西部地区的董事关系网络的回归系数虽然为正，但并不显著。本章认为这可能是由于不同地区的经济水平和政策环境存在差异所导致的。东部地区的经济水平较中西部地区更为发达，其市场环境和法治环境也更为完善，这为董事关系网络的有效利用提供了适宜发展的外部环境。而且，由于东部地区所存在的客观优势，吸引了很多企业在此建立和运营。相较于中西部地区，东部地区的企业更多且规模更大，这为董事关系网络的建设和发展提供肥沃的土壤，进而使得东部地区的董事关系网络对于促进企业稳定发展的作用更加显著。

表7-10 董事关系网络影响企业韧性的异质性检验结果：根据地理区域分布分组

变量	中部地区 (1) Res	东部地区 (2) Res	西部地区 (3) Res
Degree	0.0003 (0.1019)	0.0035*** (2.7088)	0.0026 (1.1893)
Gdzc	-0.0042 (-0.3955)	-0.0156** (-2.5755)	-0.0161 (-1.5988)
Size	0.0117*** (4.8252)	0.0075*** (6.4203)	0.0143*** (7.3069)
Indep	0.0264 (1.0622)	0.0119 (0.9186)	0.0737*** (3.3608)
Board	0.0135 (1.4873)	0.0042 (0.9383)	0.0124* (1.6938)
Roe	0.1311*** (8.3154)	0.1245*** (15.7917)	0.0968*** (7.3107)
Lev	-0.0158* (-1.7389)	-0.0139*** (-3.1071)	-0.0310*** (-3.8852)
Cashflow	0.0399** (2.3974)	0.0102 (1.3757)	-0.0007 (-0.0522)
常数项	-0.2806*** (-4.6351)	-0.1600*** (-5.6601)	-0.3458*** (-7.4858)
时间固定效应	控制	控制	控制
个体固定效应	控制	控制	控制
观测值	1957	9361	2340
Adj R^2	0.515	0.549	0.556

注：***、**、*分别表示在1%、5%、10%的水平下显著，括号内为t值。

7.4.3 基于股权激励的异质性分析

高露丹、李洋和王婷婷（2021）发现若企业没有实施股权激励，管理层则不能直接从风险投资项目中获得持久的投资报酬，可能产生强烈的风险规避倾向，导致其对利用董事关系网络资源提升风险承担水平的意愿降低。克罗奇和普特梅扎斯（Croci and Petmezas，2015）发现，当公司管理层的持股比例逐步增加时，不论是何种类型的管理者，都会更积极地去寻找和把握那些高风险但同样伴随着高收益的投资机会。根据行为代理理论，当企业实施较高的股权激励时，管理层的目标更可能与企业的长期战略目标相吻合，这不仅能强化高管们眼前利益与企业长远价值的联系，从而减轻他们对风险的厌恶感，还能激励其更积极地挖掘董事的社会资本。

表 7-11 的第（1）列和第（2）列给出了董事关系网络与管理层持股比例的交互项（DegreeGlccg）与企业韧性的回归结果，其回归系数显著为正，表明管理层持股比例能够正向调节董事关系网络与企业韧性之间的关系。

表 7-11　董事关系网络影响企业韧性的异质性检验结果：
根据股权激励与外部监督分组

变量	（1）	（2）	（3）	（4）
	Res	Res	Res	Res
Degree	0.0046 *** (4.3973)	0.0036 *** (3.4745)	0.0038 *** (3.6459)	0.0030 *** (2.9539)
DegreeGlccg	0.0003 *** (4.2707)	0.0002 *** (4.1592)		
Glccg	0.0004 *** (8.4205)	0.0004 *** (8.4788)		
DegreeFollow			0.0005 *** (6.2025)	0.0004 *** (5.1247)

续表

变量	(1) Res	(2) Res	(3) Res	(4) Res
Follow			0.0012*** (25.8323)	0.0009*** (18.5166)
Gdzc		-0.0136*** (-2.9131)		-0.0134*** (-2.9006)
Size		0.0096*** (10.4817)		0.0050*** (5.4453)
Indep		0.0206** (2.0171)		0.0215** (2.1366)
Board		0.0048 (1.3614)		0.0064* (1.8365)
Roe		0.1200*** (19.3041)		0.0881*** (13.7658)
Lev		-0.0168*** (-4.6974)		-0.0118*** (-3.3387)
Cashflow		0.0122** (2.0382)		0.0141** (2.3779)
常数项	0.0157*** (5.0918)	-0.2170*** (-9.7956)	0.0221*** (7.3555)	-0.1184*** (-5.3249)
时间固定效应	控制	控制	控制	控制
个体固定效应	控制	控制	控制	控制
观测值	13658	13658	13658	13658
Adj R²	0.524	0.548	0.522	0.560

注：***、**、* 分别表示在1%、5%、10%的水平下显著，括号内为t值。

7.4.4 基于外部监督的异质性分析

外部监督旨在确保企业的合规性和稳健性，防止内部人控制及各种不当行为。当企业外部监督程度较高时，其内部治理结构和决策过程会更加透明和规范，企业将更加注重风险管理和危机应对，促进董事更好地履行职责，充分发挥社会网络的优势，积极吸纳并整合各类信息与资源，从而不断提升企业在复杂多变环境中的韧性和适应能力。本章采用分析师关注数量（Follow）衡量企业外部监督程度，分析师关注数量越多，表明企业外部监督程度越高。表7-11的第（3）列和第（4）列给出了董事关系网络与分析师关注数量的交互项（DegreeFollow）与企业韧性的回归结果，其回归系数显著为正，表明分析师关注数量能够正向调节董事关系网络与企业韧性之间的关系，对董事关系网络与企业韧性的关系起到促进作用，即企业的外部监督程度越高，对于企业韧性的提升作用越强。

7.5 本章小结

本章首先从理论层面分析了董事关系网络对企业韧性的影响，提出了董事关系网络影响企业韧性的理论框架。其次，构建了董事关系网络影响企业韧性的双向固定效应模型，基于2013~2022年A股非金融业上市公司面板数据实证检验了董事关系网络对企业韧性的影响效果与作用机制。再其次，采用控制行业与省份固定效应、工具变量两阶段最小二乘法、非线性关系检验等方法排除了基准回归中潜在的反向因果、遗漏变量、非线性关系等内生性问题，采用替换解释变量、剔除直辖市样本、样本子区间估计等三种方法进行稳健性检验。最后，采用OLS方法实证检验行业竞争程度、地理区域分布、股权激励以及外部监督对董事关系网络影响企业韧性的异质性作用。

研究发现，董事关系网络对企业韧性展现出显著的正向影响，表明良好的董事关系网络能够有效提升企业应对各种内外部风险的能力。这一结论通过了内生性检验和稳健性检验的测试。在中介机制检验方面，本章引入融资约束这一中介变量，探究其在董事关系网络与企业韧性之间的中介作用。结果表明，董事关系网络能够缓解企业的融资约束，进而达到提升企业韧性的目的。从行业竞争程度和地理区域分布的角度来看，董事关系网络在高度竞争的环境下对企业韧性的促进作用更为明显。在东部地区的企业，董事关系网络能够有效促进当地企业韧性提高，而中西部地区的关系却不显著。从股权激励和外部监督程度的角度来看，股权激励能够正向调节董事关系网络与企业韧性之间的关系。外部监督程度的提高也对企业韧性的提升产生积极影响。

  本章可能的边际贡献在于：理论层面，本章的研究结果为企业能够通过董事关系网络提升危机适应能力提供了理论依据。现阶段，真正涉及董事关系网络和企业韧性的研究成果较少，而在变量设置中，真正将董事关系网络作为解释变量，以企业韧性作为被解释变量组合的研究成果也较少。本研究通过对董事关系网络与企业韧性的影响研究，试图打开董事关系网络对企业韧性影响的"黑箱"，建立董事关系网络与企业韧性之间的联系并进行验证。实践层面，在全球经济疲软的宏观背景下，企业韧性的提升成为其防范风险、增强竞争力的核心议题。本研究以上市公司为研究对象，通过实证分析深入探究了董事关系网络与企业韧性之间的内在联系，为企业韧性领域的学术研究提供了实证支持。研究结果表明，董事关系网络对企业韧性具有显著的正面影响，这一发现不仅丰富了企业韧性理论的内容，也为企业管理实践提供了理论指导和借鉴。同时，该结论为如何发挥董事关系网络的积极作用提出了切实建议。从近年来中国在新冠疫情和中美冲突等事件的有效应对中不难发现，中国社会抗风险能力较之前有了显著提升，而这很大程度上归因于对社会网络的重视与有效应用。本章通过对董事关系网络和企业韧性之间的关系进行研究和分析，能够为中国情境下的企业韧性的提升提供合理解释。

第 8 章

高管团队稳定性对企业韧性的影响及作用机制

高管梯队理论认为，高管团队是企业发展战略的制定者和实施者，负责企业的日常经营、战略决策和发展路径，无疑对企业的兴衰和繁荣发挥着至关重要的作用。合理的高管变更有利于去除冗余人员，吸收新鲜血液，但频繁的高管变动将打破企业原有高管团队所形成的默契程度，制约经营战略的持续执行，提高经营风险，从而对企业可持续发展产生巨大冲击。特别是在当前纷繁复杂的经营环境中，高管团队面临着前所未有的挑战，其专业技能、综合素质及默契程度等特质在一定程度上决定着企业应对外生冲击的能力。近年来，上市公司高管"离职潮"汹涌来袭，高管团队更迭震荡事件愈演愈烈。因此，维持稳定的高管团队，对于企业有效规避和降低外生冲击，及时发掘危机与挑战下蕴含的发展机遇，从而增强韧性水平具有重要现实意义。

高管特质是学术界长久不衰的热点话题，学者们主要围绕高管年龄（李四海、江新峰和宋献中，2015）、任期（刘运国和刘雯，2007）、声誉（徐宁、张阳和徐向艺，2024）、教育背景（高杨和黄明东，2023）、职业经历（何瑛等，2019）等方面开展大量有益探讨。近年来，伴随上市公司高管团队更迭震荡事件越发频繁，一些学者从稳定性和整体性角度探究高管团队稳定性的经济后果，相关研究主要聚焦企业内部视角考察高管团队稳定性对企业并购行为（刘喜华和张馨月，2023）、债务融资成本（罗进辉、刘玥和杨帆，2023）、数字化转型（路世昌、徐嘉瑗和赵力本，2024）、金融化水平（刘锦英和徐海伟，2022）、ESG 评级（苏峻和薛琳，2024）、研发投入（罗进辉、刘海潮和巫奕龙，2023）、创新绩效（张兆国、曹丹婷和张弛，2018）等方面的影响。然而，鲜有学者关注到高管团队稳定性对企业韧性的影响效应及作用机制，这也进一步凸显了本章探讨高管团队稳定性如何影响企业韧性这一科学命题的边际学术价值。

面对提升产业链供应链韧性和安全水平的国家战略任务，高管团队"行稳致远"还是"改弦更张"更有利于增强企业韧性水平？内在的影响机理是什么？上述问题目前尚未得到明确的理论回答，也缺乏细致的实证检验。基于此，本章以 2017～2022 年 A 股上市公司为样本，在对高管团队稳定性和企业韧性两个核心变量的衡量方法进行较大改进的基础上，实证检验高管团队稳定性对企业韧性的影响及其作用机制。

8.1 理论假设

8.1.1 高管团队稳定性与企业韧性

企业韧性能够帮助企业在不利情境下生存、恢复及反超成长。企业只有不断培育并提升韧性水平，才能维持生存，获取市场优势，拓宽发展空间。当前，在市场环境复杂多变的 VUCA 时代下，韧性对于企业的生存和永续发展发挥着关键性作用。但塑造和提升企业韧性实质上是企业的一种长期战略，并非一蹴而就的，而是一个逐渐培育、发展的过程。同时，企业韧性的提升需要企业投入大量的时间、资源及专业的能力，需要战略的持续性、管理层的支持及员工的配合。高管团队作为企业战略的设计师和执行者、日常业务的管理层和经营者，其稳定性也必然影响企业韧性。首先，面临复杂多变的市场环境，单一管理者存在自身局限性（Hambrick and Mason，1984），难以对企业各方面形成较为全面的认知，导致决策失误并对企业造成严重损失，因此组建一个稳定且高效的管理团队尤为必要。其次，稳定的高管团队能够提高决策的科学性及长期战略的持续性。由于长久处于相同环境，管理层熟悉公司的业务模式和资源构成等具体情况，面临危机时可沉稳地分析处理并做出科学决策、减少经营损失。另外，团队的相对稳定也意味着高管的自身利益与企业长期发展目标高度契合，促使高管能够观测到长期战略带来的高质量效益，提高战略的持续性。

第一，从经济人假说来看，高管团队的行为和决策是自身利益和集体利益之间进行权衡博弈的结果。当高管团队保持相对稳定时，高管的自身利益实质上会与企业的集体利益联系更加紧密，促使高管更愿意基于企业的长远利益来进行决策。因此企业在决定是否投入大量的资源和能力去培育韧性的关键点时，稳定的高管团队会从长远的预期利益观出发，看到韧性给企业带来的可持续效益，重视企业韧性的发展路径，进而提升企业的风险抵抗能力和资源配置弹性。相反，高管的频繁变更会给高管带来巨大的压力，更容易造成战略上的短视行为，为追求短期绩效而放弃带来可持续收益的企业韧性。

第二，从社会同一性理论来看，在一个群体中，当个体之间的以往境遇、兴趣爱好、价值观念等相似时，个体间更容易产生认同感和归属感，进而加强合作和沟通（罗进辉、刘海潮和巫奕龙，2023）。从这个意义上看，高管团队稳定性的形成可能是由于团队成员之间的一致性和默契度。由此可以推断，稳定性较强的高管团队更容易达成共识，减少成员间的冲突，降低协调成本和提高管理效率。当今，提升企业韧性已成为推动经济高质量发展的重要举措。而在一个稳定性较强的高管团队中，各成员更容易达成共识，有利于在顶层设计上形成战略合力，坚定地支持与实施提升企业韧性的决策。

第三，从专用化人力资本理论和高阶理论来看，高管团队成员通过长期地相互学习、彼此配合，形成了独特的工作模式和成熟的知识体系，构成了专用的人力资本。通常在这种工作机制下，高管团队默契无间，能够创造出超预期的效用，进而更好地提升企业韧性。高管团队的配合和协调能够促进企业的发展，一旦高管团队发生变动，原有的人力资本会遭到破坏，过去形成的独特工作模式和技能可能失去适用性。另外，新继任的高管需要很长一段时间来加强对公司业务的了解及与团队成员之间的磨合，不利于企业韧性的持续塑造。相反，稳定的高管团队可以延续并完善原有的独特工作模式和技能，更有效地推进企业韧性的发展。

第四，从社会资本理论来看，稳定的高管团队成员之间往往信任度和默契度更高，愿意与彼此共享信息与资源。该特性助力企业形成一张强大的社会关系网络，获取丰富的社会资本。同时，如前文分析，具有较强稳定性的高管团队成员个人利益与企业整体利益密切相关且能创造出更高效用，会更有动机和能力维持社会关系网络的可持续性，以降低信息不对称性和获取稳定的资源。该社会资本实质上可以满足企业韧性的塑造，推动企业的可持续发展。

据此，本章提出以下假设：

H1：高管团队稳定性与企业韧性存在正向影响效应。

8.1.2　高管团队稳定性影响企业韧性的作用机制

ESG 表现是一种注重协调发展的可持续发展理念，集环境、社会责任和公司治理议题于一体，是未来企业发展的主流趋势。高管团队作为企业决策者和经营者，会影响 ESG 表现的推行和落实。现有研究发现，提升 ESG 表现所付出的成本较高，且在短期内会对企业产生负面影响（王双进、田原和党莉莉，2022），但长期而言 ESG 表现会提升企业价值。根据前文经济人假说的分析，高管会在付出的成本与收获的利益间进行博弈，难以确定并制定短期付出多但长期收益大的战略决策。而稳定的高管团队则能克服短期时滞的影响，从企业的长期价值导向来进行决策，看到 ESG 表现为企业带来的可持续效益。而根据社会认同理论，稳定的高管团队间容易达成共识，降低协调成本，提高工作效率，坚定地支持与实施提升 ESG 表现的相关活动。另外，ESG 表现的实践需要大量人力与资源的投入，一定程度上受限于企业自身实力。根据专用化人力资本理论，高管团队稳定性作为企业专用化的人力资本，拥有高度的业务熟悉度和资源配置能力，可以超预期地推进ESG表现的发展。而良好的ESG表现能够获取可持续资源，保持市场竞争优势，增强企业的风险抵抗能力，进而提升企业韧性。首先，良好的ESG表现有利于减少信息不对称、降低财务风险等，能够得到各利益相关者肯定和信任，易于获取其支持和资源，减缓企业受到外部负面事件的冲击，增强企业危机时的韧性。其次，一方面，ESG表现所秉承的可持续发展理念会促使企业进行绿色创新研发，推动企业产业链转型升级，生产出高附加值的产品，提高市场盈利能力。另一方面，在"碳达峰""碳中和"背景下，消费者更偏爱ESG理念的产品，增强ESG表现这一举措更具市场竞争优势，减轻外部冲击对企业营收的负面影响。此外，ESG表现越好，意味着企业的治理水平越好，使其在面临危机时可以响应外部环境变化，及时高效进行战略决策，帮助企业在困境中增强抵抗力和复原力（刘建秋和徐雨露，2024）。据此，本章提出以下假设：

H2：高管团队稳定性通过提升ESG表现来增强企业韧性。

冗余资源是企业内暂时闲置的资源，是组织内部资源拥有量与资源需求量之间的差额部分。现有研究对于冗余资源存在的合理性尚未形成统一的结论。一部分学者认为，冗余资源是一种战略资源存储（Starr and MacMillan，1990），具有潜在利用价值，能够减缓突发的外部冲击，降低供应中断风险，提升企业的创新能力，扩大资源调整空间，提高战略制定及转变的灵活性。另一部分学者则认为，冗余资源是一种无效率配置（潘蓉蓉、罗建强和杨子超，2021），会增加企业生产成本，降低企业经营效率，提高管理者的盲目自信和过度投资（Pollock，Porac and Mishina，2004）。那冗余资源在高管团队稳定和企业韧性中究竟发挥着什么作用？结合现有文献及高阶理论，高管团队拥有资源配置的主导权，必会对企业冗余资源的存量产生影响。根据专用人力资本理论，稳定的高管团队具备更为成熟的知识体系，会科学地根据企业需求来合理配置冗余资源。这种冗余资源体现着企业的资源禀赋，是未来不可控风险的重要资源保障，是组织韧性的重要组成因素（廖中举、黄超和姚春序，2016）。它不仅有助于减缓危机中企业内外部压力的冲击，帮助弥补企业资源不足，还能维持企业正常运营，赋予企业可以不断尝试以摆脱困境的底气。现有研究还指出，不同类型的冗余资源会对企业产生不同的价值（田博文、李灿和吕晓月，2022）。目前，针对企业冗余资源较为普遍的分类方式是根据资产的流动性将其划分为沉淀性冗余资源和非沉淀性冗余资源（Sharfman et al.，1988）。两者由于性质不同，故对企业韧性产生的影响亦不同。沉淀性冗余资源有着流动性低但专用性高的特点。在生产经营中，沉淀性冗余资源往往占据着企业大量的固定资产，转换和利用较为复杂，易导致沉没成本及相应的经营风险较高，进而威胁到企业韧性。而非沉淀性冗余资源有着流动性高且专用性低的特点，意味着其能够不限定领域地被灵活调用。当面临危机时，非沉淀性冗余资源储备能够赋予企业更大的资源调整空间，缓解内部资源不足的约束，实现边界突破及市场扩张（曲小瑜和张健东，2021），进而增强企业韧性。据此，本章提出以下假设：

H3：高管团队稳定性通过合理配置冗余资源来增强企业韧性。

H3a：高管团队稳定性通过降低沉淀性冗余资源来增强企业韧性。

H3b：高管团队稳定性通过提高非沉淀性冗余资源来增强企业韧性。

供需关系是联系上下游企业的强力纽带，贯穿企业整个生产活动。稳定的供需关系能够稳定企业经营活动，为企业生产率增长创造良好的外部条件（陶锋等，2023），展现出协同调度能力和互利共生能力（Jüttner and Maklan，2011）。现有研究发现，良好的社会关系网络能够帮助组织渡过难关和恢复运转（Gittell et al.，2006），对组织韧性的构建起着重要作用。根据社会认同理论及社会资本理论，稳定的高管团队成员之间往往愿意互相分享信息与资源，意味着其能够接触到更多的供应商和客源，从而发展业务与交易，形成独特且稳定的供需关系，增强企业韧性。首先，当高管团队成员相对稳定时，专门负责接触供需双方的成员通常比较固定，经过多次合作和协调后彼此间建立起高层次信任感，形成相对稳定的供需关系。这种稳定的供需关系能够增强企业在面临突发危机时获得外部资源和支持的可能性，缓解不安全感和不确定感，提升企业的韧性水平。其次，结合前文经济人假说和专用人力资本理论的分析，稳定的高管团队更有动机维持供需关系的可持续性，具备较高的业务熟悉度和专业能力，能够根据供应商和消费者的需求进行调整，提高其对企业的满意度与信任感,增加企业与其之间的黏性,帮助企业保持市场份额的稳定性,响应外部市场环境变化。此外,高管团队稳定性有助于企业向供应商和消费者传递企业发展向好的信号,增强企业在供需产业链中的合作机会及稳定性。一方面,该供需关系会降低客户协调成本和降低供应商的资金占用,来增强产业链供应链韧性(陶锋等,2023)。另一方面,当供需关系趋于相对稳定时,企业与供需双方往往经过紧密的互动、多重的沟通后,会形成互利共生的关系,进行合理有效的风险共担,进而降低经营风险,增强企业韧性。据此,本章提出以下假设:

H4:高管团队稳定性通过维持稳定的供需关系来增强企业韧性。

8.2　研究设计

8.2.1　样本选取与数据来源

本章选取 2017~2022 年 A 股上市公司作为研究样本。为了保证研究质量,本章对初始样本进行如下筛选处理:剔除 ST、*ST 和期间退市的样本;剔除金融行业的样本;剔除观测期间上市的样本;剔除主要变量缺失严重的样本。最终得到 2000 家上市公司共计 10449 个公司—年度观测值。本章使用的企业层面数据来源于 CSMAR 数据库和 Choice 数据库,宏观层面数据来源于《中国统计年鉴》和《中国分省份市场化指数报告(2021)》。为了避免异常值的影响,本章对所有连续变量进行上下 1% 的缩尾处理。

8.2.2　变量定义与说明

8.2.2.1　被解释变量:企业韧性(Res)

本章以样本企业一年内股票月度平均价格的标准差来表示"波动性",

以 $t-2$、$t-1$、t 三年内销售收入累计增长率表示"增长性",并采用熵值法计算得到样本企业在各年度的韧性水平。

8.2.2.2 解释变量:高管团队稳定性(Stability)

现有文献普遍从个体维度采用高管离职率(陈胜军、于渤涵和李雪雪,2020)和高管团队平稳性指数(张兆国、曹丹婷和张弛,2018;李丹,2021)来衡量高管团队稳定性。前者可以反映当年度离职高管变更对团队整体稳定性的影响程度,但无法表征新增高管对团队稳定性的影响;后者虽然同时考虑了离职和新增高管对团队稳定性的影响,但未能揭示不同职位的高管变动对团队稳定性的影响差异,比如,相对于其他高管变动而言,董事长的变动对团队稳定性的影响明显更大。此外,高管团队稳定性是一个较长时间的动态变化过程,仅从个体维度未能较为全面地衡量高管团队稳定性的本质含义。为了弥补上述缺陷,罗进辉、刘海潮和巫奕龙(2023)创新地将衡量地方领导班子稳定性的方法引入高管团队稳定性的测度,采用赫芬达尔指数算法构建高管团队稳定性指数,从个体和时间双重维度综合考虑职位权重和时间权重的影响,对后续有关高管团队稳定性的研究起到了较好的借鉴作用。然而,该方法依然忽视了经济维度因素,已有研究表明,高管持股有利于增强高管团队对企业价值的正向促进作用(戚拥军和王龙君,2022),高管持股规模的变动理应是衡量高管团队稳定性的重要方面。鉴于此,本章创新地引入经济维度,将个体、经济和时间三个维度有机地融合在一起,构建高管团队稳定性指数,据此衡量高管团队稳定性。具体计算步骤如下:

第一步:计算每位高管的稳定性因子 $X_{j,t}$,等于个体、经济和时间三个维度因子的乘积。首先,计算个体维度因子 $Position_{j,t}$。本章将高管团队成员的范围界定为公司年报中所披露的除独立董事及监事以外的所有董事及高级管理人员,考虑到董事长在高管团队中拥有较大的话语权和决策权,故对董事长职位赋值为 $2(p_{j,t}=2)$,其他高管职位赋值为 $1(p_{j,t}=1)$。当公司存在高管职位兼任的情形时,本章仅考虑最高职位对稳定性因子的影响。其次,计算

经济维度因子 $Stock_{j,t}$。考虑股权激励机制具有降低高管的离职倾向进而增强高管团队稳定性的重要作用（张兆国、曹丹婷和张弛，2018），本章将高管持股数量变动来反映高管团队稳定性的经济维度。由于样本企业中存在 j 个高管在第 t 年的持股数量为 0 的情况，为增强样本数据有效性，因此在其样本的基础上加 1，采用定基指数来表征高管团队持股的变化状况，具体计算方法与 $X_{j,t}$ 一致。最后，计算时间维度因子 T_t。一般来说，越是近期的高管变动对企业的影响越大。考虑高管任期通常为三年一届，故以过去三年为一个窗口期，并依次滚动来反映高管团队成员的变更状况。为此，本章按照离观测期的距离，对 t 的赋值按三年为一个周期，由远及近依次增加 1 个单位。计算公式如下：

$$x_{j,t} = Position_{j,t} \times Stock_{j,t} \times T_t = \frac{p_{j,t}}{\sum_{j=1}^{n} p_{j,t}} \times \frac{s_{j,t}}{\sum_{j=1}^{n} s_{j,t}} \times \frac{t_t}{\sum_{j=1}^{k} t_t}$$

其中，$x_{j,t}$ 为第 j 个企业每位高管在第 t 年的稳定性因子，$Position_{j,t}$ 为第 j 个企业每位高管在第 t 年的职位权重，$Stock_{j,t}$ 为第 t 年的持股权重，T_t 为第 t 年的时间权重。$P_{j,t}$ 为第 j 个企业每位高管在第 t 年的高管职位赋值，n 为第 t 年的高管团队总人数，$S_{j,t}$ 为第 t 年的持股变动数值，t_t 为第 t 年的时间赋值，k 为周期中的年份数量（三年为一个周期）。

第二步：为消除不同年份高管团队规模差异对计算结果可靠性的影响，本章在第一步的基础上加入了第 t 年稳定性因子变动的调整项 Adj_t，得到调整后的稳定性因子 $X_{j,t}$。计算公式如下：

$$X_{j,t} = x_{j,t} \times Adj_t = x_{j,t} \times \sqrt{\frac{1}{\sum_{j=1}^{n}(Position_{j,t} \times Stock_{j,t})^2}}$$

第三步：对 $X_{j,t}$ 进行加总得到第 t 年第 j 个高管的稳定性因子 X_j，再对其平方进行加总，最终计算出高管团队稳定性指数 $Stability_{j,t}$，该指数取值范围为（0，1]，数值越大，代表高管团队稳定性越高。计算公式如下：

$$Stability_{i,t} = \sum X_j^2 = \sum \left(\sum X_{j,t}\right)^2$$

8.2.2.3 控制变量

为了提高研究精度，本章在参照现有文献的基础上，加入了一些与企业韧性相关的控制变量。其中，企业层面控制变量包括：企业规模（$Size$），采用企业总资产的自然对数衡量；企业年龄（Age），采用企业所在年份与其成立年份的差值衡量；人力资本投入（$Salary$），采用现金流量表中"支付给职工以及为职工支付的现金"的自然对数衡量；流动资产周转率（$Turnover$），采用营业收入与流动资产平均余额的比值衡量；固定资产投资比例（$Fair$），采用固定资产账面价值占总资产的比重衡量；客户集中度（Cc），采用前五大客户业务占比衡量；董事会独立性（Ind），采用独立董事人数占董事会人数的比重衡量；两职合一（$Dual$），若董事长与总经理为同一人，取值为1，否则，取值为0。地区层面控制变量包括：经济发展水平（GDP），采用企业注册地所在省份的地区生产总值指数衡量；地区工业生产者出厂价格指数（PPI），采用企业注册地所在省份当期与前一期工业生产产品出厂价格的比值衡量；对外开放水平（$Open$），采用企业注册地所在省份进出口总额占其GDP的比重衡量。各变量的含义与描述性统计结果如表8-1所示。

表8-1　变量含义与描述性统计

变量	含义	均值	标准差	最小值	最大值
Res	企业韧性	1.192	1.454	-0.033	9.122
$Stability$	高管团队稳定性	0.764	0.207	0.389	1.000
$Size$	企业规模	22.773	1.302	20.070	26.510
Age	企业年龄	16.095	6.516	5.000	32.000
$Salary$	人力资本投入	19.844	1.300	16.932	23.557
$Turnover$	流动资产周转率	1.280	0.962	0.142	5.487
$Fair$	固定资产投资比例	0.206	0.160	0.001	0.675
Cc	客户集中度	0.292	0.219	0.003	0.957
Ind	董事会独立性	0.377	0.060	0.286	0.600

续表

变量	含义	均值	标准差	最小值	最大值
Dual	两职合一	0.219	0.414	0.000	1.000
GDP	经济发展水平	1.056	2.616	0.946	1.129
PPI	工业生产者出厂价格指数	1.029	4.379	0.916	1.302
Open	对外开放水平	0.419	0.274	0.007	0.990

8.2.3 基准回归模型设计

基于上述分析，针对高管团队稳定性对企业韧性的影响，本章构建以下行业—时间固定效应基准回归模型，以检验研究假设 H1：

$$Res_{i,t} = \alpha_0 + \alpha_1 Stability_{i,t} + \alpha_2 Controls_{i,t} + Industry + Year + \varepsilon_{i,t}$$

其中，i 和 t 分别代表企业和年份。被解释变量 $Res_{i,j}$ 表示企业韧性，解释变量 $Stability_{i,j}$ 为高管团队稳定性，$Controls_{i,j}$ 指所有控制变量集合。$Industry$ 和 $Year$ 分别代表行业和时间固定效应，$\varepsilon_{i,j}$ 代表随机扰动项。

基准回归模型检验了高管团队稳定性对企业韧性的影响。本章进一步探讨 ESG 表现、冗余资源和供需关系的作用机制，构建以下中介效应模型以检验研究假设 H2、假设 H3 和假设 H4：

$$Median_{i,t} = \beta_0 + \beta_1 Stability_{i,t} + \beta_2 Controls_{i,t} + Industry + Year + \varepsilon_{i,t}$$

其中，被解释变量 $Median_{i,j}$ 表示中介变量，包含 ESG 表现、冗余资源和供需关系，其他变量解释上同。

8.3 实证结果及分析

8.3.1 基准回归

表 8-2 列示了高管团队稳定性对企业韧性影响的检验结果。第（1）列

未加入任何控制变量，仅在控制了年度和行业固定效应后，单独检验了高管团队稳定性对企业韧性的影响。第（2）列和第（3）列则分别逐步加入企业层面和地区层面的控制变量。第（3）列加入所有控制变量后的回归结果显示，Stability 的回归系数为 0.2460，在 1% 的水平上显著为正，说明高管团队稳定性能够显著提高企业韧性。从经济意义来看，以第（3）列结果为例，在控制其他因素不变的条件下，高管团队稳定性每提高 1 个标准差，企业韧性水平将相对样本均值提高 5.09%。这一结果说明，高管团队稳定性对企业韧性具有显著的正向促进作用。因此，假设 H1 初步得以验证。

表 8-2　　高管团队稳定性影响企业韧性的基准回归结果

变量	（1） Res	（2） Res	（3） Res
Stability	0.1622 ** (2.4498)	0.2503 *** (3.8511)	0.2460 *** (3.7869)
Size		0.0752 *** (3.1482)	0.0712 *** (2.9786)
Age		-0.0101 *** (-4.2015)	-0.0106 *** (-4.4189)
Salary		0.1543 *** (6.4657)	0.1622 *** (6.7807)
Turnover		0.0816 *** (4.4595)	0.0828 *** (4.5205)
Fair		-1.2548 *** (-10.5745)	-1.3132 *** (-10.9947)
Cc		0.5331 *** (7.1924)	0.5281 *** (7.1280)
Ind		0.1001 (0.4401)	0.1641 (0.7202)

续表

变量	(1) Res	(2) Res	(3) Res
Dual		0.1320*** (3.9665)	0.1411*** (4.2357)
GDP			0.0022 (0.2069)
PPI			0.0046 (0.9055)
Open			-0.1942*** (-3.2503)
常数项	1.0678*** (20.3853)	-3.6793*** (-12.5570)	-4.3711*** (-3.1224)
时间固定效应	控制	控制	控制
行业固定效应	控制	控制	控制
观测值	10499	10499	10499
Adj R²	0.102	0.143	0.144

注：***、**、*分别表示在1%、5%、10%的水平下显著，括号内为t值。

8.3.2 内生性处理

在基准回归中，本章对年度和行业固定效应进行控制，以降低因遗漏变量导致的内生性问题对结果的影响。然而，研究过程中可能仍然存在其他内生性问题，主要体现在以下三个方面：第一，反向因果引发的内生性问题。高管团队稳定性的提高会通过一系列渠道增强企业韧性，与此同时，韧性更强的企业拥有更强的应对外部冲击和恢复反超的能力，其高管对企业的发展前景更持有乐观态度，更不会轻易离职。第二，遗漏变量导致的内生性问题。尽管本章已经从企业层面和地区层面选取变量，尽可能地对企业韧性的影响因素加以控制，但全球产业变革加速演进促使企业韧性受到诸多因素的影响和作用，难以穷举所有的影响因素，很可能因遗漏变量导致回归结果偏误。第三，异方差、序列相关、样本选择性偏差等问题引致的内生性问题。为了尽可能缓解上述可能存在的内生性问题，本章采用工具变量法、Heckman 两阶段法等方法对回归模型进行重新估计。

8.3.2.1 工具变量法

借鉴刘贝尔（Lewbel，1997），罗进辉、刘海潮和巫奕龙（2023）的做法，本章选取公司所在省份的失业人数（*Unempman*）和高管团队稳定性与其均值差额的三次方（*Stability_IV*）作为工具变量。表 8-3 第（1）列报告了工具变量法第一阶段的回归结果，公司所在省份的失业人数的回归系数在 5% 的水平上显著为负，说明公司所在省份的失业人数越多，就业前景越不容乐观，公司高管成员离职倾向越高。此外，*Stability_IV* 的回归系数在 5% 的水平上显著为正，与预期一致。第（2）列报告了第二阶段的回归结果，与基准回归结果一致。在工具变量检验中，Kleibergen-Paap rk LM 统计量 p 值为 0.000，通过了工具变量识别不足检验；CraggDonald Wald F 统计量远大于临界值，通过了弱工具变量检验；Sargan 中 p 值大于 0.1，通过过度识别检验，表明所有工具变量都是外生的。综上所述，利用工具变量排除由双向因果产生的内生性问题后，基准回归结果依然成立。

表 8-3　高管团队稳定性影响企业韧性的内生性处理结果：
工具变量法与 Heckman 两阶段法

变量	Stage 1 （1） *Stability*	Stage 2 （2） *Res*	Heckman 两阶段法 （3） *Res*
Unempman	-0.0001** (-2.3351)		
Stability_IV	11.1112*** (150.5381)		

221

续表

变量	Stage 1 (1) Stability	Stage 2 (2) Res	Heckman 两阶段法 (3) Res
Stability		0.2903*** (4.0358)	0.2474*** (3.8072)
Imr			3.3023*** (3.9868)
Size	-0.0008 (-0.5053)	0.0715*** (3.0176)	0.0528** (2.1530)
Age	0.0008*** (5.1013)	-0.0107*** (-4.4808)	-0.0108*** (-4.5180)
Salary	-0.0009 (-0.5822)	0.1625*** (6.8236)	0.1537*** (6.3896)
Turnover	0.0023* (1.8821)	0.0826*** (4.5385)	0.0826*** (4.5085)
Fair	-0.0046 (-0.5734)	-1.3134*** (-11.0423)	-1.3256*** (-11.0918)
Cc	0.0156*** (3.1673)	0.5288*** (7.1767)	0.5337*** (7.1960)
Ind	0.0074 (0.4889)	0.1635 (0.7224)	0.0796 (0.3474)
Dual	0.0028 (1.2729)	0.1409*** (4.2552)	0.1384*** (4.1492)
GDP	0.0004 (0.5376)	0.0021 (0.2085)	0.0022 (0.2034)
PPI	0.0005 (1.4746)	0.0046 (0.9196)	0.0046 (0.9184)
Open	-0.0057 (-1.4236)	-0.1937*** (-3.2653)	-0.2001*** (-3.3465)

续表

变量	Stage 1 (1) Stability	Stage 2 (2) Res	Heckman 两阶段法 (3) Res
常数项	0.7183*** (7.2701)	-3.7580*** (-2.6310)	-5.9861*** (-4.1071)
时间固定效应	控制	控制	控制
行业固定效应	控制	控制	控制
观测值	10449	10449	10449
Adj R^2	0.811	0.144	0.145

注：***、**、*分别表示在1%、5%、10%的水平下显著，括号内为t值。

8.3.2.2 Heckman 两阶段法

借鉴王浩军、卢玉舒和宋铁波（2023）的做法，在第一阶段中，构建一个是否重视高管团队稳定性的哑变量作为被解释变量，即若当年的高管团队稳定性高于中位数，则认为企业重视高管团队稳定性，赋值为1；否则，赋值为0。在此基础上，通过构建 Probit 模型计算逆米尔斯比率（Imr）。在第二阶段中，将 Imr 作为控制变量对原有模型进行重新回归，结果如表8-3第（3）列所示。结果显示，$Stability$ 的回归系数为0.2474，在1%的水平上显著为正，说明在控制样本自选择的内生性问题后，本章基准回归结果依然成立。

8.3.2.3 增加固定效应

考虑到受地区特征和政策等影响，不同省份企业的高管团队稳定性对其韧性的作用程度不同，本章在原有控制时间和行业固定效应的基础上，进一步增加省份固定效应来缓解内生性。表8-4第（1）列结果显示，在控制省份固定效应后，$Stability$ 的回归系数为0.2395，仍在1%的水平上显著为正，表明基准回归结果依然成立。

表8-4　高管团队稳定性影响企业韧性的内生性处理结果：调整回归模型

变量	增加固定效应 (1) Res	滞后解释变量 (2) Res	调整双重聚类 (3) Res
Stability	0.2395 *** (3.6885)		0.2460 ** (2.5364)
L.Stability		0.1533 ** (2.1186)	
Size	0.0760 *** (3.1675)	0.0846 *** (3.1312)	0.0712 (1.0877)
Age	-0.0113 *** (-4.5839)	-0.0093 *** (-3.4506)	-0.0106 * (-1.7562)
Salary	0.1605 *** (6.6743)	0.1824 *** (6.7330)	0.1622 *** (3.8574)
Turnover	0.0706 *** (3.8297)	0.0798 *** (3.8740)	0.0828 ** (2.2151)
Fair	-1.2330 *** (-10.2515)	-1.1605 *** (-8.6009)	-1.3132 *** (-3.6576)
Cc	0.5321 *** (7.1530)	0.5027 *** (6.0674)	0.5281 *** (3.1638)
Ind	0.0846 (0.3692)	0.0948 (0.3721)	0.1641 (0.3414)
Dual	0.1439 *** (4.3093)	0.1536 *** (4.1093)	0.1411 (1.6043)
GDP	-0.0168 (-1.3178)	0.0123 (1.0382)	0.0022 (0.2522)
PPI	0.0159 *** (2.7600)	0.0080 (1.3986)	0.0046 (0.5841)
Open	0.3264 (0.8388)	-0.1500 ** (-2.2889)	-0.1942 (-1.2411)

续表

变量	增加固定效应 (1) Res	滞后解释变量 (2) Res	调整双重聚类 (3) Res
常数项	-3.7690** (-2.3337)	-6.5301*** (-4.2540)	-3.7253* (-1.7274)
时间固定效应	控制	控制	控制
行业固定效应	控制	控制	控制
地区固定效应	控制		
观测值	10449	7803	10449
Adj R²	0.150	0.164	0.144

注：***、**、*分别表示在1%、5%、10%的水平下显著，括号内为t值。

8.3.2.4 滞后解释变量

考虑到可能存在的互为因果和遗漏变量的问题，本章以滞后一期的高管团队稳定性（L.Stability）作为解释变量进行重新回归。表8-4第（2）列结果显示，L.Stability的回归系数为0.1533，在5%的水平上显著为正，表明基准回归结果依然成立。

8.3.2.5 调整双重聚类

为缓解异方差和序列相关的影响，本章在年度和行业两个层面的基础上对标准误进行聚类。表8-4第（3）列结果显示，Stability的回归系数为0.2460，在5%的水平上显著为正，表明基准回归结果依然成立。

8.3.3 稳健性检验

8.3.3.1 替换被解释变量

借鉴陈俊华、郝书雅和易成（2023）的做法，将股票年度波动率作为企业韧性的代理指标，结果如表 8-5 第（1）列所示。结果显示，$Stability$ 的回归系数为 0.3627，仍在 1% 的水平上显著为正，表明基准回归结果具有稳健性。

表 8-5　　高管团队稳定性影响企业韧性的稳健性检验结果

变量	替换被解释变量 (1) Res_T	替换解释变量 (2) Res	Possion 模型 (3) Res_DUM	改变样本区间 (4) Res
$Stability$	0.3627*** (3.7581)		0.1372*** (3.0574)	0.3181*** (3.2694)
$Stability\_T$		0.2041*** (3.2614)		
$Size$	0.0372 (1.0491)	0.0706*** (2.9552)	0.0106 (0.6238)	0.1564*** (4.3508)
Age	-0.0192*** (-5.3782)	-0.0106*** (-4.4206)	-0.0078*** (-4.6846)	-0.0103*** (-2.8905)
$Salary$	0.3046*** (8.5736)	0.1617*** (6.7579)	0.0801*** (4.8275)	0.1712*** (4.7541)
$Turnover$	0.0050 (0.1837)	0.0830*** (4.5285)	0.0883*** (7.4294)	0.0712** (2.5414)
$Fair$	-1.6867*** (-9.5079)	-1.3157*** (-11.0134)	-0.5311*** (-6.1035)	-1.1549*** (-6.3808)
Cc	0.6324*** (5.7472)	0.5250*** (7.0863)	0.2230*** (4.4375)	0.6287*** (5.7706)
Ind	0.5617* (1.6602)	0.1711 (0.7510)	-0.4438*** (-2.7248)	0.8278** (2.4767)
$Dual$	0.1744*** (3.5240)	0.1415*** (4.2480)	0.0547** (2.5406)	0.1887*** (3.7611)
GDP	0.0090 (0.5630)	0.0023 (0.2144)	0.0120 (1.4050)	-0.0020 (-0.1477)

续表

变量	替换被解释变量 (1) Res_T	替换解释变量 (2) Res	Possion 模型 (3) Res_DUM	改变样本区间 (4) Res
PPI	0.0017 (0.2265)	0.0046 (0.9094)	0.0075** (2.0483)	0.0027 (0.4277)
Open	-0.2000** (-2.2534)	-0.1947*** (-3.2579)	0.0573 (1.3258)	-0.2915*** (-3.1485)
常数项	-6.2762*** (-3.0187)	-4.3177*** (-3.0844)	-3.9544*** (-3.5148)	-6.2485*** (-3.5726)
时间固定效应	控制	控制	控制	控制
行业固定效应	控制	控制	控制	控制
观测值	10449	10449	10449	5245
Adj R²	0.146	0.143		0.176

注：***、**、*分别表示在1%、5%、10%的水平下显著，括号内为t值；Possion 模型的运行原理是最大似然估计法，非最小二乘法，故无法报告 Adj R²。

8.3.3.2 替换解释变量

鉴于基准回归中的 *Stability* 是根据高管团队中各成员的变化情况加权计算而得，会受到高管团队成员界定范围的直接影响。考虑到独立董事及监事通常会对高管团队成员的薪资待遇和工作方式产生一定影响，进而影响企业韧性水平，将前文中剔除在外的独立董事和监事纳入高管团队成员的界定范围，重新计算高管团队稳定性指数（*Stability_T*）并进行重新回归，结果如表 8-5 第（2）列所示。结果显示，*Stability_T* 的回归系数为 0.2041，仍在 1% 的水平上显著为正，表明基准回归结果具有稳健性。

8.3.3.3 替换回归模型

为消除因特定回归模型对结果导致的偏差，将回归模型替换为 Possion 模型，结果如表 8-5 第（3）列所示。结果显示，*Stability* 的回归系数为

0.1372，仍在1%的水平上显著为正，表明基准回归结果具有稳健性。

8.3.3.4 改变样本区间

考虑2019年以来，企业受新冠疫情冲击和地缘政治关系的影响较大，更能表现出企业潜在的韧性水平，进一步将样本区间缩短至2019~2022年，结果如表8-5第（4）列所示。结果显示，Stability的回归系数为0.3181，仍在1%的水平上显著为正，进一步证明了基准回归结果的可靠性。

8.3.4 作用机制分析

上文实证分析已表明，高管团队稳定性有助于增强企业韧性。基于前文理论分析框架，本部分采用根据江艇（2022）对中介效应模型的建议，进一步分析高管团队稳定性是否通过提升ESG表现、合理配置冗余资源和维持供需关系三条传导路径增强了企业韧性。

8.3.4.1 ESG表现

利用华证ESG评级来表征ESG表现，该指数值越大，说明企业ESG表现越好，经营稳定性越好，可持续发展能力越强。表8-6第（1）列报告了ESG表现的中介效应检验结果。结果显示，Stability的回归系数为0.4342，在1%的水平上显著为正，表明高管团队稳定性可以显著提升企业ESG表现。这一结果表明存在"高管团队稳定性→提升ESG表现→增强企业韧性"的作用机制，假设H1得以验证。

表8-6 高管团队稳定性影响企业韧性的作用机制检验结果

变量	(1) ESG	(2) Absor	(3) Unabsor	(4) Relation1	(5) Relation2
Stability	0.4342 *** (8.3634)	-0.0332 *** (-6.7573)	0.2160 *** (3.3757)	0.0335 ** (2.1630)	-0.1408 *** (-4.0032)

续表

变量	(1) ESG	(2) Absor	(3) Unabsor	(4) Relation1	(5) Relation2
Size	0.1486*** (7.7827)	-0.0242*** (-13.4211)	-0.1916*** (-8.1418)	-0.0116** (-2.0355)	-0.0406*** (-3.1424)
Age	-0.0156*** (-8.1547)	-0.0002 (-0.9219)	-0.0151*** (-6.3752)	-0.0006 (-0.9842)	-0.0175*** (-13.4968)
Salary	0.1920*** (10.0421)	0.0061*** (3.3596)	-0.1173*** (-4.9803)	0.0372*** (6.5279)	0.0371*** (2.8691)
Turnover	-0.0418*** (-2.8587)	-0.0364*** (-26.2602)	-0.3401*** (-18.8468)	-0.0092** (-2.1110)	-0.4338*** (-43.7627)
Fair	0.0979 (1.0253)	0.0248*** (2.7426)	-1.8117*** (-15.4005)	0.0011 (0.0373)	-0.4859*** (-7.5171)
Cc	-0.4384*** (-7.4059)	-0.0450*** (-8.0405)	-0.0509 (-0.6970)	-0.0466*** (-2.6406)	0.6030*** (15.0411)
Ind	1.7135*** (9.4135)	0.0356** (2.0676)	-0.3835* (-1.7091)	0.2018*** (3.7158)	-0.0986 (-0.8002)
Dual	-0.1400*** (-5.2588)	0.0101*** (3.9914)	-0.0527 (-1.6062)	-0.0073 (-0.9218)	-0.0244 (-1.3518)
GDP	0.0200** (2.3232)	-0.0039*** (-4.8030)	0.0066 (0.6210)	0.0039 (1.5166)	-0.0116** (-1.9959)
PPI	-0.0110*** (-2.7213)	-0.0002 (-0.3969)	-0.0058 (-1.1632)	-0.0049*** (-4.0524)	0.0016 (0.5731)
Open	0.1414*** (2.9607)	-0.0072 (-1.5926)	0.2950*** (5.0125)	0.0861*** (6.0457)	-0.2190*** (-6.7708)
常数项	-4.7460*** (-4.2430)	1.0968*** (10.3719)	9.4026*** (6.8220)	0.3567 (1.0694)	0.6929 (0.9150)
时间固定效应	控制	控制	控制	控制	控制
行业固定效应	控制	控制	控制	控制	控制
观测值	10449	10449	10449	10449	10449
Adj R²	0.208	0.424	0.244	0.056	0.529

注：***、**、*分别表示在1%、5%、10%的水平下显著，括号内为t值。

8.3.4.2 冗余资源

借鉴曲小瑜和张健东（2021）的做法，按照流动性将冗余资源划分为沉淀性冗余资源和非沉淀性冗余资源。其中，沉淀性冗余资源（*Absor*）采用企业经营中各费用率之和来衡量，非沉淀性冗余资源（*UnAbsor*）采用流动比率来衡量。表8-6第（2）列报告了高管团队稳定性对沉淀性冗余资源的影响。结果显示，*Stability* 的回归系数为 -0.0332，在1%的水平上显著为负，表明高管团队稳定性越高，沉淀性冗余资源越少，企业越不容易储存流动性较差的专用资源。表8-6第（3）列报告了高管团队稳定性对非沉淀性冗余资源的影响。结果显示，*Stability* 的回归系数为0.2160，在1%的水平上显著为正，表明高管团队稳定性越高，企业越可能储存流动性较高的通用资源。这一结果表明存在"高管团队稳定性→合理配置冗余资源→增强企业韧性"的作用机制，假设H3、假设H3a和假设H3b得以验证。

8.3.4.3 供需关系

借鉴陶锋等（2023）的做法，从稳定性和协同性两个角度来刻画企业的供需关系。其中，供需关系稳定性采用年末前五大客户名单中非新出现的客户数量占比（*Relation*1）来表征，该指标越大，表明客户群体越稳定，客户黏性强；供需关系协同性采用应收票据、应收账款和预付款项三者之和占主营业务收入比例的自然对数（*Relation*2）来表征，反映客户对供应商企业的资金占用情况，该指标越小，说明上游企业应收账款压力更小，资金周转不灵现象越少，供需关系更趋协同。表8-6第（4）列报告了高管团队稳定性对供需关系稳定性的影响。结果显示，*Stability* 的回归系数为0.0335，在5%的水平上显著为正，表明高管团队稳定性越高，越有利于维护企业与客户之间的供应链上下游合作关系，从而产生更加稳定的供需关系。表8-6第（5）列报告了高管团队稳定性对供需关系协同性的影响。结果显示，*Stability* 的回归系数为-0.1408，在1%的水平上显著为负，表明高管团队稳定性越高，企业往来资金管理和往来款项风险控制越合理。这一结果表明存在"高管团队稳定性→维持供需关系→增强企业韧性"的作用机制，假设 H4 得以验证。

8.4 进一步分析

企业所处外部环境、行业和自身特质不同，高管团队稳定性对企业韧性产生的影响亦可能存在差异，需要进一步区别讨论。本章将从营商环境、行业技术特质、内部控制质量和融资约束出发，深入探究高管团队稳定性对企业韧性的差异化影响。

8.4.1 基于企业营商环境的异质性分析

高质量的营商环境是企业实现高质量发展的重要驱动力。大量实证研究结果表明，良好的营商环境有助于企业降低经营风险，营造更多的投资机会和投资渠道（张兆国、徐雅琴和成娟，2024），进而塑造出更强的韧性水平。当营商环境较好时，企业面临的外部不确定性往往较小，高管团队稳定性所带来的成员凝聚力、组织保障、资源整合等竞争优势，可以更好地助力企业获取优质的投资机会和稳定的经济效益，进而有效提升企业韧性。当营商环境较差时，企业通常承担较高的制度性成本，面临较高的经营风险，容易受限于法规灰色地带，不利于规范管理高管团队，阻滞高管团队稳定性对企业韧性促进作用的发挥。由此，本章预期，高管团队稳定性对企业韧性的增强作用在高质量营商环境下的企业中表现更加明显。为了验证上述推测，本章借鉴于文超和梁平汉（2019）的做法，以市场化指数作为营商环境的代理变量，依据其年度行业中位数将样本企业划分为营销环境较好和营销环境较差进行分组检验，结果如表 8-7 第（1）列和第（2）列所示。结果显示，高管团队稳定性对营商环境较好的企业韧性具有显著的正向增强效应，但对营商环境较差的企业韧性影响并不显著，该结论与预期一致。

表8-7 高管团队稳定性影响企业韧性的异质性检验结果：根据营商环境与行业技术特质分组

变量	营商环境较好 (1) Res	营商环境较差 (2) Res	高技术行业 (3) Res	非高技术行业 (4) Res
Stability	0.4016*** (4.4424)	0.1148 (1.2246)	0.2932*** (3.2636)	0.1990** (2.1590)
Size	0.0767** (2.3105)	0.0683* (1.9512)	0.1298*** (3.6679)	0.0048 (0.1527)
Age	-0.0114*** (-3.4832)	-0.0108*** (-2.9612)	-0.0229*** (-6.8132)	0.0026 (0.7536)
Salary	0.1732*** (5.2759)	0.1595*** (4.5057)	0.2054*** (5.7823)	0.1156*** (3.6445)
Turnover	0.1057*** (4.0225)	0.0634** (2.4347)	0.0942*** (3.2039)	0.0881*** (3.8985)
Fair	-0.8996*** (-5.0746)	-1.5624*** (-9.3801)	-1.6013*** (-9.3866)	-1.1195*** (-6.8082)
Cc	0.6008*** (5.7196)	0.4419*** (4.1721)	0.6274*** (5.9726)	0.3559*** (3.4716)
Ind	0.4048 (1.2864)	0.0332 (0.0994)	0.2043 (0.6286)	0.3262 (1.0496)
Dual	0.1304*** (2.9994)	0.1332** (2.5621)	0.2606*** (5.9607)	-0.1176** (-2.2875)
GDP	0.0166 (0.6416)	-0.0073 (-0.5406)	0.0060 (0.4120)	-0.0092 (-0.5915)
PPI	-0.0033 (-0.1974)	0.0017 (0.2982)	0.0159** (2.1937)	-0.0094 (-1.3803)

续表

变量	营商环境较好 (1) Res	营商环境较差 (2) Res	高技术行业 (3) Res	非高技术行业 (4) Res
Open	-0.1800 (-1.2324)	-0.3721*** (-3.6670)	-0.1559* (-1.8777)	-0.3262*** (-3.8488)
常数项	-5.7797 (-1.4934)	-2.6162 (-1.5428)	-7.9020*** (-4.1329)	0.4206 (0.2090)
时间固定效应	控制	控制	控制	控制
行业固定效应	控制	控制	控制	控制
观测值	5187	5262	5909	4540
Adj R²	0.127	0.172	0.110	0.207

注：***、**、*分别表示在1%、5%、10%的水平下显著，括号内为t值。

8.4.2 基于企业所处行业技术特质的异质性分析

高技术产业属于国家战略性产业，也是知识和技术密集型产业，具有研发投入高、科研人员比重大等特点，在维护我国产业链供应链韧性和安全水平中发挥着不可替代的作用。高技术行业企业是通过持续的研究开发和成果转化，形成自主知识产权，并以此为基础开展经营活动的企业，具有高技术、高成长性、高投入、高收益和高风险的特征，企业创新建立在先进的前沿技术和复杂的科学理论之上，需要大量的人力资本和物质资本投入，新技术和新市场在为企业带来高收益的同时，高风险也随之而来，因此，其韧性水平受外部不确定性的影响较为突出。而稳定的高管团队是企业开展创新活动的重要组织保障（张兆国、曹丹婷和张弛，2018），能够助力高新技术企业充分发挥创新活动的正外部性，在缓解信息不对称的同时，降低自主创新带来的不确定性，进而增强自身韧性水平。由此，本章预期，相比非高技术行业的企业，高管团队稳定性对高技术行业企业韧性的增强作用更加明显。为了验证上述推测，本章按照国家统计局2018年印发的《高技术产业（制造业）分类（2017）》和《高技术产业（服务业）分类（2018）》，将电信、广播电视和卫星传输服务业，互联网和相关服务业，软件和信息技术服务业，专业技术服务业，生态保护和环境治理业，医药制造业，铁路、船舶、航空航天和其他运输设备制造业，计算机、通信和其他电子设备制造业，仪器仪表制造业等9类样本企业划为高技术行业，其他样本企业划分为非高技术行业，分组检验高管团队稳定性对企业韧性的影响，结果如表8-7第（3）列和第（4）列所示。结果显示，相较于非高技术行业企业，高技术行业企业高管团队稳定性对自身韧性的增强效应更大且更为显著，该结论与预期一致。

8.4.3 基于内部控制质量的异质性分析

内部控制是提升组织韧性的基础，能够帮助企业高管团队在复杂的动态环境中防控风险、获取信息及整合资源，进而从容应对危机并获取新的发展机会（Ma, Xiao and Yin, 2018）。在内部控制质量较好时，企业内部治理稳定，资源管控合理，有利于高管团队及时识别与应对风险，准确把握发展机遇。而在内部控制质量较低时，企业内部管理较为混乱，高管自利行为频发，舞弊概率较大，严重损害企业可持续发展。因此，本章预期，高管团队稳定性对企业韧性的增强作用在内部控制质量较好的企业中表现更加明显。为了验证上述推测，采用迪博数据库（DIB）的内部控制指数来表征内部控制质量，依据其年度行业中位数将样本企业划分为内部控制质量较好和内部控制质量较差进行分组检验，表8-8第（1）列和第（2）列所示。结果显示，高管团队稳定性对内部控制质量较好的企业韧性具有显著的正向增强效应，但对内部控制质量较差的企业韧性影响并不显著，该结论与预期一致。

表 8–8　高管团队稳定性影响企业韧性的异质性检验结果：根据内部控制质量和融资约束分组

变量	内控质量好 (1) Res	内控质量差 (2) Res	融资约束高 (3) Res	融资约束低 (4) Res
Stability	0.3236*** (3.1701)	0.0755 (0.9693)	0.2730*** (3.1189)	0.2106** (2.1730)
Size	0.0567 (1.4973)	0.0407 (1.4090)	0.0579* (1.8606)	0.1461*** (3.8311)
Age	-0.0142*** (-3.7222)	-0.0066** (-2.3146)	-0.0136*** (-4.1847)	-0.0098*** (-2.7184)
Salary	0.2093*** (5.5032)	0.0660** (2.2948)	0.1216*** (3.8564)	0.1939*** (5.2510)
Turnover	0.0502* (1.8161)	0.0787*** (3.3081)	0.0974*** (4.1269)	0.0734** (2.4866)
Fair	-1.7299*** (-8.7634)	-0.6789*** (-4.9112)	-0.8954*** (-5.6592)	-1.9392*** (-10.4838)
Cc	0.7563*** (6.3152)	0.3094*** (3.5566)	0.4480*** (4.5611)	0.5892*** (5.1990)
Ind	-0.1778 (-0.5088)	0.3811 (1.3559)	0.1263 (0.4232)	0.3056 (0.8708)
Dual	0.1934*** (3.6359)	0.0887** (2.2629)	0.1548*** (3.4460)	0.1341*** (2.6975)
GDP	-0.0277 (-1.5744)	0.0277** (2.2272)	0.0045 (0.3251)	-0.0014 (-0.0851)
PPI	-0.0006 (-0.0709)	0.0097* (1.6583)	0.0040 (0.6297)	0.0040 (0.5020)
Open	-0.2970*** (-3.1951)	-0.0300 (-0.4136)	-0.1321 (-1.6284)	-0.3053*** (-3.4199)

续表

变量	内控质量好 (1) Res	内控质量差 (2) Res	融资约束高 (3) Res	融资约束低 (4) Res
常数项	-0.9198 (-0.4014)	-5.2886 *** (-3.2729)	-3.5895 ** (-1.9997)	-6.0227 *** (-2.7193)
时间固定效应	控制	控制	控制	控制
行业固定效应	控制	控制	控制	控制
观测值	5224	5225	5549	4900
Adj R²	0.195	0.097	0.139	0.164

注：***、**、* 分别表示在1%、5%、10%的水平下显著，括号内为t值。

8.4.4 基于融资约束的异质性分析

金融市场的不对称性和金融资源的严重错配，导致企业之间存在差异较大的融资约束程度，这可能会导致高管团队稳定性对企业韧性的影响存在异质性。当融资约束程度较高时，企业拥有的融资渠道更少，资本结构调整成本更高，风险管控力度更大，缺乏迅速适应外部不确定性的能力。而稳定的高管团队所拥有的社会资本恰好可以削弱融资约束程度较高对企业带来的不利影响。根据社会资本理论，稳定的高管团队内部之间往往愿意与彼此共享信息与资源，助力企业形成一张强大的社会关系网络，助力企业获取更多的有效融资渠道，缓解银企之间信息不对称这一痛点难题。而当融资约束程度较低时，企业往往更容易获得融资，降低经营风险。因此，本章预期，相比融资约束程度较低的企业，高管团队稳定性对融资约束程度较高的企业韧性的增强作用更加明显。为了验证上述推测，构建KZ指数来衡量融资约束程度，依据其年度行业中位数将样本企业划分为融资约束程度较高和融资约束程度较低两组进行分组检验，结果如表8-8第（3）列和第（4）列所示。结果显示，相较于融资约束程度较低的企业，融资约束程度较高的企业高管

第 8 章 | 高管团队稳定性对企业韧性的影响及作用机制

团队稳定性对自身韧性的增强效应更大且更为显著，该结论与预期一致。

8.5　本章小结

本章首先结合高层梯队理论、社会同一性理论、社会资本理论等理论基础，分析了高管团队稳定性对企业韧性的影响效果，提出了高管团队稳定性影响企业韧性的理论框架。其次，在既有研究的基础上，结合个体、经济和时间三个维度，创新性地构建了高管团队稳定性指数测度方法，建立了高管团队稳定性影响企业韧性的双向固定效应模型，采用 2017~2022 年中国 A 股非金融业上市公司数据，实证检验了高管团队稳定性对企业韧性的影响效果及其作用机制。再其次，采用工具变量两阶段最小二乘法、解释变量滞后一期、Heckman 两阶段法等一系列方法，排除了基准回归中潜在的反向因果、遗漏变量、异方差、变量自相关、样本选择性偏差等内生性问题，采用替换被解释变量、替换解释变量、替换回归模型、样本子区间估计等方法进行稳健性检验。最后，进一步采用 OLS 方法检验了营商环境、行业技术特质、内部控制质量和融资约束对高管团队稳定性影响企业韧性的异质性作用。

研究结果表明，高管团队稳定性的提升显著增强了企业韧性，该结论通过一系列内生性和稳健性检验后依然成立；作用机制检验表明，高管团队稳定性能够通过提升 ESG 表现、合理配置冗余资源和维持供需关系三条传导路径增强企业韧性；异质性检验发现，在营商环境较好、高技术行业、内部控制质量较好、融资约束程度较高的企业中，高管团队稳定性对企业韧性的增强作用更为显著。

本章可能的边际贡献主要有：第一，理论层面，本章充分考虑企业是维护产业链供应链韧性的微观承载者，立足微观企业层面，从高管梯队、社会资本等理论出发，系统考察了高管团队稳定性对企业韧性的影响及作用机制，丰富和拓展了高管团队稳定性经济后果和企业韧性影响因素的研究框架。不仅为增强企业韧性的路径机制提供了新的视角与思路，而且为提升产业链供应链韧性和安全水平背景下引导企业稳定高管团队提供了更加充分的理论依据。第二，方法层面，现有文献普遍从个体维度采用高管离职率和高管团队平稳性指数来衡量高管团队稳定性，前者无法表征新增高管对团队稳定性的影响，后者未能揭示不同职位的高管变动对团队稳定性的影响差异，本章则创新地将个体、经济和时间三个维度有机地融合在一起，采用地方领导班子稳定性的衡量方法，创新地构建了高管团队稳定性指数。此外，本章还从综合波动性和增长性两个维度，采用熵值法创新地构建了能够更加全面反映企业韧性的指标体系。上述方法的改进是对高管团队稳定性和企业韧性衡量方法的有益完善，可为学术界后续有关高管团队稳定性和企业韧性的实证研究提供更具说服力的量化依据。第三，实践层面，本章厘清了高管团队稳定性对企业韧性的影响及其作用机制，研究结论可为当前高管团队更迭震荡事件愈发频繁背景下的企业高管团队建设，以及商业环境易变性、不确定性、复杂性、模糊性（VUCA）特征日益凸显下的企业韧性管理提供较好的政策启示和实践价值。

第 9 章

结论与建议

9.1 研究结论

本书聚焦于"企业韧性的影响因素及作用机制"这一核心研究议题，以维护与增强我国产业链供应链安全稳定水平为出发点，以企业战略行为和企业特质等微观视角为切入点，综合运用资源配置理论、交易成本理论、供应链管理理论、高阶梯队理论、社会网络理论、资源依赖理论、企业能力理论等经济学和管理学经典理论与多种统计学和计量经济学前沿研究方法，深入探究数字化转型、纵向一体化、供应链金融、供应链网络位置、董事关系网络、高管团队稳定性等影响企业韧性的理论框架、影响效果和作用机制，得到以下主要研究结论：

（1）数字化转型能够显著增强企业韧性，即企业数字化转型程度越高，自身韧性越强。企业创新能力、内部控制质量、客户集中度、纵向一体化水平在数字化转型增强企业韧性的过程中发挥显著的中介作用，企业数字化转型程度越高，则自身创新能力、内部控制质量、纵向一体化水平越高，客户集中度越低，进而显著增强企业韧性。数字化转型对企业韧性的增强效果在国有企业、高技术行业企业、CEO 有数字技术经历的企业中更加显著。

（2）纵向一体化与企业韧性之间存在倒 U 形关系，即随着企业纵向一体化水平的提升，企业韧性呈现出先上升后下降的变动趋势。一般而言，当纵向一体化水平低于 0.5696 时能够促进企业韧性提升，但当纵向一体化水平超过 0.5696 后，随着纵向一体化水平的继续提升，企业韧性降低。纵向一体化能够从企业内外部成本结构层面，通过降低外部交易成本、提高内部管控成本影响企业韧性，当纵向一体化水平小于临界值（0.5696）时，降低外部交易成本的正向效应大于提高内部管控成本的负向效应，纵向一体化总体增强了企业韧性；大于临界值时，降低外部交易成本的正向效应小于提高内部管控成本的负向效应，纵向一体化总体削弱了企业韧性。当企业处于高技术行业、高竞争性行业，或企业属于高国际化企业、非国有企业时，纵向一体化对企业韧性的倒 U 形影响效果更加显著。纵向一体化通过优化供需匹配、稳定供需关系降低企业外部交易成本，企业可通过提高内部控制质量、股权激励力度、数字化转型水平和高管团队稳定性等方式缓解纵向一体化提高内部管控成本的负面作用。

（3）供应链金融能够显著增强企业韧性，即企业供应链金融涉入水平越高，自身韧性越强。供应链金融对企业韧性的积极作用在高管具有金融业背景、所在省份金融聚集程度较低、市场化程度较高的样本中更加显著。供应链金融能够通过推动精益管理、增强敏捷响应、促进弹性提升三个层面提高供应链可持续性，企业供应链金融涉入水平越高，则自身在精益、敏捷、弹性三个层面的可持续供应链实践效果越显著，最终增强企业韧性。这表明，通过供应链金融增强企业韧性的关键在于提升供应链可持续性，其本质在于开展可持续供应链实践。不同导向的供应链金融对企业韧性存在差异化影响，供应链导向的供应链金融能够增强企业韧性，金融导向的供应链金融则将对企业韧性产生不利影响。

（4）供应链网络中心度与企业韧性之间存在显著的正相关关系，即企业越靠近供应链网络的中心位置，自身韧性越强。吸收能力、商业信贷和投资能力在供应链网络位置增强企业韧性的过程中发挥显著的中介作用，表明企业越靠近供应链网络的中心位置，则自身吸收能力和投资能力越强，获得的商业信贷支持越多，进而显著促进了自身韧性水平的提升。供应链网络位置对企业韧性的促进效应在非国有企业、非制造业、市场化水平高以及低行业竞争性的企业更为明显。

（5）董事关系网络能够显著影响企业韧性，良好的董事关系网络能够有效提升企业应对各种内外部风险的能力。融资约束在董事关系网络增强企业韧性的过程中发挥显著的中介作用，表明董事关系网络能够缓解企业的融资约束，进而达到提升企业韧性的目的。从行业竞争程度的角度来看，董事关系网络在高度竞争的环境下对企业韧性的促进作用更为明显。从地理区域分布角度来看，董事关系网络能够有效促进东部地区企业韧性提高，但该效应在中西部地区企业中并不显著。从股权激励和外部监督程度的角度来看，股权激励能够正向调节董事关系网络与企业韧性之间的关系，外部监督程度的提高也能够对企业韧性的提升产生积极影响。

（6）高管团队稳定性与企业韧性之间存在显著的正相关关系，即企业的高管团队稳定性越强，自身韧性水平越高。ESG表现、冗余资源和供需关系维持在高管团队稳定性增强企业韧性的过程中发挥显著的中介作用，表明企业高管团队稳定性越强，自身ESG表现越优异、冗余资源配置效率越高、供需关系越趋向于稳定，进而显著促进了自身韧性水平的提升。在营商环境较好、高技术行业、内部控制质量较好、融资约束程度较高的企业中，高管团队稳定性对企业韧性的积极作用更为显著。

9.2　研究建议

基于本书研究结论，提出如下建议：

（1）政府应充分认识数字经济赋能实体企业的积极效果，不断加大政策支持力度，积极引导推动微观企业数字化转型，促进经济高质量发展。一方面，有针对性地布局基础设施建设，加大对如数据平台、计算中心、网络基站等数字基础设施建设工作的资金投入，以基础设施为支撑，助力企业数字化转型。另一方面，改革完善现有市场管理体制、行政审批流程，对不利于企业数字化转型的政策内容进行及时恰当的调整，为企业数字化转型构建良好的政策环境。同时出台税收优惠、人才引进等相关支持政策，助力企业化解转型过程中的潜在风险，合理运用数字化技术，平稳完成数字化转型。此外，加强数字技术人才培养，提升相关从业人员技术水平。人才是企业实现数字化转型的基石，应从国家、地方政府、企业等多角度出发，建立健全专业人才培养、人才队伍建设体系。国家层面应当注重高校数字技术相关学科建设，重视数字技术学术性和实操性共同提升，鼓励支持海内外相关学科高端人才投身数字技术研究。地方政府应完善数字技术人才引进、培养措施，为企业吸引人才、留住人才，从人力资源角度助力企业实现数字化转型。企业自身应当构建数字技术人才培养体系，既要大力吸引外部数字技术人才，也应着力提升现有员工的数字技术素养，积极建设企业数字技术人才队伍。

（2）深入了解数字化转型作用机制，统筹优化资源配置。根据本书第3章研究结果，企业数字化转型能够提升企业创新能力、内部控制质量和纵向一体化水平，同时降低客户集中度，进而增强企业韧性。因此，企业数字化转型过程中不应仅关注管理工具和生产工具的数字化，还应全面考虑数字化转型对增强企业韧性的作用机制。同时，无论是何种方面的改进，在其实施过程中都将出现资源投入的边际效用递减现象，若对资源投入缺乏合理规划，将难以达到最佳效果，造成资源浪费。因此，企业应当合理分配资源，全面高效地提升自身数字生产力。同时，政府应当结合不同企业特征，因时因地因企施策。企业数字化转型的效果同企业自身特征息息相关，应当立足实际，对症下药。从政府角度看，应优先将政策资源向高技术行业企业和CEO有数字技术背景的企业倾斜；鼓励数字平台企业和数字化转型龙头企业在保证自身经营安全的前提下，与数字化转型程度较低的企业合作，分享其先进技术、经验等资源要素；多方合作共建专业化的数字化转型服务平台，推动企业高质量、精细化、个性化实现数字化转型。从企业角度看，应全面认识自身发展优势与不足，实事求是，分阶段稳步推进数字化转型，坚持通过数字化战略引领组织管理模式变革和商业模式转型，充分发掘企业内部资源基础，同时整合外部数字技术资源，加强组织学习、动态调整自身数字化转型战略，力求更好更快实现数字技术与管理、生产、战略的协同融合。

（3）全面认识纵向一体化对企业韧性的作用效果。一方面，企业应认识到纵向一体化对增强自身韧性水平的重要性，整合产业链供应链中的有利资源，并将其转化为企业韧性，以应对当前外部环境的高度 VUCA 特征以及潜在的"黑天鹅""灰犀牛"事件冲击。明确自身在产业链供应链中所处位置，建立并充分发展自身与其他链上主体间的依存关系，促进企业韧性提升，实现稳定经营和长期增长。另一方面，虽然纵向一体化对企业韧性提升具有重要影响，但企业应当开展适度的纵向一体化战略，否则将对自身韧性水平产生过犹不及的负面效应。第一，在进行纵向一体化的过程中，选择适宜的上下游合作伙伴，根据企业自身情况达到最佳企业规模，避免盲目整合引发的管理成本增加、信息传递失真、内部控制缺陷加剧等问题抵消纵向一体化对企业韧性的积极作用。第二，完善的公司治理体系能够有效降低经济效率损失，同时抑制内部管控成本提升，促进企业纵向一体化战略充分发挥适应不确定性和降低外部交易成本方面的优势。为此，企业应当建立和完善相关监管制度、探索高效公司治理模式。

（4）企业应深入理解纵向一体化对企业外部交易成本的传导机制，并充分利用其在优化供需匹配、稳定供需关系层面的积极作用。同时提高内部控制质量、股权激励力度、数字化转型水平和高管团队稳定性，从而缓解纵向一体化对提高企业内部管控成本的负向效应。一方面，积极提升供应链协同能力，增强纵向一体化积极效果。鼓励企业精准追踪和深度挖掘市场需求，推动产业链供应链不同环节之间信息共享，确保上游供给水平对下游需求变化精准匹配、及时响应；同时鼓励产业链供应链链主企业牵头组建供应联盟，加强处在同一产业链供应链不同环节企业之间的沟通连接，促进上下游企业形成"龙头企业拉动、链上企业参与、配套政策跟进"的共生格局，最终形成稳定持久的供需关系。另一方面，增强企业管理能力，缓解纵向一体化负面效应。首先，建立健全内部控制体系，完善管理流程与监管机制，缓解委托代理问题与内部人掏空；其次，合理提高股权激励力度，推动高管与股东目标趋同，引导高管立足企业长期利益做出决策；再次，积极开展数字化转型，加大相关基础设施与人才团队建设投入，通过数字化战略引领组织管理模式变革；最后，适度保持高管团队稳定性，同时合理约束与制衡高管权力，充分发挥高管团队积极治理作用，构建合理完善的公司治理机制。

（5）以政策为抓手，强化纵向一体化在调整企业内外部成本结构和提升企业供需质量方面的积极作用。当前企业经营环境不确定性显著提升的现实问题，重要表现在于微观层面外部交易成本大幅度提升和中观层面产业链供应链传导不畅。与此问题相映照，本书研究结论表明，纵向一体化可以调整企业内外部成本结构、优化企业供需质量，进而增强企业韧性。为此，产业治理政策应以企业纵向一体化为突破口，以降低外部交易成本为重点，推动企业合理调整内外部成本结构。政府应当积极创造有利于产业链分工制度安排、产业链上下游整合顺利实施的有利条件，立足全国统一市场，破除限制企业自主选择分工制度安排的非市场因素，充分发挥纵向一体化的协同功能，打通产业链供应链堵点、断点，进而提升产业链供应链韧性水平。同时，根据行业和企业层面的异质性制定差异化的纵向一体化政策。当前纵向一体化效果在行业和企业之间存在较为明显的分化现象，与此问题相映照，本书研究结论表明，纵向一体化对企业韧性的影响效果因行业技术特质、行业竞争性、企业国际化程度和产权性质而变化。因此，政府在政策制定过程中应当充分考虑企业在各方面的差异性，避免采取"一刀切"式政策。产业治理政策应重点扶持高技术行业企业、高竞争行业企业、高国际化企业和非国有企业。具体地，提高对企业研发投入的支持力度，缓解高技术行业企业研发投入风险；畅通产业链供应链上下游沟通渠道，提升全链条层面协作水平；保障关键高国际化企业通过实现本地化供应、储备关键原料、建设供应链平台等方式提高供应链协调能力；通过财政补贴、金融扶持等政策的支持和引导，缓解非国有企业纵向一体化过程中面临的资金短缺、经验不足、方法落后等问题。此外，企业确定战略目标时，也应充分认识自身发展现状和行业特点，合理开展纵向一体化战略。

（6）高度重视供应链金融对企业韧性的积极作用，助推企业高质量发展。链上企业应积极参与供应链金融活动，充分利用供应链金融在资金融通和关系构建层面的积极作用，降低自身财务压力、稳定经营状况，以实现自身韧性水平的稳步增强；链主企业应充分发挥引领作用，积极构建供应链金融平台，深度参与自身所在供应链上下游生产经营全流程，提升链上企业发展质量，增强产业链供应链安全水平。根据企业自身与所处环境的异质性制定差异化的供应链金融政策，实现供应链金融的分类施策、精准施策。本书研究结论表明，供应链金融对企业韧性的增强作用因高管金融背景、所在地金融聚集程度和市场化程度而变化。因此，在相关政策的制定和执行过程中应当充分考虑企业在以上方面的差异性，避免采取"一刀切"式的处理方式。强化供应链金融对供应链可持续性的提升作用，应成为当前供应链金融政策的重要着力点。当前我国产业链供应链"堵链""断链"问题时有发生，根本原因在于产业链供应链的风险承担能力和后续调整能力偏弱。为此，供应链金融政策应以增强供应链可持续性为突破口，重点通过推动精益管理、增强敏捷响应、促进弹性提升三个层次增强产业链供应链的风险承担能力和后续调整能力。充分关注不同导向的供应链金融对企业韧性的差异化影响。金融导向和供应链导向体现了企业对供应链金融的不同认识，企业应转变将供应链金融视为短期融资工具的片面观点，重视并合理利用供应链金融的供应链协调功能。

（7）上下游企业应当主动维护交易环境，从而打造更为高效的供应网络。位于供应网络中的企业应当共同打造和谐有序的交易环境，并与合作企业建立稳定频繁的业务往来关系，加强与相关合作伙伴的沟通与联系，促进企业间的知识流动和资源流动，做到资源互补，共同抵制市场机会主义与敲竹杠行为。当企业实现共同进步、互惠互利后，也将拥有更为高效的供应网络。企业应努力提升供应链网络位置，为自身韧性的发展提供充足的推动力。管理层应积极拓宽客户与供应商资源，着力打造供应链合作关系，尽可能降低供应链集中程度，打造多元化的供应链网络，从而优化自身在供应链网络中的位置。尤其是在外部环境动荡不安的大背景下，为了应对潜在的"黑天鹅""灰犀牛"事件影响，我国企业更应该努力优化自身供应链网络位置。

相关政策应以市场需求与实际情况为导向，加速企业之间资源与信息的流通速度。由于当前中国市场普遍存在着信息不对称的问题，企业发展所需要的信息、资源以及先进技术等要素的流动受到一定的限制。因此，政府应当着力促进市场经济体制和营商环境优化，积极引导企业转变自身经营模式，充分促进信息、资源等要素在市场中的流动，从而为企业的长久发展保驾护航。此外，企业也可以通过与业务相关联企业建立合作关系来降低信息不对称的程度，并与客户及供应商保持良好的供应链合作关系，最大限度地发挥自身供应链网络位置的优势。

（8）企业应充分利用董事关系网络，借此与行业内外的企业构建更为紧密的协作关系，通过打破行业内的竞争壁垒，促使网络成员企业形成协同机制，进而在信息、资源共享的基础上实现价值的加速转化，减少对特定核心资源的依赖，从而达到提升企业韧性的目的。企业同时应善用董事关系网络所带来的治理益处，持续优化自身的治理架构，提高信息透明度，减轻信息不对称问题及财务风险。企业还应具备有效筛选董事关系网络中信息的能力，以充分利用信息优势，提高投资决策的效率和准确性。同时，企业应大力优化和维护董事关系网络，深刻意识到董事关系网络潜在的机密信息泄露、关键资源断供等负面作用，充分了解不断调整和完善董事关系网络的重要性，可定期对网络中董事的行为和决策进行评估和分析，识别出可能给企业带来的威胁，并采取相应的措施加以预防；同时积极引入新鲜血液，使董事网络得以发展壮大，发挥更大效用。另外，企业可尝试建立"董事导师制度"，由内部经验丰富、领导能力强的董事担任导师，新晋董事或有发展潜力的年轻董事担任学员，采取一对一或一对多的运行模式为其提供指导和帮助。由此不仅能够促进企业内部新旧血液的加速融通，使得不同意见得以充分交流与互换，以促进董事会成员整体能力的提升，更能增强董事间的合作与信任关系，加强董事在网络中的优势地位。在建立该制度时，企业应明确导师与学员的选拔标准和配对机制，同时应提供一定的资源支持和奖励措施，以提升学员及导师的积极性。企业还应对指导进程进行持续地跟踪，不断对该制度进行总结和完善，保证其长期有效运行。

（9）全面认识高管团队稳定性对企业韧性的重要作用。一方面，稳定的高管团队能够克服短视，从企业长期价值导向出发制定战略决策，提高决策的科学性及长期战略的持续性，带来可持续性收益。另一方面，稳定的高管团队具有高度的团队凝聚力和集体共识，能够提高工作效率和决策质量，降低协调成本和经营风险，扩大资源调整空间，提升风险承担能力，增强企业韧性。因此，企业应当注重保持高管团队的相对稳定性，降低高管变更给企业和员工带来的不利影响。对此，企业应科学地制定人才变动战略，谨慎对待高管的任命和解聘，设计合理的薪酬激励制度，努力留住人才。同时企业还应建立承上启下的高管人才培养机制，最大限度减轻高管变更带来的负面影响。此外，政府应完善高管变动信息披露政策，要求企业及时且如实地向市场合理解释变动原因，并制定相关激励措施，如给企业提供税收减免等，为高管团队稳定性提供政策支持。根据环境、行业和企业特性制定差异化的人才变动管理体系。本书研究发现，高管团队稳定性在较好的营商环境、高新技术行业、较高的内部控制质量、较强的融资约束时，对企业韧性的促进作用更显著。对此，企业可以根据上述特质来调整高管团队变动的幅度，控制其变动对企业和员工带来的负面影响。在较好的营商环境、高新技术行业、较高的内部控制质量、较强的融资约束时，企业更应减少高管团队变动的幅度，谨慎对待该团队人员的调动，设计完善的高管人才培养机制，降低其变动带来的不利影响。同时，企业应不断完善自身治理水平，完善企业内部控制体系，降低外部环境对企业带来的冲击。此外，为提升韧性水平，政府应该加快优化营商环境的进程，重点扶持高技术行业，加强对资本市场的监督和规范，为企业发展营造一个良好的经济环境。

（10）深入理解高管团队稳定性对企业韧性的传导机制，明确企业韧性的提升路径。只有深入理解其具体的传导过程，才能将其灵活高效地应用于实践。本书研究发现，高管团队稳定性能够通过提升ESG表现、合理配置冗余资源和维持稳定的供需关系三条传导路径作用于企业韧性。因此，企业和政府可以参考以上三条路径，提升企业韧性以帮助企业摆脱危机并抓住机遇实现反超。对于ESG表现路径，企业应将ESG理念深度融入企业经营管理和业务活动，及时披露 ESG 信息，提升企业知名度和美誉度，获取可持续发展空间；政府应积极推动并监督 ESG 评价体系的构建，完善 ESG 信息披露制度，给予 ESG 表现更优的企业适当的减税和政策补贴；对于冗余资源路径，企业应根据自身需求合理储备资源，尽可能增加通用性冗余资源，即非沉淀性冗余资源，同时充分挖掘、整合和提升冗余资源的潜在收益；对于供需关系路径，企业应加强与供应商和客户的沟通连接，完善业务流程及提高产品服务水平，促进三方协同发展，进而形成稳定共生的供需关系，降低企业经营风险，最终增强企业韧性。

参考文献

[1] 鲍晓静，李亚超. 企业一体化加剧还是抑制了内部控制缺陷？：基于股权异质性与债务异质性的考察 [J]. 会计与经济研究，2020，34（6）：32-44.

[2] 蔡栋梁，等. 银行数字化转型对小微企业自主创新的影响：兼论数字金融的协同作用 [J]. 南开管理评论，2024，27（3）：39-51.

[3] 蔡显军，夏雨欣，薛丽达. 企业韧性指数的构建、测度与检验：基于A股上市公司的数据 [J]. 科学决策，2024（3）：57-74.

[4] 陈丹临. 连锁董事网络、数字普惠金融与企业融资约束 [J]. 现代经济探讨，2023（11）：101-112.

[5] 陈红川，等. 管理创新如何影响企业竞争优势：新冠疫情冲击下组织韧性与政府支持的作用 [J]. 广东财经大学学报，2021，36（5）：90-102.

[6] 陈俊华，郝书雅，易成. 数字化转型、破产风险与企业韧性 [J]. 经济管理，2023，45（8）：26-44.

[7] 陈权，等. 动态环境下民营企业家社会心态对企业韧性的影响研究 [J]. 华东经济管理，2024，38（3）：108-116.

[8] 陈胜军，于渤涵，李雪雪. 基于政治晋升预期调节作用的国企高管薪酬差距与离职率的关系研究 [J]. 中央财经大学学报，2020（4）：98-108，128.

[9] 陈胜利, 王东. 数字化转型与企业韧性: 效应与机制 [J]. 西安财经大学学报, 2023, 36 (4): 65-77.

[10] 陈旭, 江瑶, 熊焰. 数字化转型对企业绩效的影响机制和路径研究 [J]. 经济体制改革, 2023 (2): 112-120.

[11] 陈邑早, 解纯慧, 王圣媛. 产融合作与企业长期导向韧性 [J]. 财经研究, 2024, 50 (10): 109-123.

[12] 陈银娥, 等. 企业 ESG 表现对企业韧性的影响研究 [J]. 财经理论与实践, 2024, 45 (2): 128-135.

[13] 陈雨恬, 杨子晖, 温雪莲. 预期引导、经济韧性与宏观经济治理 [J]. 管理世界, 2024, 40 (11): 66-88.

[14] 陈运森, 谢德仁. 网络位置、独立董事治理与投资效率 [J]. 管理世界, 2011 (7): 113-127.

[15] 迟冬梅, 段升森, 张玉明. 和谐的力量: 劳动关系氛围对组织韧性的影响 [J]. 外国经济与管理, 2023, 45 (1): 88-103.

[16] 崔九九, 刘俊勇. 董事会连通性与高管薪酬有效性: 来自相对业绩评价的经验证据 [J]. 山西财经大学学报, 2022, 44 (3): 100-113.

[17] 戴翔, 马皓巍. 数字化转型、出口增长与低加成率陷阱 [J]. 中国工业经济, 2023 (5): 61-79.

[18] 单宇, 等. 数智赋能: 危机情境下组织韧性如何形成?: 基于林清轩转危为机的探索性案例研究 [J]. 管理世界, 2021, 37 (3): 7, 84-104.

[19] 杜运苏, 陈汉. 内外销耦合协调如何提升企业出口韧性: 内在机制与中国经验 [J]. 世界经济研究, 2024 (5): 118-133, 136.

[20] 段升森, 迟冬梅, 张玉明. 信念的力量: 工匠精神对组织韧性的影响研究 [J]. 外国经济与管理, 2021, 43 (3): 57-71.

[21] 范合君, 潘宁宁. 数字化转型、敏捷响应度与企业韧性 [J]. 经济管理, 2024, 46 (7): 36-54.

[22] 冯挺, 祝志勇. 探索式创新与企业韧性: 来自新三板上市公司的证据 [J]. 山西财经大学学报, 2023, 45 (2): 116-126.

[23] 冯挺，祝志勇．异质性政府补助对企业韧性的影响研究 [J]．西南大学学报（社会科学版），2024，50（1）：144-155．

[24] 高露丹，李洋，王婷婷．连锁董事网络对企业风险承担的治理研究 [J]．金融与经济，2021（3）：39-46．

[25] 高杨，黄明东．高管教育背景、风险偏好与企业社会责任 [J]．统计与决策，2023，39（10）：183-188．

[26] 郜志雄．无形资产对工贸企业韧性的影响机制研究 [J]．经济问题，2024（3）：85-91．

[27] 官晓云，权小锋，刘希鹏．供应链透明度与公司避税 [J]．中国工业经济，2022（11）：155-173．

[28] 顾建平，房颖莉．战略性企业社会责任与组织韧性：网络嵌入与创新能力的链式中介作用 [J]．科技管理研究，2022，42（16）：146-153．

[29] 郭瑞娜，曲吉林．公司董事网络地位、内部控制与财务违规 [J]．江西社会科学，2020，40（6）：195-204．

[30] 郭彤梅，等．非沉淀性冗余资源如何影响组织韧性：来自中国制造业上市公司的证据 [J]．贵州财经大学学报，2024（3）：51-61．

[31] 郝素利，张丽欣．政府审计、内部控制能有效提升组织韧性吗？[J]．审计与经济研究，2022，37（6）：10-20．

[32] 何瑛，等．高管职业经历与企业创新 [J]．管理世界，2019，35（11）：174-192．

[33] 洪银兴，任保平．数字经济与实体经济深度融合的内涵和途径 [J]．中国工业经济，2023（2）：5-16．

[34] 洪银兴，王坤沂．新质生产力视角下产业链供应链韧性和安全性研究 [J]．经济研究，2024，59（6）：4-14．

[35] 侯德帅，熊健，杜松桦．智能制造与企业韧性：基于工业机器人视角 [J]．中南财经政法大学学报，2024（4）：120-134．

[36] 侯林岐，等．有为政府的创新治理：政策协同与企业创新韧性 [J]．财经科学，2024（10）：118-133．

[37] 侯曼, 弓嘉悦, 冯海利. 组织韧性、企业竞争力对企业高质量发展的影响: 基于环境不确定性的调节 [J]. 科技管理研究, 2024, 44 (17): 168-179.

[38] 胡冬梅, 赵璐, 陈维政. 上市公司高管团队异质性特征对组织韧性的作用机理及效果研究 [J]. 社会科学研究, 2021 (5): 73-83.

[39] 胡海峰, 等. 连锁董事网络与中国上市公司违规 [J]. 经济与管理研究, 2022, 43 (3): 62-88.

[40] 胡海峰, 宋肖肖, 窦斌. 数字化在危机期间的价值: 来自企业韧性的证据 [J]. 财贸经济, 2022, 43 (7): 134-148.

[41] 胡海峰, 宋肖肖, 郭兴方. 投资者保护制度与企业韧性: 影响及其作用机制 [J]. 经济管理, 2020, 42 (11): 23-39.

[42] 胡李鹏, 王小鲁, 樊纲. 中国分省企业经营环境指数2020年报告 [J]. 金融评论, 2020, 12 (5): 2.

[43] 胡媛媛, 陈守明, 仇方君. 企业数字化战略导向、市场竞争力与组织韧性 [J]. 中国软科学, 2021 (S1): 214-225.

[44] 贾勇, 傅倩汪琳, 李冬姝. 技术创新与企业韧性: 基于新冠疫情情景 [J]. 管理科学, 2023, 36 (2): 17-34.

[45] 江艇. 因果推断经验研究中的中介效应与调节效应 [J]. 中国工业经济, 2022 (5): 100-120.

[46] 姜英兵, 徐传鑫, 班旭. 数字化转型与企业双元创新 [J]. 经济体制改革, 2022 (3): 187-193.

[47] 蒋殿春, 鲁大宇. 供应链关系变动、融资约束与企业创新 [J]. 经济管理, 2022, 44 (10): 56-74.

[48] 蒋峦, 等. 数字化转型如何影响企业韧性?: 基于双元创新视角 [J]. 技术经济, 2022, 41 (1): 1-11.

[49] 焦豪, 王林栋, 刘斯琪. CEO时间焦点、注意力配置与企业韧性 [J]. 经济管理, 2024, 46 (7): 91-108.

[50] 焦豪, 杨季枫, 金宇珂. 企业消极反馈对战略变革的影响机制研究:

基于动态能力和冗余资源的调节效应 [J]. 管理科学学报, 2022, 25 (8): 22-44.

[51] 金友森, 许和连. 出口贸易转型如何影响环境污染? [J]. 管理评论, 2023, 35 (8): 43-55.

[52] 李丹. 高管变更、团队稳定性与企业社会责任关系研究: 基于工业企业上市公司数据 [J]. 预测, 2021, 40 (4): 67-73.

[53] 李恩极, 张晨, 万相昱. 经济政策不确定性下的创新决策: 企业韧性视角 [J]. 当代财经, 2022 (10): 102-114.

[54] 李鸿磊, 王红玉, 赵阳阳. 高不确定情境下的生态型商业模式创新战略: 基于商业模式韧性视角的嵌入式案例比较研究 [J]. 管理学报, 2025, 22 (1): 22-31, 53.

[55] 李兰, 等. 新冠肺炎疫情危机下的企业韧性与企业家精神: 2021·中国企业家成长与发展专题调查报告 [J]. 南开管理评论, 2022, 25 (1): 50-64.

[56] 李倩, 吴昊, 王嘉敏. 媒体报道倾向对投资水平的影响 [J]. 商业研究, 2021 (6): 81-92.

[57] 李沁洋, 支佳, 刘向强. 企业数字化转型与资本配置效率 [J]. 统计与信息论坛, 2023, 38 (3): 70-83.

[58] 李青原, 唐建新. 企业纵向一体化的决定因素与生产效率: 来自我国制造业企业的经验证据 [J]. 南开管理评论, 2010, 13 (3): 60-69.

[59] 李四海, 江新峰, 宋献中. 高管年龄与薪酬激励: 理论路径与经验证据 [J]. 中国工业经济, 2015 (5): 122-134.

[60] 李万利, 潘文东, 袁凯彬. 企业数字化转型与中国实体经济发展 [J]. 数量经济技术经济研究, 2022, 39 (9): 5-25.

[61] 李小青, 等. 连锁董事网络、融资约束与民营企业社会责任 [J]. 管理学报, 2020, 17 (8): 1208-1217.

[62] 李雪灵, 等. 平台型组织如何从新冠疫情事件中激活韧性?: 基于事件系统理论的案例研究 [J]. 研究与发展管理, 2022, 34 (5): 149-163.

[63] 李雪松, 党琳, 赵宸宇. 数字化转型、融入全球创新网络与创新绩效 [J]. 中国工业经济, 2022 (10): 43–61.

[64] 李滟, 李金嶽, 刘向强. 企业数字化转型与股利分配 [J]. 西南大学学报 (社会科学版), 2023, 49 (2): 114–126.

[65] 李洋, 汪平, 张丁. 连锁董事网络位置、联结强度对高管薪酬粘性的治理: 促进还是抑制? [J]. 现代财经 (天津财经大学学报), 2019, 39 (5): 56–72.

[66] 李洋, 王婷婷, 罗建志. 高管能力会降低股权融资成本吗?: 嵌入董事网络关系的情境效应分析 [J]. 系统管理学报, 2023, 32 (4): 825–838.

[67] 李宇, 王竣鹤. 学习和忘却、组织韧性与企业数字化能力获取研究 [J]. 科研管理, 2022, 43 (6): 74–83.

[68] 李增泉. 关系型交易的会计治理: 关于中国会计研究国际化的范式探析 [J]. 财经研究, 2017, 43 (2): 4–33.

[69] 梁林, 段世玉. 天生和传统全球化企业组织韧性特征及其形成过程: 基于 TikTok 和华为应对美国打压的双案例对比研究 [J]. 经济管理, 2023, 45 (5): 27–42.

[70] 梁林, 李妍. 组织韧性对制造企业产品成本优势的双刃剑效应 [J]. 中国流通经济, 2024, 38 (1): 115–127.

[71] 廖中举, 黄超, 姚春序. 组织资源冗余: 概念、测量、成因与作用 [J]. 外国经济与管理, 2016, 38 (10): 49–59.

[72] 林钟高, 韦文滔. ESG 表现有助于降低客户集中度吗? [J]. 安徽大学学报 (哲学社会科学版), 2023, 47 (1): 121–132.

[73] 凌润泽, 等. 供应链金融与企业债务期限选择 [J]. 经济研究, 2023, 58 (10): 93–113.

[74] 刘春红, 郊可心, 陈李红. 动态视角下组织韧性的形成机理与作用效果 [J]. 经济管理, 2023, 45 (8): 5–25.

[75] 刘德红, 田原. 供应链金融内涵与风险管理研究进展及展望 [J]. 经济

问题，2020（7）：53-60.

[76] 刘飞. 数字化转型如何提升制造业生产率：基于数字化转型的三重影响机制［J］. 财经科学，2020（10）：93-107.

[77] 刘建秋，徐雨露. ESG表现与企业韧性［J］. 审计与经济研究，2024，39（1）：54-64.

[78] 刘锦英，徐海伟. 高管团队稳定性影响企业金融化水平吗？［J］. 经济与管理评论，2022，38（2）：71-84.

[79] 刘莉. CEO开放性影响企业韧性的效果与边界［J/OL］. 系统管理学报，1-19.

[80] 刘喜华，张馨月. 高管团队稳定性对企业并购行为的影响：基于中国A股上市公司的实证研究［J］. 技术经济，2023，42（4）：160-171.

[81] 刘一鸣，曹廷求，刘家昊. 供应链金融与企业风险承担［J］. 系统工程理论与实践，2025，45（2）：391-407.

[82] 刘颖琦，陈睿君，周菲. 组织韧性的概念结构与形成机制：基于扎根理论的研究［J］. 管理案例研究与评论，2023，16（1）：3-16.

[83] 刘运国，刘雯. 我国上市公司的高管任期与R&D支出［J］. 管理世界，2007（1）：128-136.

[84] 陆蓉，等. 中国民营企业韧性测度与影响因素研究［J］. 经济管理，2021，43（8）：56-73.

[85] 路江涌，相佩蓉. 危机过程管理：如何提升组织韧性？［J］. 外国经济与管理，2021，43（3）：3-24.

[86] 路世昌，徐嘉瑗，赵力本. 高管团队稳定性、债务融资成本与数字化转型：基于创新效率的调节作用［J］. 哈尔滨商业大学学报（社会科学版），2024（1）：85-97.

[87] 吕可夫，于明洋，阮永平. 兼听则明，偏信则暗：供应链网络中心性与企业风险承担［J］. 管理评论，2023，35（7）：266-280.

[88] 罗栋梁，翟悦如. 股东关系网络如何影响企业韧性：基于A股上市公司的实证研究［J］. 金融监管研究，2023（3）：73-92.

[89] 罗宏, 等. 企业数字化转型与杠杆操纵 [J]. 当代财经, 2023 (5): 65–78.

[90] 罗瑾琏, 王象路, 耿新. 数字化转型对企业创新产出的非线性影响研究 [J]. 科研管理, 2023, 44 (8): 1–10.

[91] 罗进辉, 刘海潮, 巫奕龙. 高管团队稳定性与公司创新投入: 有恒产者有恒心 [J]. 南开管理评论, 2023, 26 (6): 159–168, 211.

[92] 罗进辉, 刘玥, 杨帆. 高管团队稳定性与公司债务融资成本 [J]. 南开管理评论, 2023, 26 (5): 95–106.

[93] 罗妮, 田悦. 人工智能对"专精特新"企业韧性的影响研究: 高管团队异质性的调节效应 [J]. 云南财经大学学报, 2024, 40 (11): 98–110.

[94] 马鸿佳, 唐思思, 熊立. 网络市场导向对新创企业组织韧性的影响机制研究 [J]. 管理学报, 2023, 20 (12): 1809–1817, 1877.

[95] 毛荐其, 等. 企业数字化转型对双元创新持续性的影响研究 [J]. 科学决策, 2023 (4): 1–14.

[96] 孟韬, 张天锴. 数字时代企业的业财融合与组织韧性研究 [J]. 财经问题研究, 2024 (6): 109–120.

[97] 潘红波, 杨海霞. 竞争者融资约束对企业并购行为的影响研究 [J]. 中国工业经济, 2022 (7): 159–177.

[98] 潘蓉蓉, 罗建强, 杨子超. 冗余资源与吸收能力调节作用下的制造企业服务化与企业价值研究 [J]. 管理学报, 2021, 18 (12): 1772–1779.

[99] 潘为华, 罗永恒. 供应链金融与企业韧性: 基于协同创新和风险承担的视角 [J]. 财经理论与实践, 2024, 45 (5): 10–17.

[100] 潘越, 柯进军, 宁博. 不确定性冲击、政府采购与企业发展韧性 [J]. 数量经济技术经济研究, 2024, 41 (4): 193–212.

[101] 彭新敏, 慈建栋, 刘电光. 危机情境下组织韧性形成过程研究: 基于注意力配置视角 [J]. 科学学与科学技术管理, 2022, 43 (6): 145–160.

[102] 戚拥军，王龙君. 高管持股变动、技术创新与公司价值：基于不同产权性质的比较 [J]. 科技进步与对策，2022，39（16）：123-133.

[103] 齐昕，刘洪，李忻悦. 组织双元学习对"专精特新"企业韧性的适配效应：基于华东地区 297 家企业的调查数据 [J]. 华东经济管理，2024，38（4）：27-37.

[104] 钱丽萍，等. 上市公司独立董事网络结构洞影响创新绩效机理探究：企业营销能力和组织冗余的调节作用 [J]. 中央财经大学学报，2023（11）：116-128.

[105] 钱悦，温雅，孙亚程. 乌卡环境下如何提升组织韧性：基于组织学习的视角 [J]. 南开管理评论，2024，27（2）：38-52.

[106] 曲吉林，于亚洁. 关系质量和数量、盈利能力与信息披露违规 [J]. 经济与管理评论，2019，35（4）：28-41.

[107] 曲小瑜，张健东. 组织遗忘、双元学习与跨界创新关系研究：基于冗余资源的调节作用 [J]. 技术经济，2021，40（3）：20-27.

[108] 沈国兵，沈彬朝. 高标准贸易协定与全球供应链韧性：制度环境视角 [J]. 经济研究，2024，59（5）：151-169.

[109] 沈剑飞，等. 数字化转型与企业资本结构动态调整 [J]. 统计与信息论坛，2022，37（12）：42-54.

[110] 史丹，李少林. 新冠肺炎疫情冲击下企业生存韧性研究：来自中国上市公司的证据 [J]. 经济管理，2022，44（1）：5-26.

[111] 史金艳，等. 牵一发而动全身：供应网络位置、经营风险与公司绩效 [J]. 中国工业经济，2019（9）：136-154.

[112] 宋华. 困境与突破：供应链金融发展中的挑战和趋势 [J]. 中国流通经济，2021，35（5）：3-9.

[113] 宋林，张蕾蕾. 虚拟集聚与城市经济韧性 [J]. 当代经济科学，2024，46（6）：132-146.

[114] 宋昕倍，等. 信息环境、上市公司增量信息披露与资本市场定价效率：基于 MD&A 文本相似度的研究 [J]. 南开管理评论，2024，27

(5)：30-39.

[115] 宋耘，王婕，陈浩泽. 逆全球化情境下企业的组织韧性形成机制：基于华为公司的案例研究［J］. 外国经济与管理，2021，43（5）：3-19.

[116] 苏峻，薛琳. 高管团队稳定性与企业ESG评级［J］. 北京工商大学学报（社会科学版），2024，39（1）：41-52.

[117] 孙玮，王满. 纵向一体化如何影响企业的现金持有水平？：基于我国上市公司的实证分析［J］. 现代财经（天津财经大学学报），2019，39（10）：76-94.

[118] 孙元，等. 异质性逆境事件下组织韧性形成机制的单案例研究［J/OL］. 南开管理评论，1-28.

[119] 陶锋，等. 数字化转型、产业链供应链韧性与企业生产率［J］. 中国工业经济，2023（5）：118-136.

[120] 陶颜，等. 战略组态与竞争优势、组织韧性：基于中国制造企业研究［J］. 管理工程学报，2024，38（5）：18-38.

[121] 田博文，李灿，吕晓月. 抑制还是促进：企业冗余资源对组织韧性质量的影响研究［J］. 技术经济，2022，41（12）：168-180.

[122] 万兴，杨晶. 互联网平台选择、纵向一体化与企业绩效［J］. 中国工业经济，2017（7）：156-174.

[123] 王斌，王乐锦. 纵向一体化、行业异质性与企业盈利能力：基于中加澳林工上市公司的比较分析［J］. 会计研究，2016（4）：70-76，96.

[124] 王浩军，卢玉舒，宋铁波. 稳中求变？高管团队稳定性与企业数字化转型［J］. 研究与发展管理，2023，35（2）：97-110.

[125] 王建秀，李星辰，韩博. 基于后疫情时代背景的政府补贴与企业生存研究［J］. 经济问题，2022（11）：58-66.

[126] 王娟茹，任轩华，刘欣妍. 数字化战略导向对组织韧性的影响研究［J］. 软科学，2024，38（10）：40-46.

[127] 王娜，张倩肖，胡静寅. 产业链"链长制"如何影响企业韧性：理论

依据与经验事实 [J]. 中国软科学, 2024 (10): 43-55.

[128] 王琦, 王孔文, 徐鹏. 企业社会责任模仿行为的双刃剑效应及其边界条件研究: 基于董事网络情境 [J]. 财经论丛, 2023 (6): 80-92.

[129] 王韶华, 等. 异质性环境规制对碳中和企业经济韧性的影响研究 [J]. 管理学报, 2023, 20 (12): 1771-1780.

[130] 王少华, 王敢娟, 董敏凯. 供应链网络位置、数字化转型与企业全要素生产率 [J]. 上海财经大学学报, 2024, 26 (3): 3-17.

[131] 王双进, 田原, 党莉莉. 工业企业 ESG 责任履行、竞争战略与财务绩效 [J]. 会计研究, 2022 (3): 77-92.

[132] 王馨博, 高良谋. 互联网嵌入下的组织韧性对新创企业成长的影响 [J]. 财经问题研究, 2021 (8): 121-128.

[133] 王应欢, 郭永祯. 企业数字化转型与 ESG 表现: 基于中国上市企业的经验证据 [J]. 财经研究, 2023, 49 (9): 94-108.

[134] 王颖. 规模、利润与企业边界: 经济学均衡范式下的企业成长理论 [J]. 当代财经, 2018 (5): 15-24.

[135] 王勇, 蔡娟. 企业组织韧性量表发展及其信效度验证 [J]. 统计与决策, 2019, 35 (5): 178-181.

[136] 王勇. 组织韧性、战略能力与新创企业成长关系研究 [J]. 中国社会科学院研究生院学报, 2019 (1): 68-77.

[137] 王玉, 张占斌. 传统企业数字化、组织韧性与市场竞争力: 基于236家企业调查数据 [J]. 华东经济管理, 2022, 36 (7): 98-106.

[138] 魏玖长, 刘源, 周磊. 新冠肺炎疫情背景下母子公司空间布局对企业韧性能力的影响分析 [J]. 工程管理科技前沿, 2023, 42 (5): 75-81.

[139] 巫强, 姚雨秀. 企业数字化转型与供应链配置: 集中化还是多元化 [J]. 中国工业经济, 2023 (8): 99-117.

[140] 吴非, 等. 企业数字化转型与资本市场表现: 来自股票流动性的经验证据 [J]. 管理世界, 2021, 37 (7): 10, 130-144.

[141] 吴晓波，冯潇雅．VUCA 情境下运营冗余对组织韧性的影响：持续创新能力的调节作用［J］．系统管理学报，2022，31（6）：1150-1161．

[142] 吴晓晖，秦利宾，薄文．企业数字化转型与现金持有：基于经营不确定性视角［J］．经济管理，2023，45（2）：151-169．

[143] 习明明，倪勇，刘旭妍．中国产业数字化对供应链结构的影响：基于A股上市公司的行业异质性分析［J］．福建论坛（人文社会科学版），2023（5）：115-131．

[144] 肖兴志，解维敏．人工智能与企业韧性：基于工业机器人应用的经验证据［J］．系统工程理论与实践，2024，44（8）：2456-2474．

[145] 熊永莲，张誉夫．产业链"链主"培育对本地企业韧性的影响研究［J］．财经论丛，2025（2）：18-28．

[146] 徐宁，张阳，徐向艺．高管声誉对国有企业高质量创新的驱动机制研究［J］．科研管理，2024，45（6）：183-192．

[147] 阳立高，王智志，李玉双．社会信用与企业韧性：基于社会信用体系改革试点的准自然实验［J］．科学决策，2024（3）：45-56．

[148] 杨金玉，彭秋萍，葛震霆．数字化转型的客户传染效应：供应商创新视角［J］．中国工业经济，2022（8）：156-174．

[149] 杨伟，汪文杰．数字化转型对组织韧性的影响：财务冗余和管理者短视主义的调节效应［J］．管理评论，2024，36（8）：200-211．

[150] 杨小娟，李方晗，赵艺．连锁董事的内部控制溢出效应研究：基于内部控制缺陷的视角［J］．审计研究，2022（3）：117-128．

[151] 杨宜，等．新冠肺炎疫情冲击下中国民营企业韧性的实证研究：基于融资约束的视角［J］．北京联合大学学报（人文社会科学版），2021，19（4）：64-75．

[152] 尤碧莹，等．数字化转型对资源型企业全要素生产率的影响［J］．资源科学，2023，45（3）：536-548．

[153] 于文超，梁平汉．不确定性、营商环境与民营企业经营活力［J］．中国工业经济，2019（11）：136-154．

[154] 袁淳, 等. 不确定性冲击下纵向一体化与企业价值: 来自新冠疫情的自然实验证据 [J]. 经济学 (季刊), 2022, 22 (2): 633-652.

[155] 袁淳, 等. 数字化转型与企业分工: 专业化还是纵向一体化 [J]. 中国工业经济, 2021 (9): 137-155.

[156] 张蔼容, 胡珑瑛. 数字化转型能促进企业韧性提升吗?: 资源配置的中介作用 [J]. 研究与发展管理, 2023, 35 (5): 1-15.

[157] 张博雅, 唐大鹏, 刘翌晨. 物流标准化是否促进了企业分工? [J]. 中央财经大学学报, 2022 (6): 70-81.

[158] 张川, 罗文波, 李敏鑫. 审计委员会中独立董事关系网络与财务报告质量 [J]. 审计与经济研究, 2022, 37 (1): 42-52.

[159] 张公一, 张畅, 刘思雯. 环境不确定情境下组织韧性影响路径、作用机制与应对策略研究 [J]. 科技进步与对策, 2023, 40 (2): 20-29.

[160] 张公一, 张畅, 刘晚晴. 化危为安: 组织韧性研究述评与展望 [J]. 经济管理, 2020, 42 (10): 192-208.

[161] 张吉昌, 龙静, 王泽民. 中国民营上市企业的组织韧性驱动机制: 基于"资源-能力-关系"框架的组态分析 [J]. 经济与管理研究, 2022, 43 (2): 114-129.

[162] 张济平, 李增福. 欲戴王冠, 必负其重: 供应链网络中心企业的责任与担当: 基于ESG视角的研究 [J]. 外国经济与管理, 2024, 46 (7): 86-101.

[163] 张杰, 范雨婷. 创新投入与企业韧性: 内在机制与产业链协同 [J]. 经济管理, 2024, 46 (5): 51-71.

[164] 张梦桃, 张生太. 关系网络对组织韧性的影响: 双元创新的中介作用 [J]. 科研管理, 2022, 43 (7): 163-170.

[165] 张强, 等. 国内外企业韧性研究述评与展望 [J]. 科技进步与对策, 2024, 41 (16): 37-48.

[166] 张钦成, 杨明增. 企业数字化转型与内部控制质量: 基于"两化融合"贯标试点的准自然实验 [J]. 审计研究, 2022 (6): 117-128.

[167] 张卿, 邓石军. 数字化转型对企业韧性的影响: 来自COVID-19的证据 [J]. 经济与管理, 2023, 37 (1): 38-48.

[168] 张任之. 数字技术与供应链效率: 理论机制与经验证据 [J]. 经济与管理研究, 2022, 43 (5): 60-76.

[169] 张少峰, 等. 技术创新、组织韧性与制造企业高质量发展 [J]. 科技进步与对策, 2023, 40 (13): 81-92.

[170] 张树山, 谷城. 供应链数字化与供应链韧性 [J]. 财经研究, 2024, 50 (7): 21-34.

[171] 张树山, 夏铭璐, 谷城. 智能制造与企业韧性: 机制与效应 [J]. 经济与管理, 2025, 39 (1): 38-47.

[172] 张思佳, 贾明, 张喆. 利他型企业社会责任与组织韧性: 以新冠疫情为外部冲击 [J]. 软科学, 2024, 38 (1): 109-115.

[173] 张伟, 于良春. 企业产权结构、纵向一体化与创新绩效 [J]. 经济与管理研究, 2018, 39 (9): 53-64.

[174] 张秀娥, 滕欣宇. 组织韧性内涵、维度及测量 [J]. 科技进步与对策, 2021, 38 (10): 9-17.

[175] 张秀娥, 杨柳. 组织韧性对中小企业成长的影响: 基于双元学习和组织惯例更新的链式中介作用 [J]. 武汉大学学报 (哲学社会科学版), 2024, 77 (5): 111-122.

[176] 张兆国, 曹丹婷, 张弛. 高管团队稳定性会影响企业技术创新绩效吗: 基于薪酬激励和社会关系的调节作用研究 [J]. 会计研究, 2018 (12): 48-55.

[177] 张兆国, 徐雅琴, 成娟. 营商环境、创新活跃度与企业高质量发展 [J]. 中国软科学, 2024 (1): 130-138.

[178] 章立, 王述勇. 技术断供对企业韧性的影响研究 [J]. 中南财经政法大学学报, 2023 (6): 102-114.

[179] 赵宸宇. 数字化发展与服务化转型: 来自制造业上市公司的经验证据 [J]. 南开管理评论, 2021, 24 (2): 149-163.

[180] 赵宸宇,王文春,李雪松. 数字化转型如何影响企业全要素生产率 [J]. 财贸经济,2021,42(7):114-129.

[181] 赵丹妮,张亚豪,唐松. 供应链金融对企业绿色转型的影响:抑制还是促进?:基于上市企业年报文本大数据识别的经验证据 [J]. 现代财经(天津财经大学学报),2024,44(2):20-36.

[182] 赵炎,齐念念. 中心性、技术影响力与企业持续性创新:环境责任和企业韧性的调节作用 [J]. 管理评论,2023,35(10):105-117.

[183] 赵熠婷,等. 组织韧性研究的脉络梳理与跨层次整合分析 [J]. 浙江大学学报(人文社会科学版),2024,54(3):64-85.

[184] 中国信息通信研究院. 中国数字经济发展报告(2022) [M]. 北京:中国信息通信研究院,2022.

[185] 周惠平,姚艳虹. 数字平台内价值共创影响组织韧性的作用机理研究:数字化战略更新的中介作用和数字氛围的调节作用 [J]. 软科学,2024,38(11):41-48.

[186] 朱丹阳,李绪红. 企业社会责任投入对制造企业组织韧性的影响研究 [J]. 管理学报,2023,20(7):1023-1033.

[187] 邹永广,等. 新冠病毒感染疫情影响下旅游企业韧性:进阶机理与复苏路径 [J]. 中国软科学,2023(2):125-135.

[188] ACQUAAH M, AMOAKO-GYAMPAH K, JAYARAM J. Resilience in family and nonfamily firms: An examination of the relationships between manufacturing strategy, competitive strategy and firm performance [J]. International Journal of Production Research, 2011, 49 (18): 5527-5544.

[189] AMBULKAR S, BLACKHURST J, GRAWE S. Firm's resilience to supply chain disruptions: Scale development and empirical examination [J]. Journal of Operations Management, 2015, 33-34: 111-122.

[190] ASLAM H, et al. Achieving supply chain resilience: The role of supply chain ambidexterity and supply chain agility [J]. Journal of Manufacturing Technology Management, 2020, 31 (6): 1185-1204.

[191] BAGGIO J A, BROWN K, HELLEBRANDT D. Boundary object or bridging concept? A citation network analysis of resilience [J]. Ecology and Society, 2015, 20 (2): 2.

[192] BAIN J S. Industrial organization [M]. New York: John Wiley & Sons, 1968.

[193] BARON R A, FRANKLIN R J, HMIELESKI K M. Why entrepreneurs often experience low, not high, levels of stress: the joint effects of selection and psychological capital [J]. Journal of Management, 2016, 42 (3): 742 – 768.

[194] BELLAMY M A, GHOSH S, HORA M. The influence of supply network structure on firm innovation [J]. Operations Research, 2016, 56 (1 – 2): 43 – 45.

[195] BERGAMI M, et al. Being resilient for society: Evidence from companies that leveraged their resources and capabilities to fight the COVID-19 crisis [J]. R&D Management, 2022, 52 (2): 235 – 254.

[196] BREWTON K E, et al. Determinants of rural and urban family firm resilience [J]. Journal of Family Business Strategy, 2010, 1 (3): 155 – 166.

[197] BURT R S. Cooptive corporate actor networks: A reconsideration of interlocking directorates involving American manufacturing [J]. Administrative Science Quarterly, 1980, 25 (4): 557 – 582.

[198] BUYL T, BOONE C, WADE J B. CEO narcissism, risk-taking, and resilience: An empirical analysis in US commercial banks [J]. Journal of Management, 2019, 45 (4): 1372 – 1400.

[199] CARNOVALE S, YENIYURT S. The role of ego network structure in facilitating ego network innovations [J]. Journal of Supply Chain Management, 2015, 51 (2): 22 – 46.

[200] CARUGATI A, et al. Exploitation and exploration of IT in times of pandemic: From dealing with emergency to institutionalising crisis practices [J].

European Journal of Information Systems, 2020, 29 (6): 762-777.

[201] CARVALHO A, AREAL N. Great places to work: Resilience in times of crisis [J]. Human Resource Management, 2016, 55 (3): 479-498.

[202] CHOI T Y, HONG Y. Unveiling the structure of supply networks: Case studies in Honda, Acura, and Daimler Chrysler [J]. Journal of Operations Management, 2002, 20 (5): 469-493.

[203] COASE R H. The nature of the firm [J]. Economica, 1937, 4: 386-405.

[204] CONZ E, MAGNANI G. A dynamic perspective on the resilience of firms: A systematic literature review and a framework for future research [J]. European Management Journal, 2020, 38 (3): 400-412.

[205] COSCI S, GUIDA R, MELICIANI V. Does trade credit really help relieving financial constraints? [J]. European Financial Management, 2020, 26 (1): 198-215.

[206] CROCI E, PETMEZAS D. Do risk-taking incentives induce CEOs to invest? Evidence from acquisitions [J]. Journal of Corporate Finance, 2015, 32 (1): 1-23.

[207] CROCI E, et al. Board characteristics and firm resilience: Evidence from disruptive events [J]. Corporate Governance: An International Review, 2024, 32 (1): 2-32.

[208] DANES S M, et al. Determinants of family business resilience after a natural disaster by gender of business owner [J]. Journal of Developmental Entrepreneurship, 2009, 14 (4): 333-354.

[209] DES JARDINE M, BANSAL P, YANG Y. Bouncing back: Building resilience through social and environmental practices in the context of the 2008 global financial crisis [J]. Journal of Management, 2019, 45 (4): 1434-1460.

[210] DHALIWAL D, et al. Greater reliance on major customers and auditor

going-concern opinions [J]. Contemporary Accounting Research, 2020, 37 (1): 160 – 188.

[211] DIMITRIADIS S. Social capital and entrepreneur resilience: Entrepreneur performance during violent protests in Togo [J]. Strategic Management Journal, 2021, 42 (11): 1993 – 2019.

[212] DO H, et al. Building organizational resilience, innovation through resource-based management initiatives, organizational learning and environmental dynamism [J]. Journal of Business Research, 2022, 141: 808 – 821.

[213] DONG M C, et al. Opportunism in distribution networks: The role of network embeddedness and dependence [J]. Production & Operations Management, 2015, 24 (10): 1657 – 1670.

[214] DOVBISCHUK I. Innovation-oriented dynamic capabilities of logistics service providers, dynamic resilience and firm performance during the COVID-19 pandemic [J]. The International Journal of Logistics Management, 2022, 33 (2): 499 – 519.

[215] DUCHEK S. Organizational resilience: A capability-based conceptualization [J]. Business Research, 2020, 13: 215 – 246.

[216] DURST S, HINTEREGGER C, ZIEBA M. The effect of environmental turbulence on cyber security risk management and organizational resilience [J]. Computers & Security, 2024, 137: 103591.

[217] DYER J H, CHU W. The role of trustworthiness in reducing transaction costs and improving performance: Empirical evidence from the United States, Japan, and Korea [J]. Organization Science, 2003, 14 (1): 57 – 68.

[218] FERRACUTI E, STUBBEN S R. The role of financial reporting in resolving uncertainty about corporate investment opportunities [J]. Journal of Accounting and Economics, 2019, 68 (2 – 3): 101248.

[219] GE C, et al. Working from home and firm resilience to the COVID-19 pan-

demic [J]. Journal of Operations Management, 2023, 69 (3): 450 – 476.

[220] GIRI B C, GLOCK C H. The bullwhip effect in a manufacturing/remanufacturing supply chain under a price-induced non-standard ARMA (1, 1) demand process [J]. European Journal of Operational Research, 2022, 301 (2): 458 –472.

[221] GITTELL J H, et al. Relationships, layoffs, and organizational resilience: Airline industry responses to September 11 [J]. The Journal of Applied Behavioral Science, 2006, 42 (3): 300 – 329.

[222] GROSSMAN S, HART O. The costs and benefits of ownership: A theory of vertical and lateral integration [J]. Journal of Political Economy, 1986, 94 (4): 691 –719.

[223] HAASKJOLD H, et al. Factors affecting transaction costs and collaboration in projects [J]. International Journal of Managing Projects in Business, 2020, 13 (1): 197 –230.

[224] HAMBRICK D C, MASON P A. Upper echelons: The organization as a reflection of its top managers [J]. Academy of Management Review, 1984, 9 (2): 193 –206.

[225] HEINIMANN H R, HATFIELD K. Infrastructure resilience assessment, management and governance state and perspectives [C]. Dordrecht: Springer, 2017.

[226] HENDRIKSE G, HIPPMANN P, WINDSPERGER J. Trust, transaction costs and contractual incompleteness in franchising [J]. Small Business Economics, 2015, 44: 867 – 888.

[227] HILLMANN J, GUENTHER E. Organizational resilience: A valuable construct for management research? [J]. International Journal of Management Reviews, 2021, 23 (1): 7 –44.

[228] HOLLING C S. Resilience and stability of ecological systems [J]. Annual

Review of Ecology Evolution and Systematics, 1973, 4: 1 – 23.

[229] HUANG A, FARBOUDI JAHROMI M. Resilience building in service firms during and post COVID-19 [J]. The Service Industries Journal, 2021, 41 (1 – 2): 138 – 167.

[230] HURTADO J M, HERRERO I. Board of directors and firm resilience from a social capital perspective [J]. Corporate Social Responsibility and Environmental Management, 2024, 31 (4): 2770 – 2782.

[231] JABBOUR A B L, et al. Does applying a circular business model lead to organizational resilience? Mediating effects of industry 4.0 and customers integration [J]. Technological Forecasting and Social Change, 2023, 194: 122672.

[232] JIANG F, et al. Geographic dispersion and corporate resilience during the COVID-19 pandemic [J]. International Review of Financial Analysis, 2023, 88: 102684.

[233] JIANG S, et al. The effect of customer and supplier concentrations on firm resilience during the COVID-19 pandemic: resource dependence and power balancing [J]. Journal of Operations Management, 2023, 69 (3): 497 – 518.

[234] JIA X, et al. The role of social capital on proactive and reactive resilience of organizations post-disaster [J]. International Journal of Disaster Risk Reduction, 2020, 48: 101614.

[235] JÜTTNER U, MAKLAN S. Supply chain resilience in the global financial crisis: An empirical study [J]. Supply Chain Management: An International Journal, 2011, 16 (4): 246 – 259.

[236] KANTUR D, SAY A I. Measuring organizational resilience: A scale development [J]. Journal of Business Economics and Finance, 2015, 4 (3): 456 – 472.

[237] KANT V, TASIC J. Mapping sociotechnical resilience [C]. Singapore:

Palgrave Macmillan, 2018.

[238] KAO T W D, et al. Relating supply network structure to productive efficiency: A multi-stage empirical investigation [J]. European Journal of Operational Research, 2017, 259 (2): 469–485.

[239] KIM Y. Building organizational resilience through strategic internal communication and organization-employee relationships [J]. Journal of Applied Communication Research, 2021, 49 (5): 589–608.

[240] KIM Y, et al. Structural investigation of supply networks: A social network analysis approach [J]. Journal of Operations Management, 2011, 29 (3): 194–211.

[241] KNIPFER K, KUMP B. Collective rumination: When "problem talk" impairs organizational resilience [J]. Applied Psychology, 2022, 71 (1): 154–173.

[242] LENGNICK-HALL C A, BECK T E. Adaptive fit versus robust transformation: How organizations respond to environmental change [J]. Journal of Management, 2005, 31 (5): 738–757.

[243] LENGNICK-HALL C A, BECK T E, LENGNICK-HALL M L. Developing a capacity for organizational resilience through strategic human resource management [J]. Human Resource Management Review, 2011, 21 (3): 243–255.

[244] LEWBEL A. Constructing instruments for regressions with measurement error when no additional data are available, with an application to patents and R&D [J]. Econometrica, 1997, 65 (5): 1201–1213.

[245] LIANG F, CAO L. Linking employee resilience with organizational resilience: The roles of coping mechanism and managerial resilience [J]. Psychology Research and Behavior Management, 2021, 14: 1063–1075.

[246] LIAO F N, CHEN F W. Independent director interlocks: Effects and boundary on the earnings persistence of the firm [J]. Economic Research-

ekonomska Istraživanja, 2020, 34 (1): 383 –409.

[247] LI H, ARDITI D, WANG Z. Determinants of transaction costs in construction projects [J]. Journal of Civil Engineering and Management, 2015, 21 (5): 548 –558.

[248] LINNENLUECKE M K. Resilience in business and management research: A review of influential publications and a research agenda [J]. International Journal of Management Reviews, 2017, 19 (1): 4 –30.

[249] LIU B, WANG Y, SHOU Y. Trade credit in emerging economies: An interorganizational power perspective [J]. Industrial Management & Data Systems, 2020, 120 (4): 768 –783.

[250] LIU Y, YIN J. Stakeholder relationships and organizational resilience [J]. Management and Organization Review, 16 (5): 986 –990.

[251] MALLAK L A. Measuring resilience in health care provider organizations [J]. Health Manpower Management, 1998, 24 (4): 148 –152.

[252] MARTINELLI E, TAGLIAZUCCHI G, MARCHI G. The resilient retail entrepreneur: Dynamic capabilities for facing natural disasters [J]. International Journal of Entrepreneurial Behavior & Research, 2018, 24 (7): 1222 –1243.

[253] MARTÍN-ROJAS R, GARRIDO-MORENO A, GARCÍA-MORALES V J. Social media use, corporate entrepreneurship and organizational resilience: A recipe for SMEs success in a post-Covid scenario [J]. Technological Forecasting and Social Change, 2023, 190: 122421.

[254] MATTHIAS H, JANNIKA S. Single monopoly profits, vertical mergers, and downstream foreclosure [J]. International Journal of Industrial Organization, 2023, 91: 103031.

[255] MA Z, XIAO L, YIN J. Toward a dynamic model of organizational resilience [J]. Nankai Business Review International, 2018, 9 (3): 246 –263.

[256] MCCARTHY I P, COLLARD M, JOHNSON M. Adaptive organizational resilience: An evolutionary perspective [J]. Current Opinion in Environmental Sustainability, 2017, 28: 33 – 40.

[257] MCPHEE W. A new sustainability model: Engaging the entire firm [J]. Journal of Business Strategy, 2014, 35 (2): 4 – 12.

[258] MITHANI M A, GOPALAKRISHNAN S, SANTORO M D. Does exposure to a traumatic event make organizations resilient? [J]. Long Range Planning, 2021, 54 (3): 102031.

[259] MOURA D D, TOMEI P A. Strategic management of organizational resilience (SMOR): A framework proposition [J]. Revista Brasileira de Gestão de Negócios, 2021, 23 (3): 536 – 556.

[260] MUHAMMAD S R, et al. B2B firms' supply chain resilience orientation in achieving sustainable supply chain performance [J]. Sustainable Manufacturing and Service Economics, 2023, 2: 100011.

[261] NAJARIAN M, LIM G J. Design and assessment methodology for system resilience metrics [J]. Risk Analysis, 2019, 39 (9): 1885 – 1898.

[262] NUNN N, QIAN N. US food aid and civil conflict [J]. American Economic Review, 2014, 104 (6): 1630 – 1666.

[263] NYAUPANE G P, et al. Toward a resilient organization: Analysis of employee skills and organization adaptive traits [J]. Journal of Sustainable Tourism, 2020, 29 (4): 658 – 677.

[264] ORTIZ-DE-MANDOJANA N, BANSAL P. The long-term benefits of organizational resilience through sustainable business practices [J]. Strategic Management Journal, 2016, 37 (8): 1615 – 1631.

[265] PAL R, TORSTENSSON H, MATTILA H. Antecedents of organizational resilience in economic crises: An empirical study of Swedish textile and clothing SMEs [J]. International Journal of Production Economics, 2014, 147 (1): 410 – 428.

[266] PELLEGRINO R, COSTANTINO N, TAURO D. Supply chain finance: A supply chain-oriented perspective to mitigate commodity risk and pricing volatility [J]. Journal of Purchasing and Supply Management, 2019, 25 (2): 118-133.

[267] POLLOCK T, PORAC J F, MISHINA Y. Are more resources always better for growth? Resource stickiness in market and product expansion [J]. Social Science Electronic Publishing, 2004, 25 (12): 1179-1197.

[268] PRAYAG G, et al. Organizational resilience and financial performance [J]. Annals of Tourism Research, 2018, 73 (11): 193-196.

[269] QUENDLER E. Organizational resilience: Building business value in a changing world [J]. Journal for International Business and Entrepreneurship Development, 2017, 10 (2): 101-119.

[270] RAUT R D, et al. Big data analytics as a mediator in lean, agile, resilient, and green (LARG) practices effects on sustainable supply chains [J]. Transportation Research Part E: Logistics and Transportation Review, 2021, 145: 102170.

[271] REN Y, et al. The delicate equilibrium: Unveiling the curvilinear nexus between supply concentration and organizational resilience [J]. British Journal of Management, 2024, 35 (4): 1935-1960.

[272] RODRÍGUEZ-SÁNCHEZ A, et al. How to emerge stronger: Antecedents and consequences of organizational resilience [J]. Journal of Management & Organization, 2021, 27 (3): 442-459.

[273] SAHEBJAMNIA N, TORABI S A, MANSOURI S A. Building organizational resilience in the face of multiple disruptions [J]. International Journal of Production Economics, 2018, 197: 63-83.

[274] SAJKO M, BOONE C, BUYL T. CEO greed, corporate social responsibility, and organizational resilience to systemic shocks [J]. Journal of Management, 2021, 47 (4): 957-992.

[275] SAWALHA I H S. Managing adversity: Understanding some dimensions of organizational resilience [J]. Management Research Review, 2015, 38 (4): 346 – 366.

[276] SEURING S, MÜLLER M. From a literature review to a conceptual framework for sustainable supply chain management [J]. Journal of Cleaner Production, 2008, 16 (15): 1699 – 1710.

[277] SHARFMAN M P, et al. Antecedents of organizational slack [J]. Academy of Management Review, 1988, 13 (4): 601 – 614.

[278] SHRESTH G, PULAK G, BRANDON J T. Within firm supply chains: Evidence from India [J]. Journal of International Economics, 2023, 144: 103793.

[279] SOMERS S. Measuring resilience potential: An adaptive strategy for organizational crisis planning [J]. Journal of Contingencies and Crisis Management, 2009, 17 (1): 12 – 23.

[280] SONG H, et al. How do knowledge spillover and access in supply chain network enhance SMEs' credit quality? [J]. Industrial Management & Data Systems, 2019, 119 (2): 274 – 291.

[281] STARR J A, MACMILLAN I C. Resource cooptation via social contracting: resource acquisition strategies for new ventures [J]. Strategic Management Journal, 1990, 11: 79 – 92.

[282] TASIC J, et al. A multilevel framework to enhance organizational resilience [J]. Journal of Risk Research, 2020, 23 (6): 713 – 738.

[283] TASIC J, TANTR F, AMIR S. Modelling multilevel interdependencies for resilience in complex organization [J]. Complexity, 2019 (1): 3946356.

[284] VAN DER VEGT G S, et al. Managing risk and resilience [J]. Academy of Management Journal, 2015, 58 (4): 971 – 980.

[285] WALKER B, et al. Resilience, adaptability and transformability in social-ecological systems [J]. Ecology and Society, 2004, 9 (2): 5.

[286] WANG H, JIAO S, MA C. The impact of ESG responsibility performance on corporate resilience [J]. International Review of Economics & Finance, 2024, 93: 1115 – 1129.

[287] WANG Q, et al. CEO's self-oriented perfectionism, strategic decision comprehensiveness and firm resilience [J]. Management Decision, 2023, 61 (11): 3343 – 3360.

[288] WANG X, ZHANG Z, JIA M. Taming the black swan: CEO with military experience and organizational resilience [J/OL]. Asia Pacific Journal of Management, 2024: 1 – 57.

[289] WICKER P, FILO K, CUSKELLY G. Organizational resilience of community sport clubs impacted by natural disasters [J]. Journal of Sport Management, 2013, 27 (6): 510 – 525.

[290] WILLIAMSON O E. The economic institution of capitalism [M]. New York: Free Press, 1985.

[291] WILLIAMS T A, et al. Organizational response to adversity: Fusing crisis management and resilience research streams [J]. Academy of Management Annals, 2017, 11 (2): 733 – 769.

[292] XIE X, et al. Business networks and organizational resilience capacity in the digital age during COVID-19: A perspective utilizing organizational information processing theory [J]. Technological Forecasting and Social Change, 2022, 177: 121548.

[293] XU D, ZHOU K Z, DU F. Deviant versus aspirational risk taking: The effects of performance feedback on bribery expenditure and R&D intensity [J]. Academy of Management Journal, 2019, 62 (4): 1226 – 1251.

[294] XU S, et al. Sustainable competitiveness through ESG performance: An empirical study on corporate resilience [J]. Journal of Competitiveness, 2024, 16 (3): 53 – 72.

[295] YANG C, WANG J, DAVID L K. The same or different? How optimal dis-

tinctiveness in corporate social responsibility affects organizational resilience during COVID-19 [J]. Business Ethics, the Environment & Responsibility, 2024, 33 (4): 583 – 605.

[296] YOU W, et al. Understanding the relationship between environmental uncertainty and transaction costs in construction projects: Moderating roles of prior cooperation experience and intragroup transactions [J]. Journal of Management in Engineering, 2020, 36 (6): 04020087.

[297] YUAN R, et al. Understanding organizational resilience in a platform based sharing business: The role of absorptive capacity [J]. Journal of Business Research, 2022, 141: 85 – 99.